KB073708

처음 배우는
주식 차트

누구나 쉽게 따라할 수 있는 기본의 기본서

처음 배우는 주식 차트

손실을 최소화하고
이익을 최대화하는 가장 쉬운 투자법

친절한 재승씨 지음

RHK
알에이치코리아

유튜브 강의에 최적화된 책 구성

본 책은 유튜브 17만 구독자가 선택한 '친절한 재승씨'의 기술적 분석 바이블 영상과 함께 볼 수 있도록 새롭게 편집된 책입니다. 각 장 시작에 있는 QR코드로 영상과 함께 책을 보는 것이 가장 효과적인 방법임을 먼저 알려드립니다.

기술적 분석이란 무엇인가?

주식시장에서 투자자들은 공시, 기업 정보, 기업 실적 등 여러 가지 호재와 악재에 울고 웃습니다. 그들의 목표는 단 한 가지입니다. 바로 '이익을 내야 한다'는 것이죠.

여러분이 다른 투자자들과 같은 시간과 같은 조건으로 입수할 수 있는 최대의 정보는 바로 주가입니다. 그리고 모두가 동일하게 입수한 주가 정보를 '어떻게' 활용하는가에 따라 수익이냐, 손실이냐가 결정됩니다. 따라서 주가는 끊임없이 움직인다는 인식이 기술적 분석을 하는 데 중요한 포인트가 됩니다.

차트는 주가라는 동적인 것을 정적인 상태에서 포착하고, 해당 종목의 주가가 그린 발자취를 끊임없이 기록한 것입니다. 따라서 차트에는 다른 투자자들이 무엇을 했는지가 명확히 드러나 있습니다. 예를 들면 매수의 강도가 높은지, 팔려고 하는 사람들이 많은지를 끊임없이 이야기해 주고 있습니다. 따라서 기술적 분석은 과거 주가의 움직였던 리듬 및 패턴을 분석할 뿐만 아니라 이를 통해 미래의 주가가 어떠한 움직임을 보일 것인가를 예측하는 데 쓰이므로 투자 시점 포착에 더할 나위 없이 유용합니다.

또한, 차트 분석이 실무적으로 많은 인기를 끌고 있는 것은 손실을 최소화하고 이익을 최대화하기 위해 필요하기 때문입니다. 주식투자에서 기술적 분석이 매우 중요한 이유가 여기에 있습니다.

기술적 분석은 주가, 거래량, 신용거래 상황 등을 차트화하고 그로부터 주가의 습성이나 원리를 찾아내어 주가를 예측하는 것입니다. 주식 차트에서의 변화와 패턴은 변화무쌍합니다. 이런 다양한 변화와 패턴을 전부 마스터하여 응용하기란 쉽지 않습니다.

하지만 이 책은 여러분이 기술적 분석을 완벽하게 활용하도록 도와줄 것이며, 주가를 정확히 분석하기 위해 많은 예시와 경험을 이야기할 것입니다.

'손실을 줄이고 수익을 낸다'라는 마음가짐으로 완벽하게 기술적 분석을 이해하여야 합니다. 기술적 분석은 여러분의 수익을 극대화시켜 줄 수 있는 하나의 방법입니다.

주식시장은 시장원리를 기본으로 하고 있다

주식을 처음 하는 사람들은 회사의 수익성과 미래 가치가 좋아 보여서 투자를 하는 것이 아니라 자산을 늘리기 위한 하나의 방편으로 주식투자를 합니다. 즉, 사람들은 돈을 벌기 위해서 상승하는 주식을 지향하고 이익을 극대화하기 위해 주식투자를 하게 됩니다.

주식투자도 엄연히 상대방과의 거래입니다. 즉, 사고파는 사람들이 모여서 형성된 가격으로 이익과 손해를 보는 것입니다. 따라서 주식투자는 경제학 이론에 밑바탕을 두고 거래에 임하는 것이 중요합니다.

'공급이 늘어나면 수요는 줄어들고 따라서 가격도 내려간다. 반대로 공급이 줄어들면 수요는 늘어나고 가격은 올라간다.'

경제학의 기본 법칙인 '수요와 공급의 법칙'입니다. 주가도 '수요와 공급의 법칙'의 확대 개념이라고 생각하면 쉬울 것입니다. 물론 국가경제, 기업경제 및 기업의 미래 가치 등 여러 가지를 고려해야 하지만 위의 법칙을 주식시장에 적용하면 간단한 원리가 탄생됩니다.

'파는 사람보다 사는 사람이 많으면 가격이 올라간다. 반대로 사는 사람보다 파는 사람이 많으면 가격은 내려간다.'

그리고 사는 사람과 파는 사람들의 거래 형태는 주식 차트 위에 남게 됩니다. 이러한 시장원리를 기반으로 기술적 분석은 움직이며, 이 책은 여러 가지 변수에 의해 변화하는 주식시장에서 슬기롭게 대처해 나가는 길을 제시할 것입니다.

기술적 분석의 기본은 거래량이다

주식시장이 시장원리를 바탕으로 하고 있기 때문에, 주가를 예측할 때 거래량을 분석해 내는 작업이 매우 중요합니다. 거래량의 해석은 능숙한 프로 투자자가 되기 위한 선결 조건이며 초보자 탈출의 첫걸음이기 때문입니다. 이처럼 거래량 분석이 주식 매수와 매도 기법의 중요한 부분을 차지하지만 보통 초보자들은 주가만 쳐다보면서 거래량을 안 보는 습성이 있습니다. 프로는 주가보다는 거래량을 분석하는 데 더 많은 정성을 기울입니다. 거래량에 모든 매집세력과 매도세력의 전략이 숨김없이 녹아 있기 때문이죠.

주식투자의 첫 시작점은 투자할 종목의 선택이라 할 수 있습니다. 그리고 거래량은 내가 어떤 종목을 사야 하는가 또 그 종목을 언제 매수 또는 매도할 것인가를 판단하는 데 둘도 없이 중요한 기술적 지표입니다. 따라서 주식투자를 하면서 거래량 분석을 하지 않는 것은 당연히 손실로 가는 지름길이라 할 수 있겠죠? 그러므로 저희도 역시 거래량 분석에서 출발해 차근차근 주식 차트를 활용하는 방법들을 배워 나갈 예정입니다.

기술적 분석의 장·단점을 알자

주식투자의 기본적인 원칙은 가격이 오를 듯한 종목을 사고, 떨어질 것으로 보이는 종목을 팔아 최대의 이익을 얻는 것입니다. 투자 이익을 극대화하기 위해서는 2W를 잘 파악해야 하며, 2W의 파악은 기술적 분석의 가장 중요한 요소가 됩니다.

2W란 무엇(What)과 언제(When), 즉 종목과 시점을 말합니다.

2W

What - 어느 종목을 사고팔아야 할 것인가 하는 종목 선택

When - 해당 종목을 언제 사고 언제 팔 것인가 하는 매매 시점 포착

투자자들이 2W에 대해 판단을 잘못할 경우 손실로 이어질 수밖에 없으며, 2W를 잘 파악하기 위해서는 기술적 분석이 필요합니다. 만약, 아무리 좋은 종목을 선택했다고 하더라도 투자 선택의 시점이 좋지 않으면 좋은 성과를 기대할 수 없습니다. 왜냐하면 주가는 주식시장에서 매수자와 매도자가 만드는 것이고 차트 역시 사람들의 활동에 기반한 과거의 데이터이므로 하루 아침에 변할 수는 없기 때문입니다.

주식 차트는 투자자들의 심리와 그에 따른 반응과 습성을 반영하고, 이로 인해 길을 잃었을 때 나침반 역할을 하게 됩니다. 즉, 주가의 미래를 예측하는 길잡이가 됩니다.

그럼, 기술적 분석의 장점을 알아볼까요?

- 기술적 분석은 차트와 지표를 통해 비교적 간단하게 주가의 움직임을 분석할 수 있다.
- 매수가, 목표가, 손절가의 선택이 용이하다.
- 주가의 강력한 힘과 주가 지지력, 그리고 대량의 주식 매집 흔적 등을 파악할 수 있다.

- 기술적 분석으로 기본적 분석을 검증할 수 있다. 과거의 실적이 주가에 반영된 결과를 알 수 있다.
- 주가의 급등과 급락의 매매 방향을 파악할 수 있다.
- 단기 매매로 큰 수익을 올릴 가능성이 있다.

  기술적 분석의 가장 큰 특징은 주가가 수요와 공급의 변화에 의해서 움직인다고 보는 것입니다. 즉, 기업 정보에 어떤 변화가 있다면 그것이 주가에 반영되므로, 주가 변동을 통하여 보다 쉽고 간편하게 기업의 정보를 파악할 수 있습니다. 그렇다면, 차트만으로 주식 투자에 성공할 수가 있을까요? 기술적 분석의 단점을 알아보겠습니다.

- 투자 가치를 무시하고 너무 시장의 변동에만 집착하여 왜 시장이 변화하고 있는지 그 원인을 분석하기가 어렵다.
- 주가 변동이 수요와 공급의 변동에 의하여 발생되지 않는 경우에는 차트 분석으로 설명하기가 어렵다.
- 과거의 주가 추세나 주가 패턴이 미래에 그대로 반복되지 않는 경우가 많이 있다.
- 주가 상승 시 작은 속임형 흔들림에 팔기가 쉽다.
- 차트 분석은 가격 변동의 신호를 뒤늦게 알릴 경우가 많다.
- 분석자의 주관성이 투영될 가능성이 많다. 동일한 차트에 대한 해석이 모두 다를 수 있다.

  기술적 분석의 가장 큰 단점은 정확한 지식 없이 섣부른 경험만으로 해석할 때 오류를 범할 가능성이 많다는 것입니다. 분석자의 경험에 의한 주관적 해석이 가능하다는 점에서 객관성이 결여될 수 있다는 한계가 있습니다.

  순간적인 감정이나 감각적 판단으로 과거의 데이터를 무시한 채 결과치 예측을 시도한다거나 잘못된 결과치에 대한 즉각적인 수정 없이 자신의 판단이 옳을 것이라는 고집(?)에 의한 방법은 주식시장에서 손실을 가져오는 결과를 초래합니다.

기술적 분석 접근시 이런 함정에는 빠지지 말자

개인 투자자들은 주로 기술적 분석에 의거하여 시장에 참여합니다. 하지만 기술적 분석에만 의지하면 다음과 같은 오류에 빠질 수 있습니다. 이와 같은 오류에 빠지지 않도록 노력해야 합니다.

1. 단기 거래의 증가

단기 매매자들은 대개 기술적 매매에만 의존하게 되는 경우가 많은데 이는 가능한 빨리, 큰돈을 벌고 싶어하는 심리가 우선 작용하기 때문입니다. 주가가 당일 혹은 다음 주 혹은 몇 시간 후 상승할 것으로 생각하여 주식을 매수하다 보니 회사가 어떤 회사인지 실적은 좋은지는 보조적인 기준으로만 활용하거나 아예 간과해 버립니다.

단기 매매가 나쁘다기보다는 이러한 짧은 시간 안에 큰돈을 벌어야 하는 심리 때문에 회사의 펀더멘털 자료를 전혀 고려하지 않은 채 주가 변동에 따라 외줄타기 곡예를 지속적으로 한다는 것입니다. 정확한 매매 포착에만 집중하다가 실패로 이어질 시 감정을 이기지 못하고 충동적 매매로 이어져 더 많은 거래 비용을 수반하는 손실이 날 수도 있습니다. 거래 자체가 목적으로 변하지 않도록 주의해야 합니다.

2. 충동적 매매

버크셔 해서웨이가 홈페이지에 공개한 〈버크셔 투자자 매뉴얼〉에 다음과 같이 '주식 초보자를 위한 투자 5원칙' 중 하나가 제시되어 있습니다.

> **절대 감정적으로 주식을 거래하지 마라**
> "주식은 당신이 '주식을 갖고 있다'는 것을 전혀 모른다. 당신은 주식에 대해 감정을 가지지만 주식은 당신에게 아무런 감정이 없다. 주식은 당신이 주식에게 돈을 썼다는 것을 모른다. 따라서 감정적으로 주식을 거래해서는 안 된다."

기술적 분석을 통해 시장의 가격 그 자체에만 관심을 갖고, 그런 가격 움직임의 원인에는 관심을 두지 않는다면 충동적 매매에 빠질 우려가 있습니다. '투자자들이 직면하는 최악의 적은 주식시장이 아니라, 자기 자신이다'라는 오랜 격언을 항시 기억해야 합니다. 만약 차트를 통해 과거와 현재의 가격 움직임만을 보고 미래의 가격이 어떻게 움직일지 예측한다면 잘못된 의사 결정을 할 가능성이 큽니다.

3. 주식 가격 선택의 오류

주식을 처음으로 접하는 투자자들은 주식 가격이 싼 것을 선호합니다. 이때 회사 가치에 비해 싸다는 접근이 아니라, 과거와 현재의 단순 가격 비교를 통해 싼 주식을 산다는 것이 문제입니다. 그 주식이 왜 싼지 또 다른 주식은 왜 비싼지에 의문을 가지고 알아보고 접근을 해야 합니다.

아래의 A 기업과 B 기업의 주식 차트에서 네모 박스로 표시한 부분을 주목해 봅시다.

▼ A기업

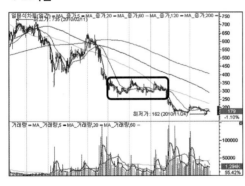

▼ B기업

이 구간에서 기술적 분석에만 의존해 A 주식은 고가 대비 50% 가까운 하락에서 하방 경직성을 유지한 것만 보고 매수했고, B 주식은 거꾸로 50% 오른 것에 대한 가격 부담으로 이 기업의 내재 가치를 보지 않고 포기해버렸다면 순간의 선택이 극과 극의 양상을 보였을 것입니다. 이렇듯 과거 고점 대비 많이 빠졌다는 가격 메리트만을 이유로 접근하여 그 기업의 주가가 왜 빠지고 있는지 혹은 왜 오르고 있는지 하는 펀더멘털 접근이 없

을 때 '가격 착시 오류'가 발생합니다.

위의 세 가지 오류를 없애기 위해서는 시장의 심리와 수급과 함께 '왜 오를까? 왜 떨어질까?'라는 물음을 가지고 기업의 내재 가치에 문제가 없는지, 시장에서 인기가 없어 그런 것인지 명확히 알고 그 이후 기술적 분석을 통해 접근하는 것이 좋습니다.

만유인력 법칙으로 현대 물리학의 기틀을 다진 아이작 뉴턴이 이야기했던 "천체의 움직임은 센티미터 단위까지 측정할 수가 있는데 주식시장에서 인간들의 광기는 도저히 예상할 수가 없다"란 말과, 유일하게 경제학자로서 주식에 성공한 천재적인 경제학자 케인즈의 주식시장에 대한 정의인 "주식시장은 바보들이 벌이는 심리 게임이다"란 말은 스쳐 지나가는 것이 아니라 음미할 필요가 있는 말들입니다.

케인즈가 주식시장에서 성공한 것은 경제학적 지식으로 불완전한 시장의 본질을 냉철하게 꿰뚫어 보았고 투기적인 현상의 본질을 이해했기 때문입니다. 바로 이 점이 주식시장에서 처절히 실패했던 경제학자들의 지적인 자만심과 다른 점이라 할 수 있습니다. 이와 같이 주식시장 자체가 과학적인 것(경제와 회사의 데이터)과 심리의 결정체이기 때문에 결코 경제학자나 과학자의 마인드만으로는 완벽히 이해할 수 없다고 할 수 있습니다.

투자에 경험이 있는 사람이라면 투자의 가장 큰 적은 투자시장에서의 외적인 싸움이 아니라 내부에 있다는 것을 많이 경험했을 것입니다. 투자에서 제삼자가 보기에 적절한 투자를 했다면 최대의 적은 보이지 않는 자신의 마음속에 있습니다. 이는 투자 선택의 실행뿐만 아니라 보유 기간 동안 이익을 실현할 때까지 이어집니다.

스스로의 마음을 통제한다는 것은 어려운 일입니다. 투자시장은 이론적으로 가격이 가치에 수렴한다고 가정하지만, 인간의 심리적인 측면에서 가치는 과대평가되기도 하고 과소평가되기도 합니다. 투자시장의 '불확실성'과 '선행성', 그리고 투자 판단 시 고려하는 정보가 너무 많다는 점 때문에 시장 참여자의 투자 심리 불안정성은 거의 필연적으로 수반됩니다. 따라서 올바른 투자 판단을 내렸더라도 마음을 절제하고 충동을 이겨내는 것이 투자라는 싸움에서 더 중요한 핵심입니다. 즉, 투자 성패의 가장 결정적인 요인은 바로 심리적인 부분입니다.

이와 같이 그림에 투자자의 심리가 일부 반영되는 것이 차트이기 때문에 기술적 분석, 기본적 분석, 심리의 세 박자가 어우러져 자신만의 철학을 찾는 과정이 올바른 직접 투자의 길이라 할 수 있습니다. 또한 모든 투자는 '돈에 대한 책임'에서 출발한다는 것을 명심해야 합니다.

저자 친절한 재승씨

주식 용어 정리

주식 차트의 기본 구성 요소

PC나 모바일에서 주식 차트를 확인하면 아래와 같은 기본적인 그림(일간 차트)이 나옵니다.

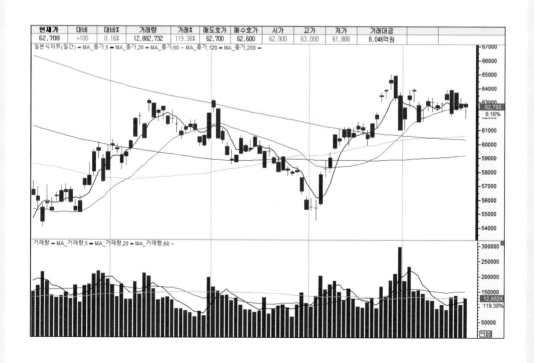

크게 두 구역으로 나뉘어 있는데, 윗부분의 차트는 주가의 변화를 알 수 있는 곳이고, 아랫부분은 거래량의 변화를 알 수 있는 곳입니다. 각 차트를 구성하는 요소에 대해서 자세히 설명드리겠습니다.

▶ 주가의 변화를 알 수 있는 곳(캔들과 이동평균선)

① 캔들(양봉, 음봉)

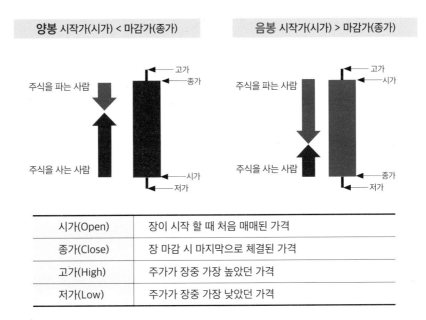

시가(Open)	장이 시작 할 때 처음 매매된 가격
종가(Close)	장 마감 시 마지막으로 체결된 가격
고가(High)	주가가 장중 가장 높았던 가격
저가(Low)	주가가 장중 가장 낮았던 가격

- 양봉 : 처음 주식시장이 열릴 때 체결된 가격(시가)보다 마감 시 체결된 가격(종가)이 높은 경우 빨간색으로 표시합니다. 파는 사람들보다 사는 사람들이 많을 때 나옵니다.

- 음봉 : 양봉과 반대로 주식시장이 열릴 때 체결된 가격(시가)보다 마감 시 체결된 가격(종가)이 낮은 경우 파란색으로 표시합니다. 사는 사람들보다 파는 사람들이 많을 때 나옵니다. 보통 상승할 때는 양봉이 많이 나오고, 하락할 때는 음봉이 많이 나오겠죠.

캔들은 다양한 모양으로 형성되는데 만약 양봉의 길이가 길다면 사려는 사람이 매우 많다는 뜻으로 이런 모양을 장대양봉이라고 합니다. 반대로 음봉의 길이가 긴 경우에는 장대음봉이라고 합니다.

주식 차트는 다양한 시간 단위로 볼 수 있습니다. 1분 단위뿐만 아니라 3분, 10분 단위로도 볼 수 있고, 일간, 주간, 월간 등 여러 기준으로 확인할 수 있습니다. 하루 동안의 주가 변화를 나타내는 봉(캔들)을 일봉(일간 차트)이라고 하고, 한 주간의 주가를 봉으로 나타낸 것을 주봉(주간 차트)이라고 합니다. 마찬가지로 월봉(월간차트)은 한 달간 주가를 봉으로 나타낸 것입니다. 보통 일봉을 많이 보는데, 빠른 매매를 하는 투자자는 분봉을, 중장기 투자자라면 주봉, 월봉도 많이 확인합니다.

② 이동평균선

증권사마다 표시 방법에 약간씩 차이가 있지만 차트 좌측 상단에 숫자와 함께 MA 또는 가격이평, 종가 단순이라고 표시해둔 선을 이동평균선이라고 합니다. 이동평균선이란 주가의 평균 가격을 연결한 선으로, 투자자들의 '평균 매수가'를 의미합니다. MA 뒤의 숫자는 이동평균선의 기간을 나타내는 것으로 기본적인 기간 설정은 5, 20, 60, 120일입니다. 이동평균선은 '이평선'이라고 줄여 말하는 경우가 많습니다.

이동평균선은 가격의 평균을 계산하는 방식에 따라 단순이동평균, 지수이동평균, 가중이동평균 등으로 나눌 수 있습니다.

- 단순이동평균선(simple moving average : SMA)

  단순이동평균선(SMA)은 우리가 흔히 알고 있는 평균값을 연결해놓은 선입니다. 예를 들어 5일 이동평균선이라고 하면 5일간의 종가를 모두 더한 다음 5로 나눈 값을 이은 선입니다

- 가중이동평균선(Weighted Moving Average : WMA)

  가중이동평균선(WMA)은 최근의 가격에 더 높은 가중치를 두고 과거의 값에는 보다 적은 가중치를 두어, 현재의 추세를 더욱 잘 반영하도록 표현하도록 한 이동평균선입니다.

– 지수이동평균선(exponential moving average : EMA)

지수이동평균선(EMA)은 과거 특정한 기간의 가격을 단순히 평균하여 산출하지 않고 마지막 날짜의 주가 변동폭에 더 높은 가중치를 두어 산출된 이동평균선입니다. 통상 최근의 데이터에 더 높은 가중치를 부여하는 가중 승수(weighting multiplier)를 이용하여 평균을 계산합니다.

▶ 거래량의 변화를 알 수 있는 곳(거래량과 거래량 이동평균선)

① 거래량

거래량은 일간 차트라면 하루 동안 거래된 주식의 수를 의미하고 이를 금액으로 표시한 것이 거래 대금입니다. 앞서 보여드린 차트 상단의 표를 확인하시면 하루 동안 거래량은 12,882,732주이고 거래대금은 8046억 원이라는 것을 알 수 있습니다.

② 거래량 이동평균선

거래량에도 이동평균선이 있습니다. 일정 기간의 거래량 평균을 연결한 선으로 기본적인 기간 설정은 5, 20, 60일입니다.

주식 기초 용어

매수 : 주식을 사는 것

매도 : 주식을 파는 것

손절 : 매수한 가격보다 낮은 가격에 매도하는 것. 주가가 현재보다 더욱 하락할 것으로 예상되어 손해를 감수하면서도 보유 종목을 파는 것을 말합니다.

물타기 : 자신이 주식을 매수한 가격보다 주가가 하락했을 때 손실을 줄일 목적으로 추가 매수하여 평균 단가를 낮추는 것을 말합니다. 하지만 일반적으로 손실이 커지는 경우가 더 많습니다.

상한가와 하한가 : 하루에 오르고 내릴 수 있는 주식 가격의 최대 등락폭으로, 당일 주가가 변동할 수 있는 폭을 전날 마감가 기준으로 +30%, -30%로 정해두고 있습니다. 주가가 가격 등락 제한폭의 상한선까지 올랐을 때를 상한가(+30%), 하한선까지 내렸을 때 하한가(-30%)라고 합니다.

눌림(조정) : 이익 실현을 위해 파는 사람들로 인해 상승하던 주식이 더 이상 상승하지 못하고 일정 구간에서 쉬어 가는 것을 의미합니다. 일반적으로 상승 후 눌림(조정)폭이 작아야 재차 상승할 가능성이 크다고 봅니다.

매집 : 누군가가 어떤 의도를 가지고 한 종목의 주식을 대량으로 사 모으는 행위입니다. 누군가란 개인이 될 수도 있고, 증권사, 자산운용사 등과 같은 금융사가 될 수도 있습니다.

박스권 : 주가가 일정한 가격 범위 안에서 오르고 내리기를 반복하며 박스 형태의 구간에서 움직임을 보이는 모습을 말합니다.

바닥권 : 하락하던 주가가 더 이상 내려가기 힘들 정도로 낮은 상태에 있음을 의미하며, 차트상 가장 저점에 위치해 있습니다. 일반적으로 거래량이 적고 횡보를 보이는 경우가 많습니다.

지지와 저항 : '지지'란 하락하던 주가가 더 이상 하락하지 않고 멈추는 현상입니다. 반대로 '저항'이란 상승하던 주가가 추가적인 상승을 하지 못하고 멈추는 현상입니다.

전고점, 전저점 : 전고점은 이전에 거래되었던 가격 중에 가장 높은 가격을 의미합니다. 전저점은 반대로 이전에 거래되었던 가격 중에 가장 낮은 가격을 말합니다. 일반적으로 전고점은 저항의 역할을 전저점은 지지의 역할을 합니다.

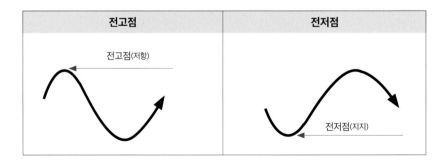

재료 : 주가가 상승 혹은 하락으로 움직일 수 있을 만한 기업의 이슈입니다. 주가 상승에 도움이 될만한 재료를 호재, 주가 하락이 예상되는 재료를 악재라고 부릅니다. 재료는 주가에 선반영되는 경우가 많습니다.

선반영 : 주가에 대한 어떤 기대감이 있을 때, 재료가 노출되기 전에 미리 주가가 상승하는 현상입니다. 예를 들어, 실적 발표일 전에 실적에 대한 기대감으로 주가가 상승하는 현상이 선반영입니다. 실적 발표일 전까지 상승했던 종목이 실제로 발표일에 좋은 실적을 발표해도 주가가 오히려 하락하곤 하는데, 이는 기대감이 미리 주가에 선반영되었기 때문입니다. 일반적으로 선반영으로 상승한 주식은 재료 노출일부터 하락할 확률이 높습니다.

목차

제1편   거래량 분석

제2편   추세 분석

"대량 거래가 지속되면 천장의 징조다"

주식 시세는 큰손이나 전문 투자가들에 의해서 주도되는 것이 보통이다.
전문가와 아마추어 간에 손이 바뀌는 과정에서 대량 거래가 수반되고
주가도 등락이 교차되는 혼조장세가 연출된다.
전문가들이 시장을 빠져나가면 시세는 대개 천정을 친다.

제1편

거래량 분석

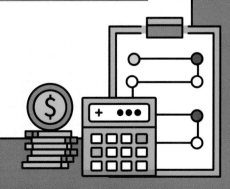

01

거래량으로
모멘텀을 읽어내라

TODAY'S GOAL
거래량과 주가의 상관관계에 대한 기본적인 사항들을 알 수 있다.

거래량 분석은 기술적 분석의 기본이며 가장 중요도가 높은 부분 중의 하나입니다.
거래량 분석이 왜 중요한가와 실제 종목 선택 및 매매 타이밍 선정에 있어서 거래량의 증감을
어떻게 활용해야 하는가에 대한 간단한 원리를 알아보도록 하겠습니다.

세부 목차

- 거래량과 주가의 상관관계
- 거래량 이동평균선을 활용하자
- 주간 차트로 상승 종목을 발굴하라
- 대량 거래에는 투자자의 본전 심리가 있다

영상 01

핵심 키워드

'거래량은 주가의 에너지이다.'

거래량과 주가의 상관관계

아래 차트는 전형적인 횡보 국면을 보이고 있습니다. 저점과 고점 사이에서 등락을 거듭하면서 일정한 박스권을 형성하고 있습니다. 아래의 차트에서 주목해야 할 점은 거래량과 주가가 연관관계를 가지면서 일정한 흐름을 보이고 있다는 점입니다. 거래가 증가할 때는 주가도 따라 상승하고, 거래가 줄어드는 때는 주가 역시 약세를 보이며 박스권 하단부로 내려가는 움직임을 보이고 있습니다.

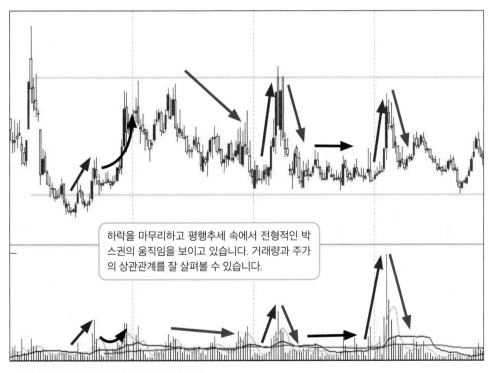

횡보 국면에서 거래량과 주가의 상관관계

(1) 거래량이 감소추세에서 증가추세로 전환 → 앞으로 **주가 상승** 예상

(2) 거래량이 증가추세에서 감소추세로 전환 → 앞으로 **주가 하락** 예상

> **재승 씨**
> **TIP**
>
> 1. 이전의 거래량 최저치 수준으로 근접할 때부터 관심
> 2. 거래가 다시 늘어나는 순간부터 매수 가담 준비

▌ 거래량 이동평균선을 활용하자

거래량을 분석하는 데는 매일매일의 거래량 증감을 확인하는 것도 필요하지만 거래량 이동평균선을 이용하면 좀 더 효율적인 분석이 가능합니다. 거래량 이평선은 거래량 변화를 포착하고 매수 타이밍을 잡는 데 유용하게 사용할 수 있습니다. 보통 5일, 20일, 60일, 120일 이동평균선을 사용하고 주봉을 볼 때는 5주, 20주, 60주 이동평균선을 사용합니다. 월봉상에서는 거래량 분석을 대체적으로 하지 않는 편입니다. 물론 개인적인 매매 패턴이나 종목 특징에 따라 기준 일수는 약간씩 다르게 사용하기도 합니다.

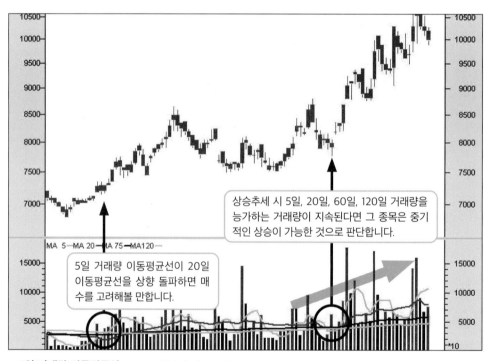

5일 거래량 이동평균선   5일간의 거래량 합계
_____
5일 (거래 일수)

> 상승추세 시 5일, 20일, 60일, 120일 거래량을 능가하는 거래량이 지속된다면 그 종목은 중기적인 상승이 가능한 것으로 판단합니다.

> 5일 거래량 이동평균선이 20일 이동평균선을 상향 돌파하면 매수를 고려해볼 만합니다.

재승 씨 TIP
1. 교차 신호 : 5일/20일 교차 신호 많이 사용
2. 단기, 중기, 장기 거래량 평균을 능가하는 거래량 지속 → 중기적인 상승 가능 판단

┃주간 차트로 상승 종목을 발굴하라

보통 어떤 종목의 시세 흐름을 보고자 할 때 전문가들은 주봉차트부터 보는 경향이 있습니다. 그 종목의 추세적인 하락이 멈춰진 상태인가를 판단하고, 하락을 멈추고 횡보 중인 종목은 언제쯤 상승할 것인가를 판단할 때 보는 것이 바로 주봉차트입니다. 여러분들도 하루하루 주가의 변동을 보고 일희일비하면서 진땀 흘리시는 것보다 주봉을 보며 시세의 흐름을 읽어내는 연습을 많이 하셔야 합니다.

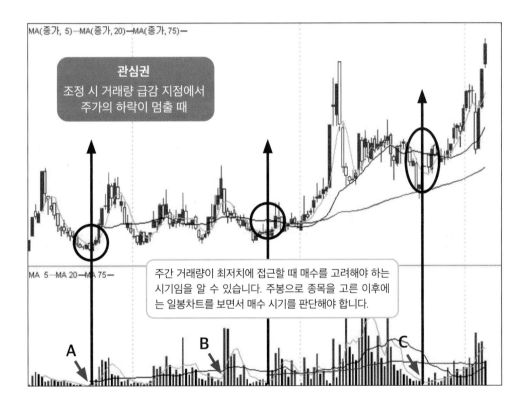

MA(종가, 5)—MA(종가, 20)—MA(종가, 75)—

관심권
조정 시 거래량 급감 지점에서
주가의 하락이 멈출 때

MA 5—MA 20—MA 75—

주간 거래량이 최저치에 접근할 때 매수를 고려해야 하는 시기임을 알 수 있습니다. 주봉으로 종목을 고른 이후에는 일봉차트를 보면서 매수 시기를 판단해야 합니다.

A B C

재승 씨 TIP

주간 차트로 종목 선정 후 일간 차트로 매수 시기 판단
일 거래량이 최저치에서 늘어나면서 일봉이 5일 이동평균선을 상회하는 시점

▌대량 거래에는 투자자의 본전 심리가 있다

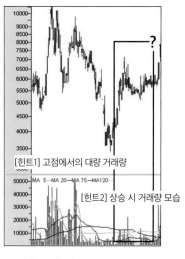

[힌트1] 고점에서의 대량 거래량

[힌트2] 상승 시 거래량 모습

질문 고수익을 내고자 하는 똑똑이가 현 시점에서
사는 것이 맞는 선택일까요?

▼ 이후 주가 차트 모습

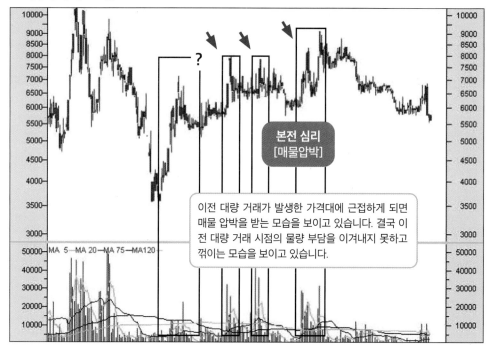

본전 심리
[매물압박]

이전 대량 거래가 발생한 가격대에 근접하게 되면
매물 압박을 받는 모습을 보이고 있습니다. 결국 이
전 대량 거래 시점의 물량 부담을 이겨내지 못하고
꺾이는 모습을 보이고 있습니다.

재승 씨
TIP 이전 고점대 악성 물량 소화 여부 주목

거래량의 판독 작업은 매우 중요합니다. 사람에게는 모두 '본전 심리'라는게 있기 때문입니다. 자신이 매수했던 주식이 샀던 때로부터 한없이 하락해서 매도하지도 못하고 계속 보유로 넘어가게 되는 경우가 있는데 이 종목이 다시 상승세로 돌아서서 지속적으로 오를 경우, 매입한 단가까지 오면 서둘러 매도하고 싶은 욕구가 누구에게나 있습니다.

따라서 주가 하락 시에 대량 거래가 형성된 부분은 그 당시에 주식을 매수했던 사람들의 본전 심리가 발동되는 지점이며 이 가격대에서는 대량의 매물이 출회되는 것이 일반적입니다.

그렇기 때문에 하락한 주가가 상승하기 위해서는 이전 고점대에서 거래량이 많았던 지점에서의 악성 물량들을 얼마나 소화해내는가를 분석해야 합니다. 어려운 작업이 되겠지만 꼭 필요한 부분입니다.

"다른 어떤 이유보다도 '최소한 원금이라도 만회하고 싶은' 마음에 별로 원하지도 않는 주식을 고집스럽게 보유할 때 투자자는 더 많은 돈을 잃게 된다." 필립 피셔

02

거래량과 주가의 상관관계

TODAY'S GOAL
시장 상황에 따른 거래량의 특징과 분석 방법을 알 수 있다!

주식을 매수, 매도, 관망하는 결정을 하기 이전에 먼저 추세를 확인하여 상승추세인지 하락추세인지 평행추세인지를 파악하는 것을 우선해야 하며 그 후에는 거래량의 움직임을 면밀히 관찰해야 합니다. 이제부터 하나씩 알아가 보도록 하겠습니다.

세부 목차

- 상승추세 시 거래량 체크 포인트
- 하락추세 시 거래량 체크 포인트
- 추세 전환 시 거래량 체크 포인트
- 횡보 국면의 거래량 체크 포인트

영상 02

핵심 키워드

'생선의 꼬리와 머리는 고양이에게 주라.'

▌ 상승추세 시 거래량 체크 포인트

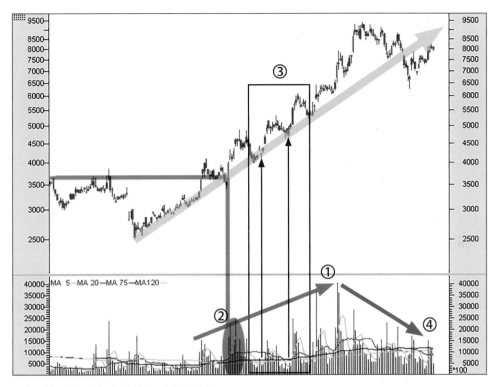

① 많은 거래량 수반 및 평균 거래량 증가
② 상승하던 주가가 저항선이나 전고점을 넘어서기 위해서는 이전의 거래량을 상회하는 대량의 거
　래가 나타나며 강하게 돌파해야 추세 상승을 하는데 무리가 없음
③ 거래량 이동평균선
　　- 하락 후 상승 (주가 상승)
　　- 상승 후 하락 (주가 하락) 패턴
④ 거래량이 기존 추세와 반대 방향으로 움직일 때는 추세 전환 시점이 다가올 것으로 판단 가능

　상승추세 시의 거래량의 특징을 알아봅시다.

　(1) 상승추세의 출발점은 통상 많은 거래량이 수반됩니다. 보통 거래량 바닥권에서 거
래량이 점증하면서 한 번쯤은 대량 거래를 수반하며 상승한 후 추세 전환을 이루는 경우
가 많습니다.

(2) 상승추세 속에서의 평균 거래량(평균 거래량은 거래량 이동평균선으로 파악할 수 있겠죠?)은 점점 증가하는 양상을 보입니다.

(3) 추세가 상승추세에 있고 거래량이 증가한다면 매수 관점으로 바라보고, 상승추세이기는 하나 거래량이 수반되지 않으면 추세가 유지되기 힘들다고 분석합니다.

(4) 통상적으로 5일과 20일의 거래량 평균을 당일 거래량이 능가하면 매수 에너지가 상당히 강한 것으로 판단합니다.

(5) 거래량 이동평균선이 하락 후 상승할 때 주가 상승이 이어지고 이동평균선이 상승 후 하락할 때 주가 하락 가능성이 높습니다

(6) 저항선이나 이전 고점과 같은 특정 가격대의 상향 돌파는 가격의 상승과 함께 많은 거래량이 수반되는 것이 일반적이며 이럴 경우에 비교적 강한 매수 신호로 받아들입니다.

(7) 만약, 주가는 상향 돌파되지만 거래량이 수반되지 않을 경우에는 속임수일 가능성이 비교적 큽니다.

(8) 거래량이 수반되나 주가가 상승추세선의 3~5% 이상 하락할 경우엔 매도의 기회로 삼아야 합니다.

위의 내용들은 항상 절대적으로 적용되는 것은 아닙니다. 일반적인 형태라고 보시면 됩니다. 조금 복잡하고 법칙들이 많아 지루한 감이 있지만 차트의 주가와 거래량을 함께 참고하여 보면서 기본 원리를 익혀보기 바랍니다.

하락추세 시 거래량 체크 포인트

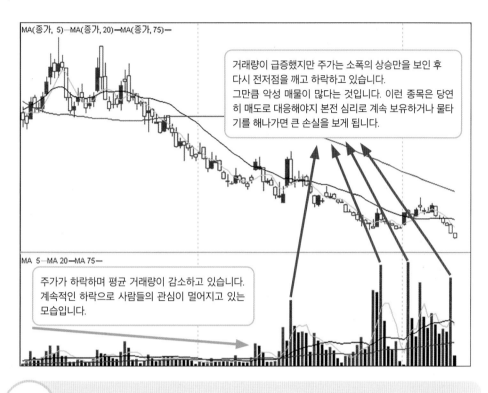

> 거래량이 급증했지만 주가는 소폭의 상승만을 보인 후 다시 전저점을 깨고 하락하고 있습니다.
> 그만큼 악성 매물이 많다는 것입니다. 이런 종목은 당연히 매도로 대응해야지 본전 심리로 계속 보유하거나 물타기를 해나가면 큰 손실을 보게 됩니다.

> 주가가 하락하며 평균 거래량이 감소하고 있습니다. 계속적인 하락으로 사람들의 관심이 멀어지고 있는 모습입니다.

재승 씨 TIP 하락추세선 저항을 돌파한 거래량 수반과 상승추세 전환이 오지 않은 한 신중한 접근 필요

하락추세 시의 거래량 특징을 알아보자.

(1) 주가가 하락추세에 있을 때 일반적으로 평균 거래량은 지속적으로 감소하는 경향이 있는데, 이는 하락추세에서 그 주식에 대한 투자자들의 관심과 매수 의욕이 떨어져 있기 때문입니다.

(2) 주가가 하락하는데도 거래량이 증가하는 것은 실적이 악화되었거나, 그 주식을 대량으로 매수했던 사람들의 물량 처분이라고 해석할 수 있습니다. 보통 매집세력이 이탈할 때는 긴 음봉의 출현과 함께 추세적인 하락을 지속할 가능성이 큽니다.

(3) 전저점을 깨고 주가가 하락할 시 거래량이 증가하는 것은 매도 압력이 큰 것이고 강력한 매도 신호로 받아들입니다.

(4) 하락을 지속하던 중 단기적인 거래 증가와 함께 주가가 상승하지만 하락추세선의 저항을 넘지 못하고 다시 추가적으로 하락하는 경향이 있습니다. 추세 전환 신호로 착각하기 쉽기 때문에 신중한 접근이 필요합니다.

▎ 추세 전환 시 거래량 체크 포인트

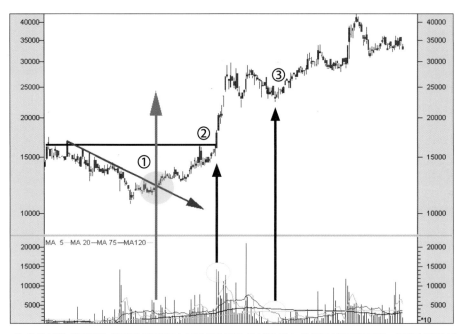

① 추세 전환 시점이긴 하지만 거래량이 수반되지 않아 확실한 매수 신호로 판단하기에는 신호가 약한 편
② 전고점 부근에서 대량 거래와 함께 돌파하는 시점에서 매수 관점 접근
③ 추세 전환 후 조정 시 거래 급감 시점에서 매수 관점 접근

(1) 추세의 전환점에서 거래량 확인은 매우 중요하며, 만약 추세가 상승추세로 전환되나 거래량이 수반되지 않으면 추세 전환이 실패할 확률이 높습니다. 이는 앞에서 얘기한 '상승추세의 출발점은 많은 거래량이 수반된다'는 논리와 일치합니다.

(2) 일반적으로 추세의 전환 시점에서는 거래량 증가 시 매수 관점으로, 거래량의 감소 시 매수를 유보하는 것으로 판단합니다.

▌ 횡보 국면의 거래량 체크 포인트

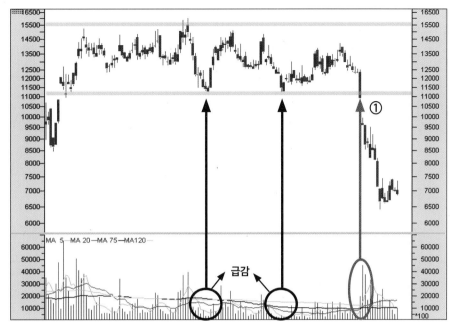

① 추세 하단부에서 대량 거래를 동반하면서 이탈하면 추가 하락 가능성이 높음. (강력 매도 신호)

<table>
<tr><td>재승 씨
TIP</td><td>일반적으로 거래량은 기존 추세 및 패턴의 이탈이나 돌파,
지지선의 붕괴와 저항선 돌파 시점에서 증가함</td></tr>
</table>

(1) 횡보 국면에서 기존 추세선을 주가가 상향 돌파할 때는 거래량의 증가가 필수적입니다.

(2) 횡보 국면의 추세 하단부에서 대량 거래를 동반하면서 추세를 이탈하면 추가적인 하락 가능성이 높아 강력한 매도 신호로 작용합니다.

"증권 브로커이건 세일즈맨이건 놀라운 수익을 보장한다고 큰소리치는 사람들은 무조건 조심해야 한다. 교묘한 트레이딩 기술을 추천하는 사람도 마찬가지로 멀리해야 하는 대상이다." 벤저민 그레이엄

03

거래량 분석으로
투자할 종목 찾기

TODAY'S GOAL
중기적인 접근이 가능한 종목을 선정할 수 있다!

실전 매매에서 주식투자의 시작은 어떤 종목을 살지 선택하는 것에서 출발하지만 어떤 시점을 정하여 매매 타이밍을 잡느냐가 승패를 좌우하는 더 중요한 요소가 될 것입니다. 이번 장에서는 종목 선정 방법과 매매 타이밍을 찾는 방법에 대해 배워보겠습니다.

세부 목차

- 거래량으로 중장기 투자 종목을 선정하는 법
- 눌림의 폭과 거래량을 보고 매수 종목을 선정하는 법

영상 03

핵심 키워드

'반락이 얕으면 큰 시세가 온다.'

▌거래량으로 중장기 투자 종목을 선정하는 법

투자 종목 선정 시 어떤 종목을 골라야 하는지를 거래량으로 선별해 보겠습니다. 우선 다음 두 종목의 차트를 보십시오. 여러분이라면 어떤 종목을 관심 종목으로 편입하시겠습니까? 두 종목 모두 주봉 차트입니다.

▼ A 종목

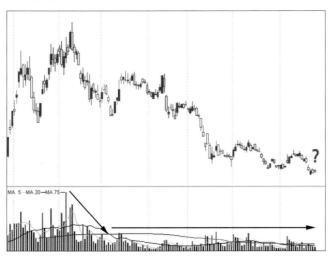

▼ B 종목

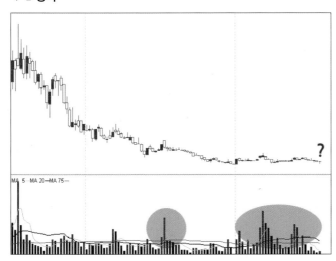

자, 어느 종목을 고르셨습니까? 선뜻 판단이 되시나요?

우선 A 종목을 살펴보겠습니다.

이 종목의 경우 큰 폭의 상승을 보여준 후 하락기로 접어들면서 평균 거래량이 급격히 줄어든 모습입니다. 주가가 하락하면서 거래량이 없었다는 얘기는 물량을 가지고 있는 세력(흔히 큰손이라고 표현하죠)들의 물량 털기가 진행되지 않았다는 반증이며 단지 시장 상황의 변화로 인해 주가가 하락했음을 말해줍니다. 따라서 이러한 종목이 다시 시장 상황의 변화로 인하여 상승으로 추세가 전환됐을 시에는 매물의 저항 없이 급격한 상승이 가능한 것입니다. 그러므로 중장기 투자 종목을 선정할 때 이런 종목은 관심 종목 1순위에 편입되어야 합니다.

이후 진행된 모습을 차트로 확인해 볼까요.

▼ A 종목

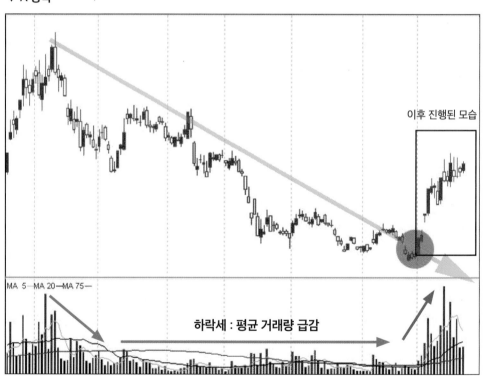

이후 진행된 모습

MA 5 ─ MA 20 ─ MA 75 ─

하락세 : 평균 거래량 급감

처음 배우는 주식 차트

B 종목을 살펴보겠습니다.

주가는 하락세로 접어들었는데, 중요한 점은 이 하락의 과정에서 중간중간 대량의 거래가 터졌다는 것입니다. 이와 같이 주가가 하락하는 동안 거래량이 계속 이어진 종목은 큰 시세를 내기가 매우 어렵습니다. 제일 낮은 가격에도 대량 매도가 있었다는 것은 기업 실적이 나쁘거나 무엇인가 악재가 있다는 것을 의미하기 때문입니다. 무슨 뜻인지 아시겠지요? 주가가 하락하면서 거래량이 늘면 관심 종목에서 제외하십시오.

▼ B 종목

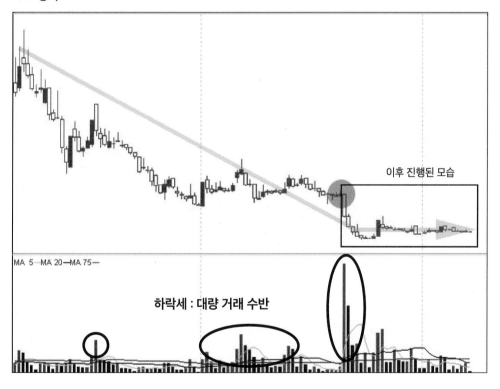

앞으로는 주가 하락 시에 대량 거래가 많이 터지지 않았던 종목에 관심을 기울여보시길 바랍니다. 하락의 와중에 대량의 거래가 터지며 많은 사람들이 손실을 보고 눈물로 얼룩져 있는 차트는 상승 시에도 대기 매물이 많아 수급상의 문제를 겪게 되는 것이 일반적입니다.

눌림의 폭과 거래량을 보고 매수 종목을 선정하는 법

(1) 조정(눌림)의 폭과 거래량을 보고 매수 종목을 선정한다.

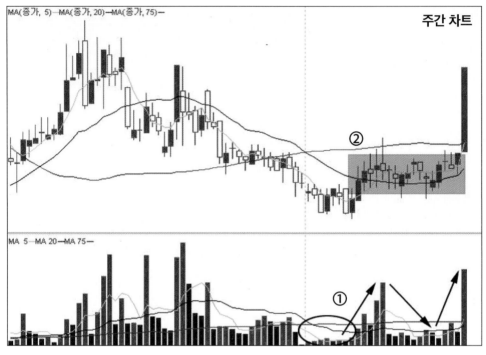

① 주가 바닥권에서 거래량의 급감 현상과 이후 거래량 증가를 수반한 주가 상승
② 얕은 조정 + 거래 급감 + 20주선 지지

이와 같이 주가가 주봉상 1차 상승을 보인 후 얕은 조정을 받으며 거래가 급감한다는 것은 대량의 매도 물량 출회 없이 소위 큰손들이 겁 많은 일반 투자자들의 물량을 거둬가기 위한 흔들기를 진행하는 과정인 것입니다. 이러한 움직임은 장중 흔들기가 심하게 진행되는 일봉차트에서는 잡아내기가 매우 힘듭니다. 실제로 큰 폭의 급등을 한 주식들의 주봉차트를 확인해 보면 이러한 얕은 눌림을 준 후 거래량 수반과 함께 상승을 한 경우가 대부분인 것을 깨닫게 되실 겁니다.

(2) 고가놀이 종목으로 수익률 얻기

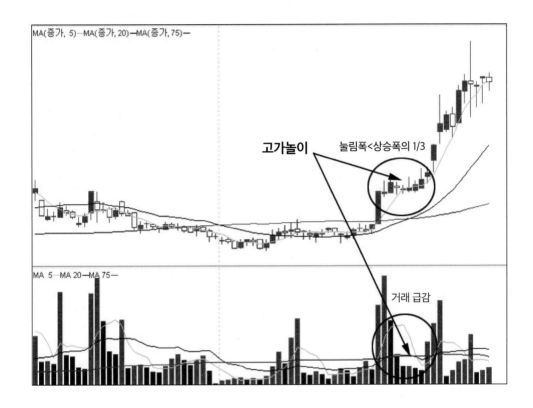

'고가놀이'란 무엇일까요? 위의 차트에서 원 안의 주봉을 자세히 살펴보면 장대양봉이 발생한 이후 촘촘한 십자형의 주봉이 형성되는 모습이 관측됩니다. 이와 같이 주봉상 장대양봉이 발생한 이후 재상승 이전의 주봉들이 장대양봉 상승폭의 1/3도 누르지 못하고 다시 강하게 시세를 분출하는 경우, 이후의 상승 확률은 통계적으로 90% 이상입니다. 이러한 현상을 일본 문헌에서 '고가놀이'라고 표현합니다.

(3) 주봉차트 후에 일봉차트를 보며 종목에 확신을 갖자

이번 차트는 앞서 보여드린 주봉차트를 일봉과 같이 본 것입니다. 주봉상으로도 매수 시점은 잡아나갈 수 있으나, 역시 주봉을 확인한 후 매일매일의 일봉과 일 거래량을 보며 매매하면 투자의 최적 시점을 보다 정확하게 잡을 수 있겠죠?

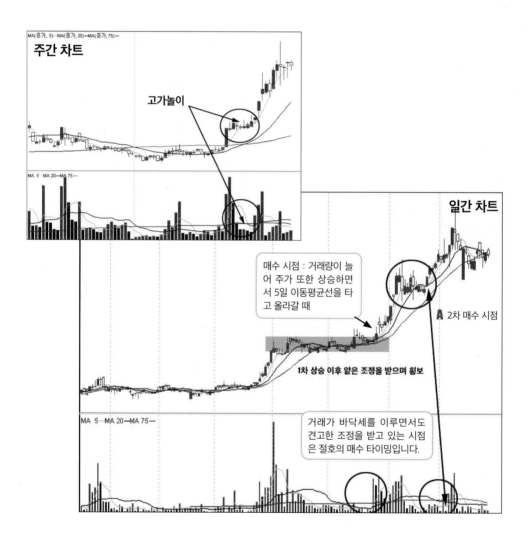

"투자의 성공은 IQ와 아무런 상관이 없다. 필요한 것은 충동을 다스릴 줄 아는 것이다. 투자자들이 곤란에 빠지는 이유는 충동을 다스리지 못하기 때문이다." 워런 버핏

04

거래량으로 본 사야
할 때 팔아야 할 때

TODAY'S GOAL
사야 할 시점과 이익 실현을 어느 시점에 해야 할지를 판단할 수 있다!

여러분은 앞에서 거래량으로 본 종목 선정법과 매매 타이밍을 배우셨습니다.
이번 시간에는 사야 할 시점과 팔아야 할 시점을 어떻게 판단해야 하는지를 알아보겠습니다.

세부 목차

● 조정의 폭과 거래 급감 현상의 관계를 눈여겨보라

● 이전 고점 돌파에 실패하면 매도하라

영상 04

핵심 키워드

'매입은 천천히 매도는 신속하게 하라.
팔고 나서 올라도 애통해 하지 마라.'

▌ 조정의 폭과 거래 급감 현상의 관계를 눈여겨보라

'이전 고점을 넘어선 후, 거래 급감 현상과 함께 조정의 폭(눌림목)이 얕은 종목과 이전 저점을 붕괴시키지 않는 종목을 관심 종목으로 편입하자.'

실전 매매에서 항상 염두에 두고 있어야 하는 중요한 사항입니다.

다음의 차트를 보며 좀 더 자세히 알아보도록 하겠습니다.

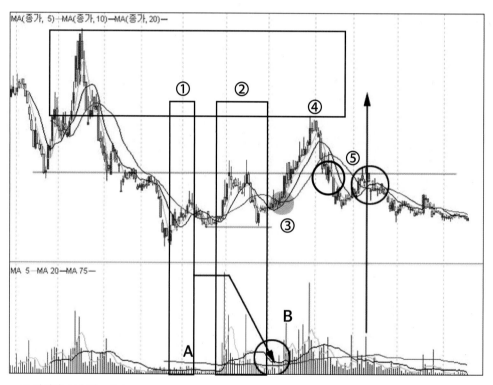

① 거래량 수반 없는 상승
② 전저점 지지 확인
③ 거래 급감 이후 거래가 증가하면서 일봉이 5일 이동평균선을 타고 올라올 때 → 매수 시점
④ 본전 심리 (매물 압박) 敗 → 이익 실현 구간
⑤ 추세 이탈

위의 차트를 설명드리면 다음과 같습니다.

(1) 큰 폭 하락 이후 거래량 수반이 없는 상승에는 큰 의미를 두지 않습니다.

(2) A지점에서 거래 급감 현상이 발생하는 가운데 바닥권에서 대량 거래와 함께 주가가 1차 상승을 보인 이후 상당히 깊은 조정을 받고 있는 모습이라 불안한 모습이지만 거래량이 급감하고 전저점을 깨지 않는 조정을 받고 있는 모습입니다.

(3) B지점에서 거래가 급증하며 강한 양봉을 내준 이후 주가는 며칠간 상승을 이어가고 있습니다. 거래 급감 이후 거래가 증가하면서 일봉이 5일선을 타고 올라올 때가 바로 강력한 매수 타이밍입니다.

(4) 오름세를 보이다가 지난 최고점에 다가설수록 매물 압박(본전 심리)이 오면 이익 실현을 염두에 둡니다.

(5) ③의 상승 시 저항이 됐던 전고점을 뚫고 올라가면 향후 조정을 보일 때 중요한 지지선 역할을 합니다. 하지만 매도세로 인해 거래량의 증가와 함께 하향 이탈한다면 매도 신호로 판단하고 매매에 임해야 합니다.

이전 고점 돌파에 실패하면 매도하라

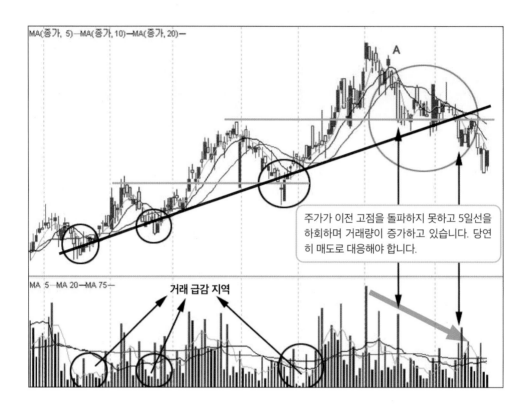

MA(종가, 5)—MA(종가, 10)—MA(종가, 20)—

A

주가가 이전 고점을 돌파하지 못하고 5일선을 하회하며 거래량이 증가하고 있습니다. 당연히 매도로 대응해야 합니다.

MA 5—MA 20—MA 75—

거래 급감 지역

주목해 보셔야 할 부분은 A지점의 마지막 상승 부분입니다. 지속적인 상승을 보인 후 조정의 과정에서 20일선에서 다시 지지를 이뤄내며 거래 급감이 나타나고 있기는 하지만, 이후 주가는 이전 고점을 상회하지 못하고 5일선을 하향 돌파 했으며, 거래량 역시 이전의 거래량 고점에 크게 미달하는 모습을 보이고 있습니다. 결국 며칠 후 추세의 전환을 알리는 장대음봉이 발생하며 주가가 하락으로 돌아서고 있는 모습이 관측됩니다.

"잘 사기만 한다면 절반은 판 것이나 다름없다. 즉 보유 자산을 얼마에, 언제, 누구에게, 어떤 방법으로 팔지를 고심하느라 많은 시간을 보내지 않아도 된다는 의미이다." 하워드 막스

05

쉿! 대량 거래의
비밀과 급등주의 특징

TODAY'S GOAL
대량 거래의 비밀과 급등주의 특징을 알 수 있다!

여러분은 어떤 종목의 주가가 빠질대로 빠져서 거래 급감 현상이 나타나고 더 이상 매도 물량
도 나오지 않는 상황에서 장기간 횡보하는 종목들을 많이 보셨을 겁니다. 이런 종목은 시장의
관심권에서 벗어나 있어 팔려고도 사려고도 하는 사람들이 없는 상태에서 투자자의 인내심을
잃게 만드는 종목들입니다. 그런데 이런 종목들 중 갑자기 거래가 급증하며 단기적으로 주가가
상승하는 경우가 있죠? 이럴 경우 어떻게 해석해야 하는지에 대해서 함께 알아보겠습니다.

세부 목차

- 급등주(투기주)의 조건
- 장기간 거래량의 변화가 없는 종목을 선택하라
- 이것이 바로 급등주의 거래량 조건

영상 05

핵심 키워드

'장기간 움직이지 않던 주식이 오르기 시작하면 크게 오른다.'

▌ 급등주(투기주)의 조건

급등주의 조건

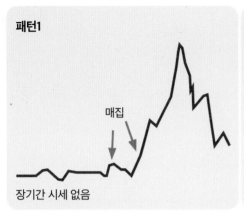

패턴1

매집

장기간 시세 없음

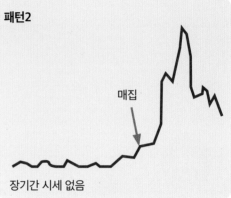

패턴2

매집

장기간 시세 없음

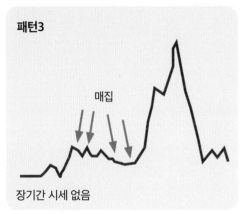

패턴3

매집

장기간 시세 없음

- 과거 시세가 없어 위에 매물이 적을 것
- 매집이 대량일 것
- 패턴을 보일 것

바닥권에서의 거래 급증은 매우 중요한 시그널입니다. 주가 바닥권에서(평행추세로 횡보 중이거나, 저점을 높여가고 있는 종목) 대량 거래가 터진 주식은 일단 경계경보를 발동시켜야 합니다.

장기간 거래량의 변화가 없는 종목을 선택하라

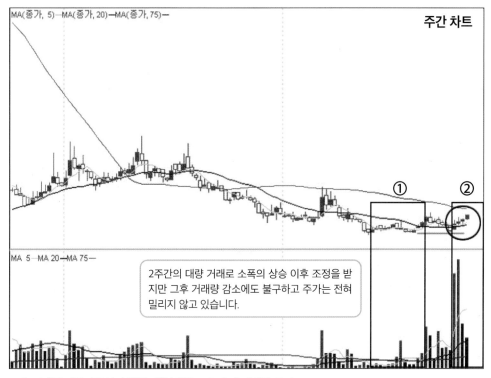

주간 차트

MA(종가, 5)─MA(종가, 20)─MA(종가, 75)─

MA 5─MA 20─MA 75─

> 2주간의 대량 거래로 소폭의 상승 이후 조정을 받지만 그후 거래량 감소에도 불구하고 주가는 전혀 밀리지 않고 있습니다.

① 거래량 이동평균선의 방향 전환(하락 → 수평)과 거래량 급감
② 대량 거래 2주 연속 발생 거래량 감소 속에서도 견고한 모습

  (1) 거래량의 최저치 수준 급감과 함께 5주 이동평균선과 더불어 20주 이동평균선이 하락세를 멈추고 수평으로 돌아서는가로 판단하시면 됩니다. 이와 같이 거래량 이동평균선의 방향 전환(하락 → 횡보)과 거래량의 최저 수준 급감은 하락추세에서 계속됐던 매도로 더 이상 현재의 가격대에서 팔고자 하는 매도자가 존재하지 않으며 주가의 추세적인 하락이 멈추고 있음을 대변해주기 때문입니다.

  (2) 거래량이 다시 증가하면서 이전에 보지 못했던 대량의 거래가 2주간 연속으로 발생하고 있습니다. 또한 이후 거래량이 다시 감소하는 상황에서도 주가는 전혀 아래로 밀리지 않고 오히려 상승하는 움직임을 보이고 있습니다. 이후의 주가는 어떻게 됐을까요?

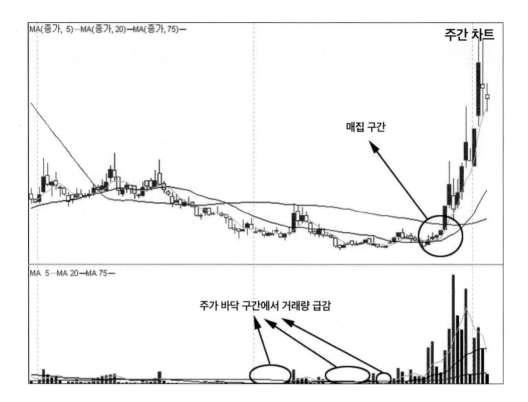

주간 차트

매집 구간

주가 바닥 구간에서 거래량 급감

이것이 바로 급등주의 거래량 조건

어떤 종목이 급등주가 되려면 다음과 같은 거래량 조건을 갖추어야 합니다.

① 주가가 장기 하락 후 마지막 투매 끝에 거래 급감 지역의 형성 이후 급격한 거래량
   이 터지며 하락을 멈추고 급등이 시작되는 경우

② 바닥을 오랜 기간(적어도 5~12개월) 다진 주식의 거래량이 점진적으로 증가하는 경우

③ 주가 상승과 더불어 거래량 급증 후 거래량 감소 속에 얕은 조정폭

④ 주가 상승 후 고가놀이

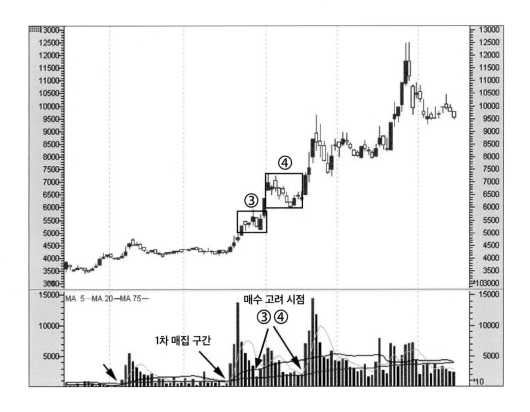

위 차트는 급등이란 말이 어울리는 차트입니다. 가끔 시초가로 상한가를 이어가는 종
목들도 있지만 그런 종목은 접근 자체가 힘들고 또 언제 급락하게 될지를 알 수 없어 상당
한 리스크를 부담해야 하기에 이런 차트라면 비교적 적은 리스크로도 접근이 가능해 보입

니다. 비록 바닥권에서 매수 시기를 놓쳤다고 해도 주봉상 '고가놀이' 발생을 확인하고 매수에 동참할 수 있습니다.

　앞서 설명한 급등주의 거래량 조건과 함께 다시 한 번 찬찬히 차트를 살펴보시기 바랍니다. 그리고 지금까지 급등주로 이름을 날렸던 종목들을 검색해 보며 오늘 배우신 내용들을 여러분의 몸으로 직접 체험해 보시기 바랍니다. 아무리 훌륭한 설명서를 읽고 또 읽어본다 해도 자신이 직접 체험하고 연구하지 않는다면 아무런 결실도 얻을 수 없는 것이라 생각합니다.

　거래량을 가지고 함께하는 시간을 가져봤습니다. 많은 내용을 담아보려고 노력했지만 아직도 궁금한 점이 많으실 거란 생각이 드는군요.

　여러분은 이제 기술적 분석의 초입에 한발 다가서 있습니다. 다음에 나오는 추세, 캔들, 이동평균선, 보조지표의 내용들 역시 하나 빠뜨릴 수 없는 중요한 기술적 분석 도구들입니다. 하나씩 배워나가면서 실전에서 응용하다 보면 여러분도 능숙한 투자자로 거듭나실 수 있을 것입니다.

"대부분의 증권인들은 이윤을 냈을 때는 얘기를 하고, 잃었을 땐 침묵을 지킨다.
그들은 언제나 가장 낮은 시세에서 샀으며, 가장 높은 시세에서 팔았다.
그들은 자신을 천재로 여긴다. 그러나 나는 그들을 거짓말쟁이로 여긴다." 앙드레 코스톨라니

"먼저 숲을 보고 나무를 보아라"

주가의 일일 변동이나 단기적인 파동만 보고 투자를 하면

시세의 큰 흐름을 보지 못한다.

먼저 시세의 큰 흐름과 그 배경을 이해하고

그러한 바탕 위에서 눈앞의 시세를 해석해야 한다.

따라서 종합적으로 해석할 수 있는 안목을 기르는 것이 중요하다.

제2편
추세 분석

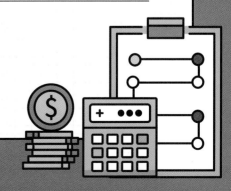

06

추세를 아는 것은
성공 투자의 지름길

TODAY'S GOAL
주가의 방향을 익히고 기본적인 주가 움직임을 파악할 수 있다!

추세란 종목을 고르기 전에 먼저 주식시장의 상황을 살펴보는 것을 말합니다. 하락추세에서는 대단한 전문가가 아니라면 대부분은 손실을 보기 때문에 하락추세인지 상승추세인지를 먼저 알아야 합니다. 추세를 아는 것은 성공 투자의 지름길입니다.

세부 목차

- 종목에도 생과 사가 존재한다
- 추세는 방향성의 원리이다
- 지지와 저항으로 나의 적을 제거하라
- 추세선을 그어보자
- 추세선의 신뢰도와 추세의 조정

영상 06

핵심 키워드

'추세에 맞서지 말라.'

▌종목에도 생과 사가 존재한다

주식 격언에는 '추세에 맞서지 말라', '추세와 같은 방향으로 매매하라' 등 추세와 관련된 격언이 상당히 많이 있습니다. 그만큼 추세는 기술적 분석에서 가장 기초적인 개념이면서도 매우 중요한 역할을 합니다.

추세를 배우기에 앞서 한 종목의 삶을 담은 다음 차트를 살펴보고, 우리는 언제 동반자가 되는 것이 좋을지 곰곰히 생각해봅시다.

종목의 삶(언제 동반자가 될 것인가?)

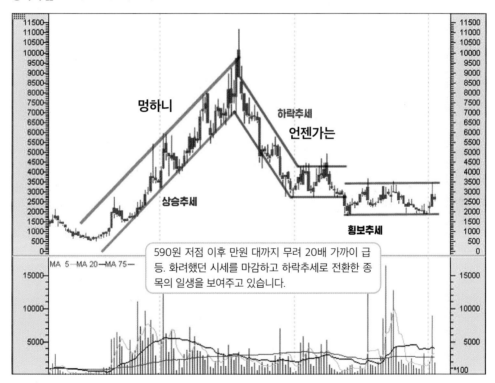

자, 이제부터 종목의 삶과 흥망성쇠 속에서 우리가 언제 동반자가 될 것인지, 그리고 추세란 어떤 것인지 주식을 처음으로 대하는 분들을 위해 아주 쉽고 세세하게 하나하나 짚어보겠습니다.

추세는 방향성의 원리이다

추세란 아주 단순한 의미로 움직이는 방향이라 할 수 있습니다. 기술적 분석에서 가장 기초적이고 필수적인 개념이라 할 수 있죠. 국어사전에서 '추세'란 단어를 찾아보면 '어떤 현상이 일정한 방향으로 움직여 나가는 힘. 또는, 그 형편'이라고 정의되어 있습니다. 우리가 '시대의 추세에 따른다', '집값이 상승추세이다'란 말을 자주 하듯이 추세란 단어는 우리 생활 속에 있습니다.

주식시장에도 이러한 추세가 있습니다. 주식을 보면 주가가 일직선으로 움직이지 않고 등락을 계속하면서 움직이는 걸 많이 보시죠? 그리고 그런 등락 속에는 일정한 방향이 있으며, 이를 추세, 즉 시장 혹은 주가가 움직이는 방향이라고 합니다.

보통 주가흐름의 방향에 따라 상승추세, 하락추세, 횡보추세로 구분할 수 있습니다.

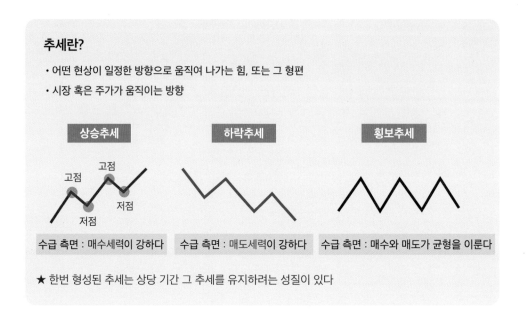

상승추세는 봉우리(고점)와 골짜기(저점)가 지속적으로 높아지는 것이고, 하락추세는 봉우리(고점)와 골짜기(저점)의 위치가 계속 낮아지는 상태입니다. 상승추세는 사려는 사

람이 팔려는 사람보다 강한 상태라 볼 수 있고, 하락추세는 팔려는 사람이 사려는 사람보다 우위에 있다고 생각하시면 됩니다.

횡보추세는 수요(사려는 사람)와 공급(팔려는 사람)이 균형을 이루는 관망의 시기로 상승추세나 하락추세의 형성을 위한 에너지가 비축된다고 할 수 있습니다. 즉, 비추세라고도 하는 횡보추세는 상승추세와 하락추세의 갈림길에 서 있는 시기입니다. 횡보추세는 종목의 삶 속에서 70~80%를 차지한다는 통계가 있듯이 상승·하락추세보다 보통 긴 편입니다.

여기서 중요한 점은 한 번 형성된 추세는 상당기간 그 추세를 유지하려고 하는 성질이 있다는 점입니다. 즉, 한 방향의 추세가 형성되면 내부적이나 외부재료로 인해 크게 그 주식의 성질을 건들지 않는다면 그대로 유지되는 특징이 있습니다

먼저 세 가지의 방향성을 가진 차트를 보면서 말씀드리겠습니다.

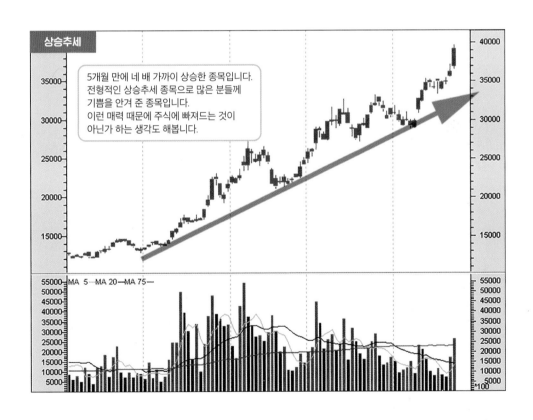

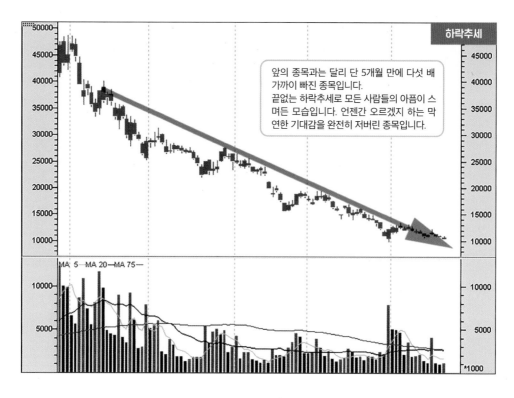

하락추세

앞의 종목과는 달리 단 5개월 만에 다섯 배
가까이 빠진 종목입니다.
끝없는 하락추세로 모든 사람들의 아픔이 스
며든 모습입니다. 언젠간 오르겠지 하는 막
연한 기대감을 완전히 저버린 종목입니다.

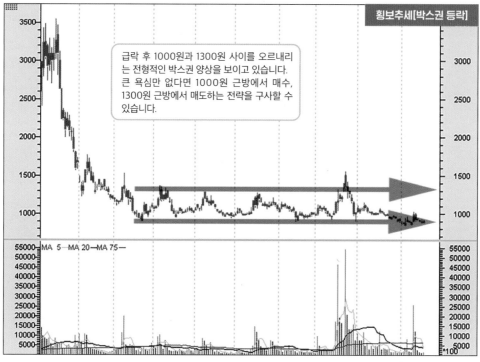

횡보추세[박스권 등락]

급락 후 1000원과 1300원 사이를 오르내리
는 전형적인 박스권 양상을 보이고 있습니다.
큰 욕심만 없다면 1000원 근방에서 매수,
1300원 근방에서 매도하는 전략을 구사할 수
있습니다.

처음 배우는 주식 차트

단기 매매자가 아니라면 하락추세에 있는 종목은 절대로 쳐다보지 마십시오. "추세에 역행하지 말라"는 격언이 왜 나왔는지 알 수 있죠?

반면 횡보추세를 보이는 종목의 경우 큰 욕심만 없다면 쉽게 박스권 등락을 활용해 매매에 임할 수 있습니다.

▌ 지지와 저항으로 나의 적을 제거하라

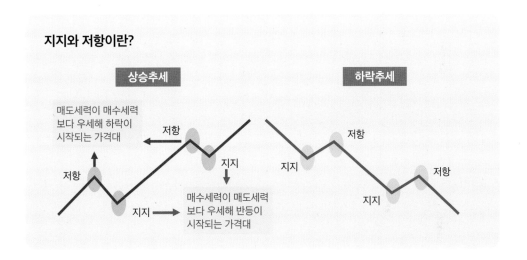

상승추세에서는 지지(저점)와 저항(고점)이 점차 높아지는 모습을, 하락추세에서는 지지(저점)와 저항(고점)이 점차 낮아지는 것을 알 수 있습니다. 만약 상승추세에서 조정 시 직전 저점까지 내려온다면 이는 저점이 높아진다는 상승추세의 기본 원리를 깨는 것이므로 상승추세가 마무리되고 있음을 의심하여야 합니다. 이와 같이 지지와 저항의 개념은 추세의 가장 필수적인 개념이기 때문에 꼭 알아두어야 합니다.

또 하나의 그림을 보실까요?

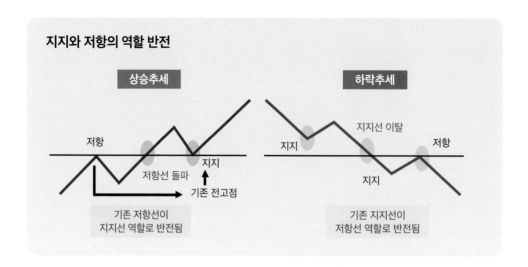

아주 재미있는 현상인데, 지지와 저항은 상반된 성격이면서도 아주 밀접한 관계를 가지고 있습니다.

보통 상승추세에서는 전고점이 저항선이 되는데 이 저항선을 강하게 뚫고 올라가면 향후에 조정을 보일 때 이 저항선은 마음을 바꾸고 중요한 지지선 역할을 해줍니다. 반대로 하락추세에 있는 종목은 지지선 역할을 하던 곳을 하향 이탈하면 향후 상승세를 보일 때 아주 무시무시하고 강력한 저항선의 역할을 합니다.

실전 차트를 통해 확인해 볼까요?

처음 배우는 주식 차트

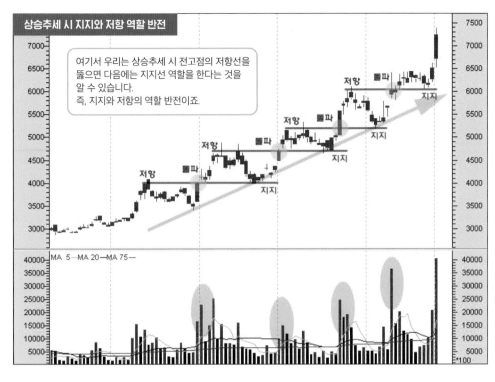

상승추세 시 지지와 저항 역할 반전

여기서 우리는 상승추세 시 전고점의 저항선을 뚫으면 다음에는 지지선 역할을 한다는 것을 알 수 있습니다.
즉, 지지와 저항의 역할 반전이죠.

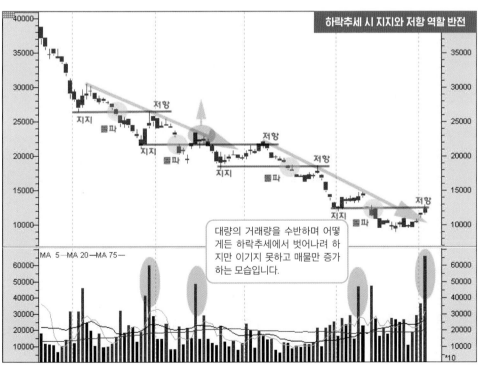

하락추세 시 지지와 저항 역할 반전

대량의 거래량을 수반하며 어떻게든 하락추세에서 벗어나려 하지만 이기지 못하고 매물만 증가하는 모습입니다.

지지와 저항에 대한 개념이 이해가 가셨는지요? 이제 지지와 저항의 강도에 대하여 알아보도록 하겠습니다.

지지와 저항의 강도

1. 대량의 거래량이 수반될수록 강하다
2. 장기적인 고점·저점이 단기적인 고점·저점보다 강도가 세고 단단하다
3. 여러 번 돌파 시도된 저점과 고점은 점차 지지력과 저항력이 약화된다

▮ 추세선을 그어보자

주가 움직임의 고점과 저점이 추세와 지지와 저항을 만든다고 하였습니다.

추세선이란 주가의 움직임에서 고점은 고점끼리(하락추세 시) 그리고 저점은 저점끼리(상승추세 시) 연결한 직선을 말합니다. 아주 중요하면서도 간단합니다. 그림을 보실까요?

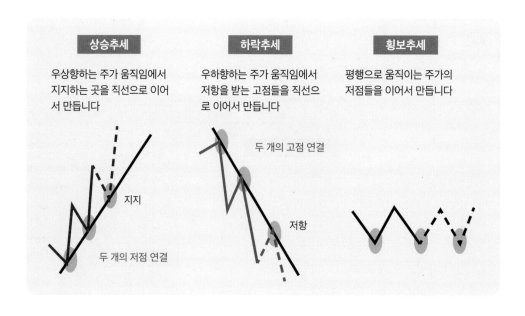

상승추세	하락추세	횡보추세
우상향하는 주가 움직임에서 지지하는 곳을 직선으로 이어서 만듭니다	우하향하는 주가 움직임에서 저항을 받는 고점들을 직선으로 이어서 만듭니다	평행으로 움직이는 주가의 저점들을 이어서 만듭니다

지지

두 개의 저점 연결

두 개의 고점 연결

저항

즉, 상승추세선은 하락을 방어하는 일종의 지지선 역할을 해주고, 하락추세선은 더 이상의 상승을 가로막는 일종의 저항선 역할을 하는 것이라고 할 수 있습니다.

추세선을 만드는 데는 몇 가지 요건이 필요합니다.

먼저 두 점이 있어야 합니다. 선을 그으려면 당연하겠죠. 다음으로 상승추세선이 확인되기 위해서는 고점인 지점을 다시 돌파하는 주가의 상승세가 있어야 합니다. 반대로 하락추세선을 확인하기 위해서는 저점을 돌파하는 주가의 하락세가 있어야 합니다.

그렇다면 추세선을 어떻게 이용해야 할까요?

만약 상승추세에 있다면 주가가 추세선에 다가올수록 매수의 기회로 이용할 수 있고, 반대로 하락추세에서는 주가가 추세선에 가까워질수록 매도의 기회로 보시면 됩니다.

다음 차트를 한번 볼까요.

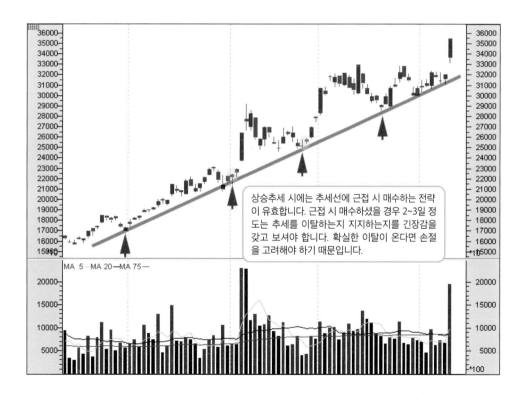

상승추세 시에는 추세선에 근접 시 매수하는 전략이 유효합니다. 근접 시 매수하셨을 경우 2~3일 정도는 추세를 이탈하는지 지지하는지를 긴장감을 갖고 보셔야 합니다. 확실한 이탈이 온다면 손절을 고려해야 하기 때문입니다.

▌추세선의 신뢰도와 추세의 조정

그럼 어떤 추세가 신임을 많이 받을까요?

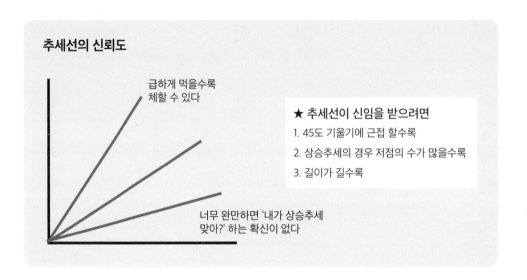

추세선의 신뢰도

급하게 먹을수록
체할 수 있다

★ 추세선이 신임을 받으려면
1. 45도 기울기에 근접 할수록
2. 상승추세의 경우 저점의 수가 많을수록
3. 길이가 길수록

너무 완만하면 '내가 상승추세
맞아?' 하는 확신이 없다

보통 상승추세의 경우 추세선을 만들고 있는 저점의 수가 많을수록 추세선의 신뢰가 크고, 또한 추세선의 길이가 길수록 신뢰가 커집니다. 또한 추세선 기울기에도 신뢰의 차이가 있는데, 정답은 없지만 보통 상승추세선의 경우 45도 기울기에 근접할수록 신뢰도가 높다고 합니다. 상승추세선이 너무 가파르면 단기간 안에 쉽게 무너질 수 있고, 너무 기울기가 완만하면 추세의 힘이 약해 상승추세라고 확신할 수가 없기 때문입니다.

다음 그림을 보면 추세선이 변화하고 있죠. 이런 것을 보통 추세의 조정이라고 합니다. 상승추세가 더 가파르게 움직이기도 하고 하락추세가 더 가파르게 움직이기도 합니다. 상승추세 시 기울기가 점점 커진다면 상승추세가 더 강해지고 있기 때문에 문제가 없지만, 기울기가 점점 작아진다면 추세의 강도가 약해지는 것을 의미하기 때문에 주의를 요합니다.

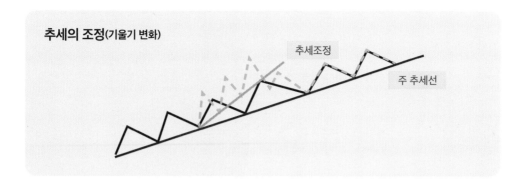

추세의 조정(기울기 변화)

추세조정

주 추세선

실전 차트를 통해 확인해보겠습니다.

추세의 조정

정석대로 잘 가던 주식이 기울기를 더 급하게 만들며 상승을 하고 있습니다. 이때는 추세선을 조정해 다시 그려주어야 합니다. 주식 보유자들은 참 좋겠죠. 향후 주식이 많은 하락을 보여 2번 추세선을 이탈한다면 1번 추세선이 지지선 역할을 할 것입니다.

MA 5 ― MA 20 ― MA 75 ―

위의 차트를 보더라도 주가는 항상 정석대로 움직이질 않습니다. 따라서 추세선을 대담하게 긋는 연습을 많이 해서 자신만의 노하우를 발견해야 합니다. 다음 편에서는 추세대 긋는 법, 그리고 아주 중요한 추세의 반전에 대해 말씀드리겠습니다.

"주식시장의 오랜 격언을 명심하라. 황소(강세장)도 돈을 벌고, 곰(약세장)도 돈을 벌 수 있지만, 돼지(탐욕)는 결국 도살장으로 끌려간다." 윌리엄 오닐

07

추세대를 이용한 매매 전략 세우기

TODAY'S GOAL
추세대와 추세 반전을 이용한 매매 기법을 알 수 있다!

추세 분석은 주가가 일정 기간 동안 일정한 방향을 그리는 성질을 이용한 기법이란 것을 배웠습니다. 이제 여러분은 아마도 어느 시점에서 매도를 하면 좋을까? 시세가 둔화되는 시점을 어떻게 알 것인가? 하는 의문이 생기실 겁니다.
이제는 실질적으로 추세의 성질을 이용한 추세대 매매 기법과 추세 반전을 활용한 매매 기법을 알아보기로 하겠습니다.

세부 목차

- 추세대를 이용해 매수·매도 시점 간파하는 법
- 조정폭을 파악하라
- 대박과 쪽박의 갈림길, 추세 전환 시점
- 속임수를 이용해보자

영상 07

핵심 키워드

'시작은 소녀, 마무리는 토끼처럼'

▎추세대를 이용해 매수·매도 시점 간파하는 법

앞 장에서 우리는 추세선 긋는 법을 배웠습니다. 그럼 추세대란 무엇일까요?

주식을 유심히 보시면 추세선과 평행한 선 사이에서 등락을 거듭하는 모습을 볼 수 있습니다. 즉, 추세대란 지지 추세선과 저항 추세선 사이에서 가격 등락이 반복적으로 이루어지는 형태를 말합니다. 그림을 보실까요?

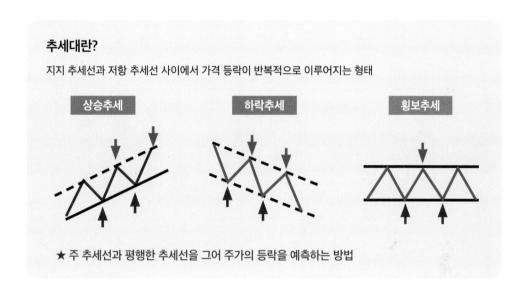

그림에서 본 바와 같이 추세대는 상승추세일 경우 지지선을 중심으로, 하락추세일 경우에는 저항선을 중심으로 평행하게 그립니다.

왜 이러한 현상이 나타나는 것일까요? 어찌 보면 당연하다고 생각할 수도 있습니다. 급등주가 아닌 이상 주식이 어느 정도 오르면 이익을 실현하려는 심리가 작용하기 때문입니다.

상승추세 종목의 추세대 하단부에서 매수에 가담하고 상단부에서 유심히 관찰하다가 힘이 소진됐다고 판단되면 매도하는 전략을 구사하는 투자자, 또는 상승추세에 있는 종목은 상승추세가 깨지지 않는 한 작은 등락에 연연하지 않고 계속 보유하는 중장기 투자자도 있습니다.

추세대의 성질 속에서 일정한 등락을 보이는 실전 차트를 통해 알아보겠습니다.

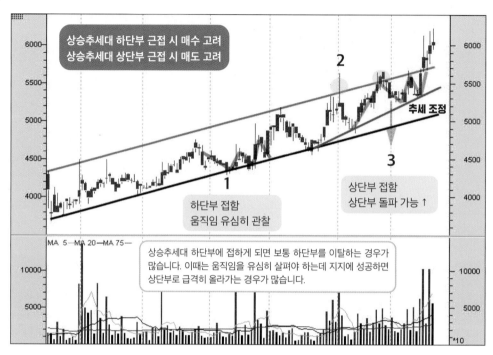

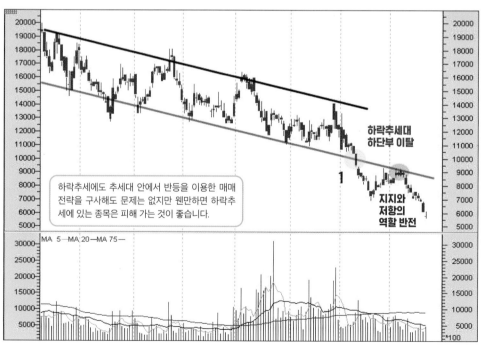

횡보추세의 경우에는 욕심만 과대하지 않다면 아주 쉽게 매수·매도 시점을 찾을 수 있습니다.

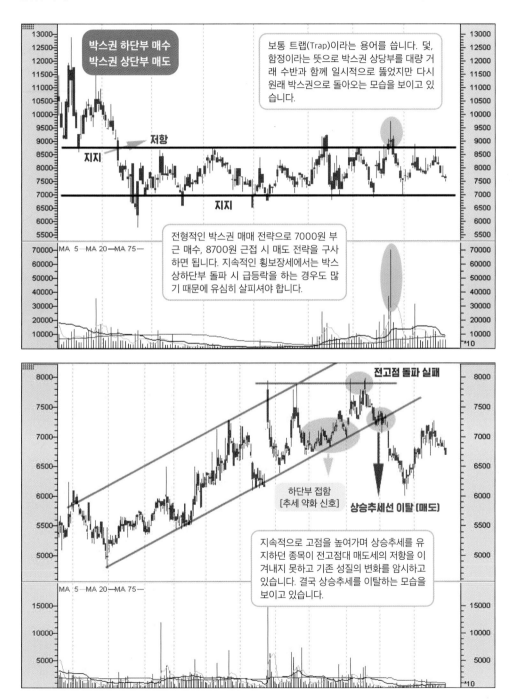

상승추세대안에서 움직임을 보이는 주식이 있다고 가정을 하고, 주식이 상승추세대 상단부에 이르지 못한 상태에서 하락한다면 상승추세의 힘이 점점 떨어진다고 판단을 합니다. 즉, 매수세력보다 매도세력의 힘이 더 크다고 생각하고, 향후 상승추세 하단부까지 하락한다면 움직임을 유심히 관찰하셔야 합니다. 만약, 하향 돌파를 한다면 매도로 대응하시는 것이 좋습니다.

▌ 조정폭을 파악하라

우리는 주식을 하면서 되돌림이란 말을 많이 듣습니다. 되돌림이란 무엇일까요?

주가는 추세를 가지고 그 안에서 등락을 거듭한다고 했습니다. 예를 들어, 상승추세에 있는 종목이 어느 정도 상승을 하면 조정을 받습니다. 이때 조정이 어디쯤에서 멈출까 예상해보는 것이 되돌림 비율입니다. 반대로 하락추세에 있는 종목은 되돌림 비율을 통해 반등이 어디까지 갈 것인가를 예상해볼 수 있습니다.

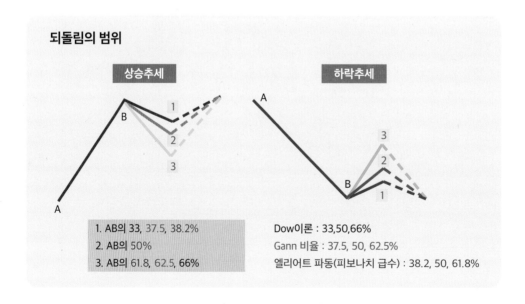

되돌림의 범위

상승추세

1. AB의 33, 37.5, 38.2%
2. AB의 50%
3. AB의 61.8, 62.5, 66%

하락추세

Dow이론 : 33,50,66%
Gann 비율 : 37.5, 50, 62.5%
엘리어트 파동(피보나치 급수) : 38.2, 50, 61.8%

상승추세에 있는 종목이 조정을 받는다면 상승폭을 100%라고 할 때 1차 33~37.5%, 2차 50%, 3차 62.5~66%의 수준에서 조정이 멈추고 상승으로 전환할 것이라고 미리 예측할 수 있습니다. 상승추세에 있는 종목이 상승 후 조정을 66% 수준까지 받고도 더 하락한다면 기존의 상승세가 마무리 될 가능성이 높은 것으로 의심해야 합니다.

우리는 가격 메리트 때문에 가장 기본적인 실수를 범하는 경우가 많습니다. 똑같은 가격의 종목이 상승을 했다고 가정했을 때 조정의 폭이 큰 종목을 선호하는 경우가 있는데 이는 정말 잘못된 시각의 접근입니다. 이는 조정의 폭이 작을수록 그 주식을 매수하려는 사람이 많고 매도하려는 사람이 적다는 가장 기본적인 원리를 잊은 것으로 눌림의 폭(조정의 폭)이 작은 주식이 강하다라는 것을 잊어서는 안 됩니다.

실전 차트를 보면 이해가 더 쉬울 것입니다.

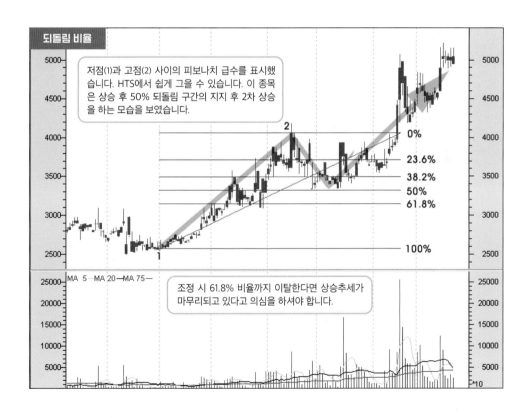

▌ 대박과 쪽박의 갈림길, 추세 전환 시점

이제까지 추세의 성질을 이용한 기본적인 매매 기법을 배웠다면 이제부터는 현재 진행 중인 추세가 더 이상 효력을 발휘하지 않게 되는 시점, 즉 기존 추세의 성질을 크게 건드려서 기존 추세가 끝나는 시점을 찾는 법을 배워보기로 하겠습니다. 상승추세가 마무리되는 시점에서 빨리 도망치지 않으면 많은 손실로 귀결될 수 있다는 점에서, 또한 하락추세의 성질이 변하여 상승으로 전환되는 시점을 찾으면 많은 수익을 볼 수 있다는 점에서 상당히 중요한 부분입니다

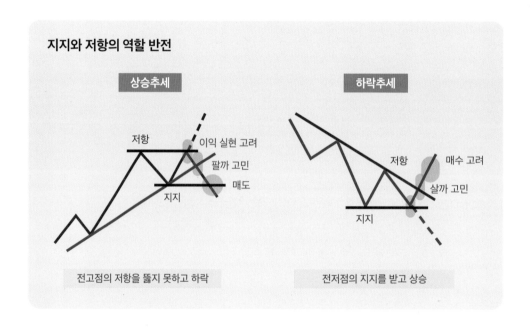

실전 차트를 통해 알아보겠습니다.

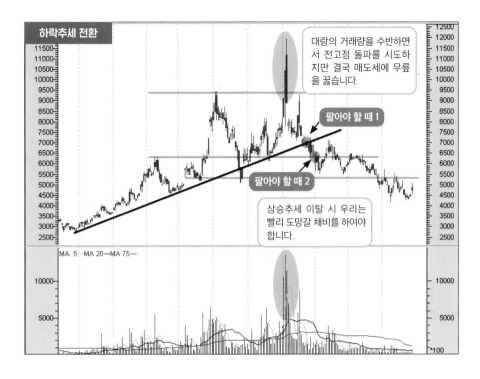

다음은 하락추세에서 상승추세로 전환되는 모습을 보겠습니다.

제2편 | 추세 분석

이와 같은 추세 전환의 원리를 정리해보면 다음과 같습니다.

추세 전환 원리

● 상승추세에서 직전 고점 저항선을 상향 돌파하지 못하면, 하락추세나 횡보 국면으로 전환될 가능성이 높다

● 하락추세에서 직전 저점 지지선을 하향 돌파하지 못하면, 상승추세나 횡보 국면으로 전환될 가능성이 높다

● 횡보 국면에서는 고점 저항선을 상향 돌파하면 상승추세로 전환될 가능성이, 저점 지지선을 하향 돌파하면 하락추세로 전환될 가능성이 높다

또 다른 그림을 보실까요.

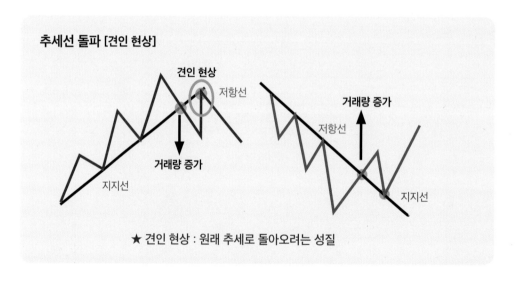

추세선 돌파 [견인 현상]

★ 견인 현상 : 원래 추세로 돌아오려는 성질

위 그림을 보면 견인 현상이란 단어가 눈에 띄는데요. 견인 현상이란 원래 추세로 돌아오려는 성질을 말합니다. 그래서 만약 상승추세 시 추세선 이탈 이후 견인 현상 속에서 다시 돌파해 올라간다면 문제는 없지만, 보통 추세선이 저항선으로 작용해 마지막 불꽃이 되는 경우가 많습니다. 이는 손절을 못 했던 사람들의 매도세가 아주 거세어서 다시 하락

하는 경우가 많이 발생하기 때문이죠. 이런 견인 현상(되돌림 현상)은 나올 때도 있고, 나오지 않고 쭉 밑으로 빠지는 경우도 있습니다.

실전 차트를 통해 좀 더 쉽게 알아보겠습니다.

▌ 속임수를 이용해보자

우리는 앞 시간에서 추세의 전환 시점이 상당히 중요하다는 것을 배웠습니다. 상승추세에서 이탈 시에는 빨리 발을 빼야하는 것이 기본적인 매매 기법인데, 발을 뺐더니 2~3일 안에 다시 원래 추세로 복귀한다면 정말 억울하겠죠. 여기서는 실패한 신호를 이용한 매매 전략을 배워보도록 하겠습니다.

먼저 실패한 신호의 매매 기법을 알기 전에 우리는 추세의 이탈을 어떻게 눈치챌 수 있는지를 알고 있어야 합니다. 많은 경험을 통해 스스로 체득해야 하는 것이지만 일반적으로 다음과 같습니다.

추세 전환 신호

● 주가의 3~5% 이상 추세선 이탈 시
● 2~3일(길게는 3~5일) 이상 기존 추세선으로 회귀 못할 때
● 긴 양봉이나 음봉으로 추세선 이탈 시
● 거래량 급증/급감 속에 추세선 이탈 시

일반적으로 트랩(Trap)이란 용어를 쓰는데요. 이는 덫, 함정이라는 뜻으로 우리는 이런 함정에 걸리지 않도록 적절하게 매매 전략을 수립해야 합니다.

먼저 차트를 보실까요.

위의 차트를 보면, 한 번은 함정이었고 한 번은 추세의 이탈로 이어졌습니다. 여러분들께서 잘 파악을 하여야 하는데, 먼저 상승추세 이탈 시에는 정석적으로 매도 전략을 수립하고, 향후 2~3일간의 주가 움직임을 유심히 살피다가 다시 복귀를 한다면 이를 강력한 매수 신호로 판단하셔야 합니다. 그래야 후회가 없겠죠. 이러한 함정은 최근에 상당히 많이 나옵니다.

보통 실패한 신호를 강세함정(Bull Trap), 약세함정(Bear Trap)이란 표현을 사용합니다. 차트를 통해 자세히 알아보도록 하겠습니다.

위의 차트는 다음 시간에 배울 강한 종목 중의 하나인 상승추세대 상단부 돌파 종목입니다. 여기서 유심히 관찰해야 할 것은 상단부 돌파 후 기존의 저항선인 상단부의 지지가 향후에 어떻게 형성되는가 하는 지점입니다.

마지막으로 한번 정리해 보겠습니다.

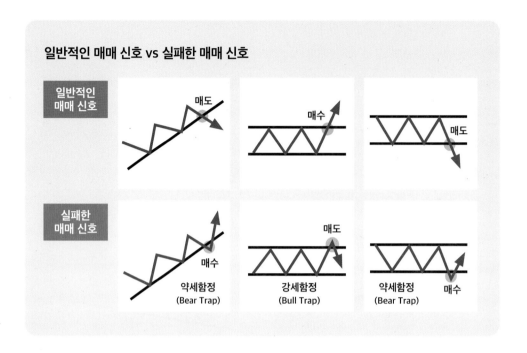

일반적인 매매 신호 vs 실패한 매매 신호

추세의 전환 시점에서 함정에 걸리지 않기 위해서는 많은 경험을 통해 자신만의 노하우를 가져야 합니다. 실패한 신호를 잘 이용한다면 아주 좋은 성과가 있으리라 생각됩니다.

| "투자 1원칙, 절대 돈을 잃지 말라. 투자 2원칙, 절대 1원칙을 잊지 말라." 워런 버핏

08

추세를 이용하여
강한 종목 찾기

TODAY'S GOAL
추세 분석을 통해 강한 종목을 찾을 수 있다!

상승추세, 하락추세 그리고 횡보추세에도 더욱더 강한 종목이 있기 마련입니다.
상승추세에서는 더욱더 강해지고, 하락추세 속에서는 하락을 멈추고 상승으로 몸부림을 치는
종목들, 장기간 횡보를 벗어나 비상하는 종목들…
이번 시간에는 어떤 종목이 강하게 움직이는가를 배워 보겠습니다.

세부 목차

- 상승추세에서는 이런 종목이 비싸진다
- 평행추세에서는 이런 종목이 비싸진다
- 하락추세에서는 이런 종목이 비싸진다

영상 08

핵심 키워드

'달리는 말에 올라타라.'

상승추세에서는 이런 종목이 비싸진다

시장 내에는 상승추세로 돌아선 종목만도 수백 개에 달하죠. 투자자가 종목을 선정할 때에도 상승추세의 종목들이 더 매력적으로 느껴지기 때문에 상승추세로 전환된 종목으로 손이 가기 마련입니다. 그런 상승추세 종목들 중에서, 지금부터 소개해 드리는 유형의 종목은 더 비싸진다고 생각하세요.

▼ 고가선 돌파 종목

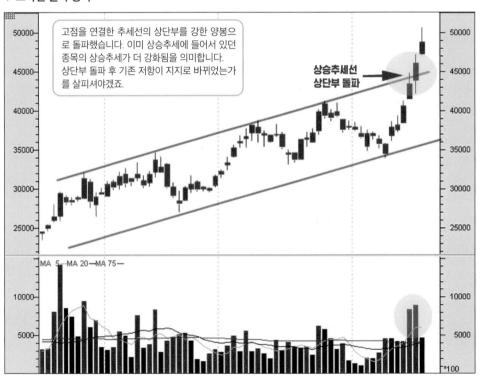

위 차트는 상승추세에 있는 종목이 그동안의 위축된 움직임을 깨고 상단의 고가선을 강하게 돌파하는 모습을 보여주고 있습니다. 이때 주가 상승의 원동력인 거래 수반은 필수적이죠. 또한 상승추세선 상단부에 접하는 주식군들은 더욱더 강한 시세를 내는 경우가 많으니 항상 유심히 관찰한다면 좋은 성과가 있을 것입니다.

처음 배우는 주식 차트

그림으로 정리하면 아래와 같습니다.

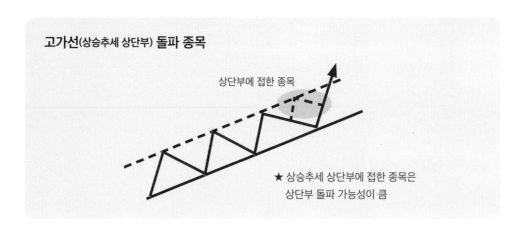

고가선(상승추세 상단부) 돌파 종목

상단부에 접한 종목

★ 상승추세 상단부에 접한 종목은
상단부 돌파 가능성이 큼

다음은 눌림이 적은 종목으로, '제1편 거래량 분석'에서도 강조했던 내용입니다.

▼ 고가선 충돌 후 눌림이 적은 종목

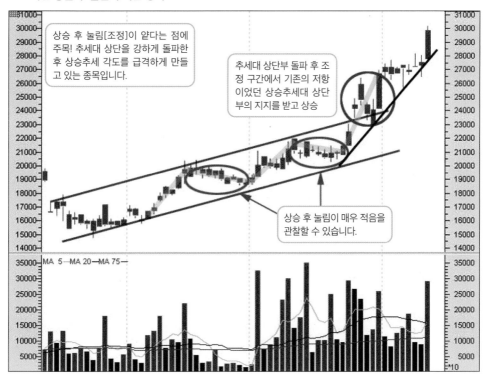

상승 후 눌림[조정]이 얕다는 점에
주목! 추세대 상단을 강하게 돌파한
후 상승추세 각도를 급격하게 만들
고 있는 종목입니다.

추세대 상단부 돌파 후 조
정 구간에서 기존의 저항
이었던 상승추세대 상단
부의 지지를 받고 상승

상승 후 눌림이 매우 적음을
관찰할 수 있습니다.

위의 차트에서는 주가가 웬만해서 밀리지 않는 모습을 보이고 있습니다. 시장에 팔려는 사람보다 사려는 사람들이 많아서 주가의 추가 하락이 용납되지 않은 이 종목은 그대로 단기간에 많은 수익을 가져다줍니다. 소위 말하는 미인주 대열의 종목이죠. 여기서 여러분은 상승 후 눌림이 적은 종목이 이후 비싸진다는 것을 확인하셨습니다.

그림으로 다시 정리해보겠습니다.

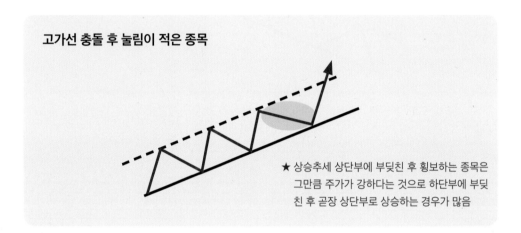

고가선 충돌 후 눌림이 적은 종목

★ 상승추세 상단부에 부딪친 후 횡보하는 종목은 그만큼 주가가 강하다는 것으로 하단부에 부딪친 후 곧장 상단부로 상승하는 경우가 많음

▮ 평행추세에서는 이런 종목이 비싸진다

평행추세에서는 급등주들이 많이 탄생합니다. 지속적으로 박스권 양상을 보이던 종목이 평행추세대 상단부를 돌파하면 너도나도 사려는 심리가 아주 강해 큰 폭으로 상승하는 경우가 많이 있습니다. 새로운 영역으로 진입한다고 할까요? 당연히 박스 상단부를 돌파할 시에 종목의 가격이 비싸지겠죠.

실전 차트를 통해 보겠습니다.

▼ 박스 상단부 돌파 종목

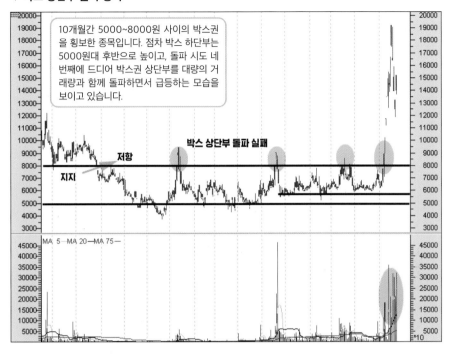

10개월간 5000~8000원 사이의 박스권을 횡보한 종목입니다. 점차 박스 하단부는 5000원대 후반으로 높이고, 돌파 시도 네 번째에 드디어 박스권 상단부를 대량의 거래량과 함께 돌파하면서 급등하는 모습을 보이고 있습니다.

▼ 박스 상단부 돌파 후 상승추세 전환

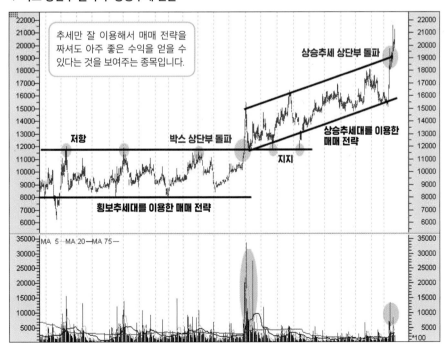

추세만 잘 이용해서 매매 전략을 짜셔도 아주 좋은 수익을 얻을 수 있다는 것을 보여주는 종목입니다.

횡보추세에서 박스 하단부의 지지를 확인한 때에는 매수, 박스 상단부 돌파가 실패하였을 때에는 매도라는 정석적인 방법으로 매매에 임한다면 큰 수익은 아니더라도 안정적인 수익을 낼 수 있습니다.

박스 상단부에서는 유심히 관찰을 해야 합니다. 일부를 분할 매도한 후 돌파가 가능할지를 면밀히 지켜보고 나머지 보유 물량을 차후에 이익 실현하는 방법도 좋은 매매 전략입니다.

▌하락추세에서는 이런 종목이 비싸진다

앞서 하락추세 속에 있는 종목은 웬만하면 거들떠보지도 말라고 말씀 드렸습니다. 그런데 하락추세에서 이런 종목이 비싸진다니, 좀 이상하다고 생각하셨죠?

장기간 하락 파동을 그리면서 완전히 일생을 마감한 것처럼 보였던 종목들이 어느새 다시 대상승의 새로운 삶을 시작할 준비를 하고 있는 경우가 있습니다. 하락추세를 마감하고 상승추세로 돌아서는 종목들을 찾으면 많은 수익을 낼 수 있기 때문에 이번에는 이런 종목들에 대해 알아보기로 하겠습니다.

실전 차트 두 개를 비교해서 보도록 하겠습니다. 먼저, 첫번째 유형의 차트입니다.

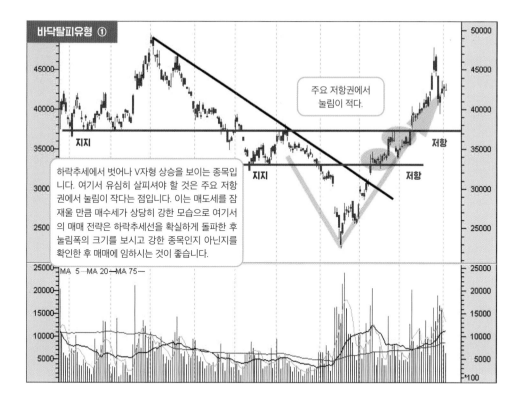

바닥탈피유형 ①

주요 저항권에서
눌림이 적다.

지지

지지

저항

저항

하락추세에서 벗어나 V자형 상승을 보이는 종목입
니다. 여기서 유심히 살피셔야 할 것은 주요 저항
권에서 눌림이 작다는 점입니다. 이는 매도세를 잠
재울 만큼 매수세가 상당히 강한 모습으로 여기서
의 매매 전략은 하락추세선을 확실하게 돌파한 후
눌림폭의 크기를 보시고 강한 종목인지 아닌지를
확인한 후 매매에 임하시는 것이 좋습니다.

MA 5 ─ MA 20 ─ MA 75 ─

다음은 두번째 유형의 차트입니다. 삼중 바닥의 형태를 띤 종목으로 바닥에서 횡보하
는 형국을 유심히 보시기 바랍니다.

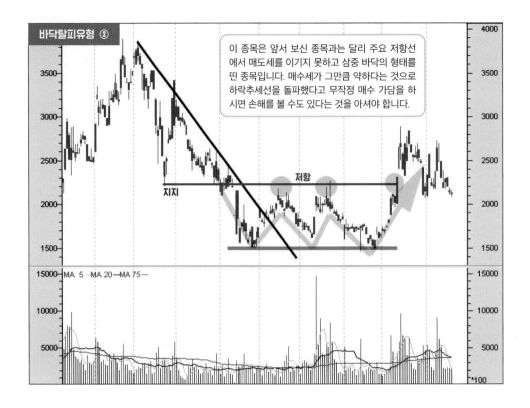

바닥탈피유형 ②

이 종목은 앞서 보신 종목과는 달리 주요 저항선에서 매도세를 이기지 못하고 삼중 바닥의 형태를 띤 종목입니다. 매수세가 그만큼 약하다는 것으로 하락추세선을 돌파했다고 무작정 매수 가담을 하시면 손해를 볼 수도 있다는 것을 아셔야 합니다.

두번째 바닥탈피유형은 삼중 바닥 후 상승으로 전환되는 경우이기 때문에 첫번째 종목보다는 상당히 약한 모습입니다. 즉, 하락추세선을 상향 돌파했다고 무작정 매수에 임하시는 것보단 눌림폭, 거래량등 여러 가지를 고려하여 상승추세로 확실히 전환되었다고 인식되는 시점에 매수에 가담하는 것이 리스크 관리 차원에서는 상당히 좋은 매매 기법입니다.

여러 가지 상승추세로의 반전 형태는 '제7편 패턴 분석'에서 자세히 다루기로 하고, 이상과 같이 추세를 통해 강한 종목 찾기에 대해 알아보았습니다. 그럼 다음 시간에는 빨리 발을 빼고 도망쳐야 하는 종목을 알아보겠습니다.

"적절한 종목을 적정가에 매수했고, 주가가 상승할 거라는 증거가 확실하며, 모든 것이 생각하는 방향으로 흘러가고 있다면 조급하게 주식을 팔아서는 안 된다." 워런 버핏

09

이럴 때는
빨리 발을 빼라

TODAY'S GOAL
추세 이탈 시점에서 리스크를 최소화하는 방법을 찾을 수 있다!

이전 시간과 반대로 상승추세에 있던 종목이 성질을 지속하지 못하고 하락추세로 전환된다든가 횡보추세에 있던 종목이 하단부를 이탈한다든가 하면 우리는 빨리 발을 빼고 도망쳐야 합니다. 계속 강조하듯이 하락추세 종목은 쳐다보지 말라는 것처럼 하락추세에서도 하락 기울기가 더 크면 클수록 확실히 매도를 해야 합니다.

세부 목차

- 상승추세에서 이런 종목은 빨리 발을 빼라
- 횡보추세에서 이런 종목은 빨리 발을 빼라

영상 09

핵심 키워드

'바닥은 길고 천장은 짧다'

상승추세에서 이런 종목은 빨리 발을 빼라

보통 차트를 유심히 보면 상승추세가 3단 상승으로 마감하는 경우가 많고, 증시가 활황일 경우에 인기가 많은 주식은 보통 5단 상승을 보이는 경우가 많습니다. 즉, 정석대로 상승추세가 지속적으로 이어진다면 최초 3단 상승 이후 추세를 이탈하는가 아닌가를 유심히 살펴야 하고, 3단 상승을 이겨내고 또다시 상승을 보인 인기주들은 5단 상승 후의 움직임을 유심히 살펴야 합니다.

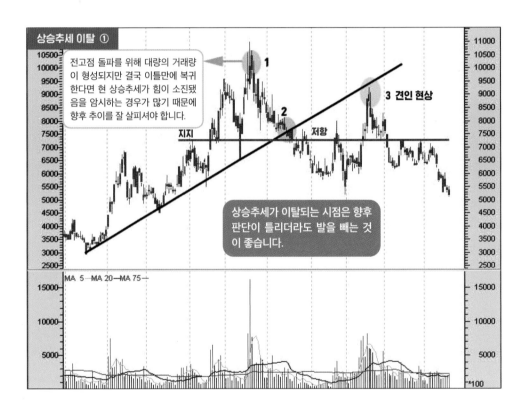

처음 배우는 주식 차트

어디서 많이 본 듯한 차트이죠? 전형적인 머리어깨형 패턴입니다. 자세한 내용은 제 7편에서 다루겠습니다. 중요한 것은 상승추세 이탈 시 미련없이 발을 빼야 한다는 것입니다. 만약 향후에 종목이 강해 다시 상승추세로 복귀한다면 그때 사도 후회가 없기 때문입니다.

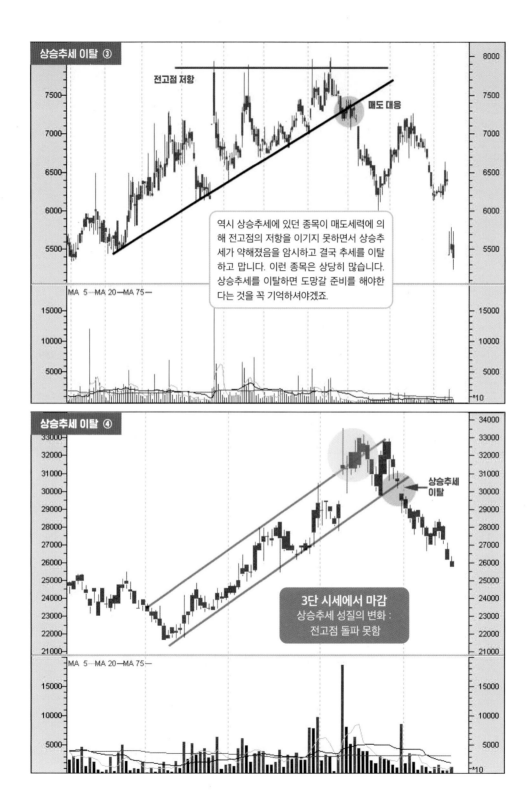

상승추세 이탈 ③

전고점 저항

매도 대응

역시 상승추세에 있던 종목이 매도세력에 의해 전고점의 저항을 이기지 못하면서 상승추세가 약해졌음을 암시하고 결국 추세를 이탈하고 맙니다. 이런 종목은 상당히 많습니다. 상승추세를 이탈하면 도망갈 준비를 해야한다는 것을 꼭 기억하셔야겠죠.

MA 5─MA 20─MA 75─

상승추세 이탈 ④

상승추세 이탈

3단 시세에서 마감
상승추세 성질의 변화 :
전고점 돌파 못함

MA 5─MA 20─MA 75─

처음 배우는 주식 차트

위의 실전 차트를 보시면, 공통점은 보통 3단 시세에서 마감했다는 점, 상승추세의 성질 변화로 전고점을 돌파하지 못했다는 점을 들 수 있습니다. 우리는 기본적인 이론을 알면서도 주식을 끝물에 잡는 경우가 많고, 또한 추세 이탈을 멍하니 보고 대응을 하지 않는 경우가 많습니다. 하지만 시간이 흐를수록 팔 엄두가 나지 않아 뼈저리게 아파하는 모습은 가장 정석적이고 기본적인 매매 기법을 적용하지 않기 때문이라 할 수 있습니다.

▌ 횡보추세에서 이런 종목은 빨리 발을 빼라

횡보추세 속에서는 '하단부 매수, 상단부 매도'라는 전략으로 큰 욕심 없이 수익을 창출할 수 있다고 배웠습니다. 앞에서는 박스권 상단부 돌파로 큰 시세를 냈던 종목을 봤다면 이제는 박스권 하단부를 이탈하면 어떤 양상이 나오는가를 배워보겠습니다.

일반적으로 박스권 하단부를 이탈하면 단기간에 큰 폭으로 하락하는 경우가 많기 때문에 하단부에서의 움직임을 상당히 유심히 관찰해야 합니다.

실전 차트를 보실까요?

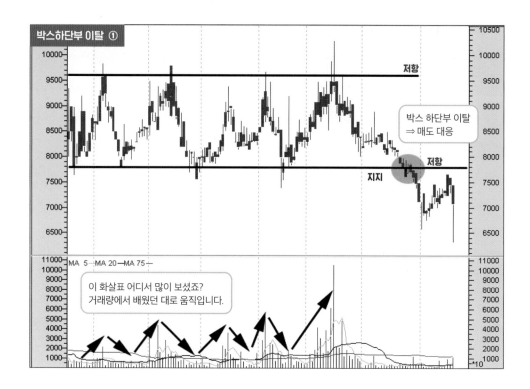

또 다른 차트를 보겠습니다.

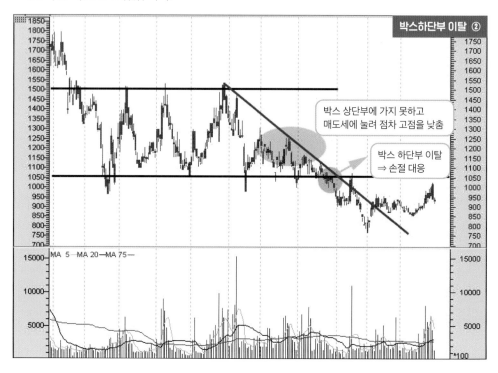

처음 배우는 주식 차트

이제 마지막 차트를 보겠습니다.

다시 한번 내용을 정리해 보면, 잘 가던 주식의 성질이 변하려 한다면 미리 의심을 해보고, 추세가 이탈되면 향후 주식이 다시 오르더라도 후회 없다는 마음으로 발을 빼고 대응하는 것이 좋다는 것을 말씀드리고 싶습니다.

이제 어느 정도 추세란 어떤 것인지 아셨을 것 같습니다. 다음 시간에는 목표치 계산법에 대해 공부해 보겠습니다.

"주식시장에서 성공하기 위해서는 확고한 사고방식, 유연성, 그리고 인내심을 가져야 한다. 주식을 하기 전에 가질 것." 마틴 츠바이크

10

내 종목은
어디까지 갈까?

TODAY'S GOAL
주가의 추세로 종목의 상승폭을 예측해 볼 수 있다!

종목의 추세선을 이리저리 그어가면서 선택의 기로에 놓인 종목을 직접 선정하고 매매하고, 나름대로의 매매 법칙을 세우셨다면, 여러분은 이미 고수의 자리에 바짝 다가선 것입니다. 이제 추세의 마지막 시간으로 실전 차트를 통한 상승 목표치 계산에 대해 알아보기로 하겠습니다.

세부 목차

- 일정한 가격폭으로 상승하는 경우의 투자법
- 불규칙적인 가격폭으로 상승하는 경우의 투자법

영상 10

핵심 키워드

'주식이 잘 될 때 너무 자만하지 마라'

이번 시간에 접근하고자 하는 것은 주가의 목표값을 산정하는 방법으로 가장 많이 사용되고 있는 가격폭 측정법(가폭법)에 대해 알아보기로 하겠습니다. 여러 가지 변형이 있어 맞을 확률은 60% 정도이기 때문에 이것만으로 목표값을 설정하는 것은 위험하므로, 참고 도구로 활용하면 좋을 것 같습니다.

그럼 여러분의 종목은 어디까지 갈지, 다음 사례들을 통해 여러 가지 목표값 산출 방법들을 알아보도록 하겠습니다.

▍ 일정한 가격폭으로 상승하는 경우의 투자법

이 투자법은 상승추세가 진행될 때 추세대 안에서 일정한 폭의 가격 상승이 나타난다는 것입니다. 즉, 첫번째 상승폭과 두번째, 세번째 폭을 유사하다고 보는 계산법입니다. 실전 차트를 보면서 설명을 드리겠습니다.

상승추세대 안에서 똑같은 가격폭은 아니더라도 비교적 규칙적인 상승과 조정을 보인 종목입니다. 첫번째 상승 이후 조정 시 매수에 가담한 투자자들은 첫번째 상승폭을 참고로 삼아 이익 실현의 지점을 찾으려 하기 때문입니다. 물론 봉의 모양, 지표, 거래량 등 많은 기술적 분석 도구를 같이 이용하는 것이 신뢰도가 높겠죠

다른 차트도 한번 더 살펴볼까요?

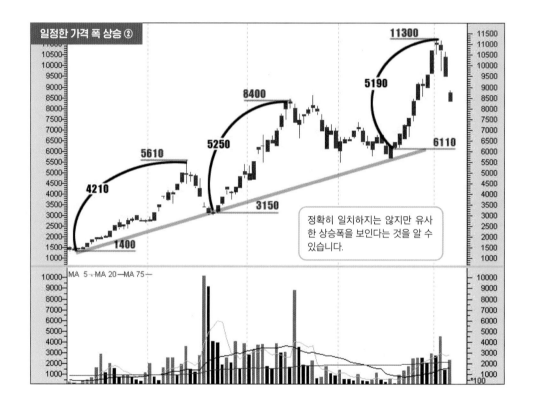

이 종목 역시 유사한 상승폭을 보인다는 것을 알 수 있습니다. 혹시 눈치채셨습니까? 박스권에서의 매매 전략을 상승추세 속에서도 적용할 수 있다는 점을 말입니다.

█ 불규칙적인 가격폭으로 상승하는 경우의 투자법

인기 종목이라면 사려는 사람들이 많아 1차, 2차, 3차로 갈수록 상승의 폭이 점점 커지는 경우도 있고, 점차 힘을 잃어 가는 종목이라면 점차 상승폭이 낮아지는 경우도 있습니다. 따라서 이렇게 불규칙적으로 움직이는 추세를 통해 자신의 종목이 강한지 점차 힘을 잃어가는지를 판단할 수 있습니다.

불규칙적인 상승폭을 네 가지 사례로 접근해 보겠습니다.

두번째 상승폭이 첫 상승폭보다 작고 세번째 상승폭은 더 작아지는 경우

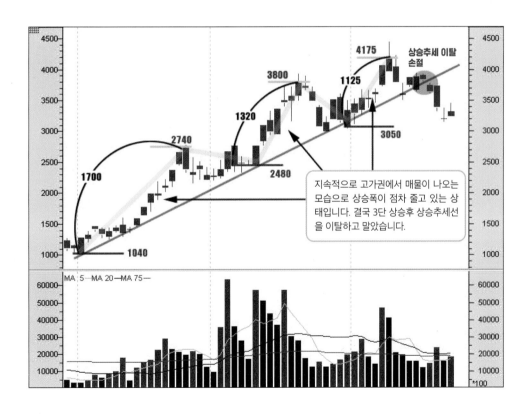

시간이 지날수록 상승 강도가 약화되는 종목은 3단의 상승 이후 시세를 마감하는 경우가 많기 때문에 3단 상승 시의 매수는 상당히 관찰이 필요합니다

두번째 상승폭이 첫 상승폭보다 크고 세번째 상승폭은 첫번째 상승폭과 유사한 경우

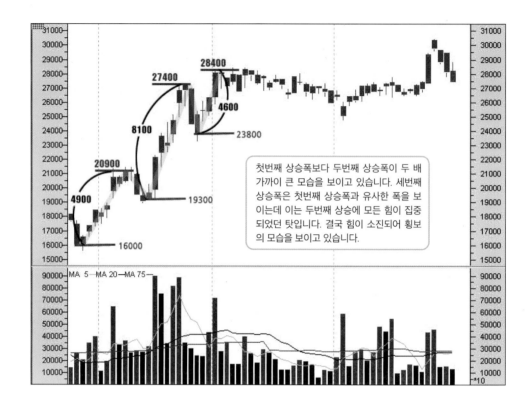

첫번째 상승폭보다 두번째 상승폭이 두 배 가까이 큰 모습을 보이고 있습니다. 세번째 상승폭은 첫번째 상승폭과 유사한 폭을 보이는데 이는 두번째 상승에 모든 힘이 집중되었던 탓입니다. 결국 힘이 소진되어 횡보의 모습을 보이고 있습니다.

2단 상승에서 주가가 1단의 상승폭을 장대양봉으로 강하게 돌파해서 1단 상승에 비해 2단 상승폭이 월등히 커집니다. 또한, 3단 상승폭은 2단 상승보다는 작고 1단의 상승폭과 유사하게 움직인 후 추가 상승이 마무리되는 모습을 보이는 경우입니다.

첫번째보다 두번째, 두번째보다 세번째 상승폭이 커지는 경우

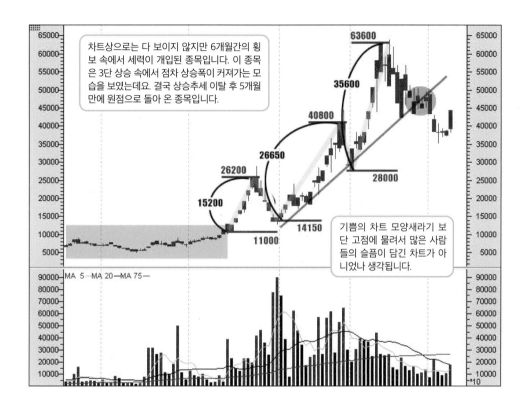

차트상으로는 다 보이지 않지만 6개월간의 횡보 속에서 세력이 개입된 종목입니다. 이 종목은 3단 상승 속에서 점차 상승폭이 커져가는 모습을 보였는데요. 결국 상승추세 이탈 후 5개월 만에 원점으로 돌아 온 종목입니다.

기쁨의 차트 모양새라기 보단 고점에 물려서 많은 사람들의 슬픔이 담긴 차트가 아니었나 생각됩니다.

정말 강한 종목이라면 첫번째보다 두번째 상승이, 두번째보다 세번째 상승이 더 커질 수도 있습니다. 한마디로 시간이 지나면 지날수록 이 종목에 매력을 느끼는 사람들이 많아져서 조정이 올 때마다 더 사려고 아우성인 주식인 것입니다.

이러한 종목을 보유한다면 정말 좋겠죠. 보통 세력이 강하게 붙은 종목이라는 표현을 쓰는데요. 이런 종목은 장중 흔들기가 심해 사람들의 마음을 조이는 종목이기도 하고, 시세가 마감되었을 때 단기간에 원점으로 돌아서는 경우도 많아 마음을 단단히 먹어야 합니다.

첫번째 상승폭과 두번째 상승폭이 비슷하고 세번째 상승폭이 두 배일 경우

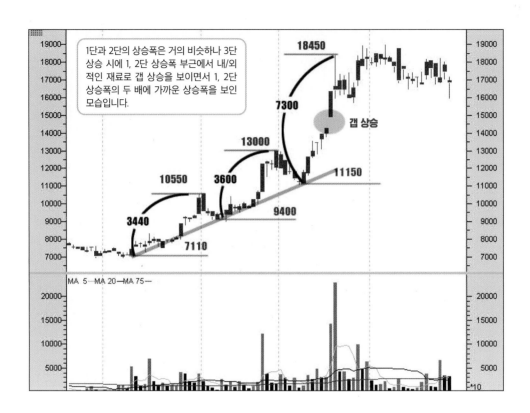

이런 형태는 보통 2단 상승 후의 조정 폭이 작을 경우에 나타납니다.

주가가 잘 오른다고 무작정 보유하다가 갑작스런 급락으로 그동안 수익분을 까먹어 버리거나, 성급한 매도로 충분한 수익을 낼 수 있는 종목의 수익을 놓쳐버리는 것을 방지하기 위해서 항상 목표치 계산을 습관화하는 것이 필요합니다.

시장이 예상과 다르게 움직인다고 해서 화내지 마라.
주식투자의 최대 적은 무지, 탐욕, 두려움, 희망이다.
경솔과 욕심 대신 건전한 상식과 냉철한 사고를 가져라.
공부와 노력 없이 무에서 유를 얻으려 해서는 안 된다.
분명한 추세에 있다면 중간의 사소한 변동들은 무시하라.
투자자는 철저하게 연구를 해야 하며 경험을 쌓아야 한다.
추세 매매 기법의 창안자 제시 리버모어의 투자 원칙

"시세는 시세에게 물어라"

시세가 가는 대로 가는 것이 가장 기본적인 주식투자 성공 비결이다.

시세는 주가를 끌어올리는 힘이며 이는 통상 거래량으로 나타난다.

주식투자에서 가장 기본적인 투자 원칙임에도 사람들이 잘 모르는 게 바로 이 격언이다.

제3편
캔들과 떠나는 주식 여행

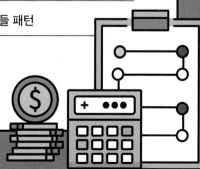

11

캔들의
첫걸음

TODAY'S GOAL
캔들과 도지의 의미를 알아보고 향후 주가를 예측할 수 있다!

캔들의 모양이 나타내는 '시가', '종가', '고가', '저가'의 의미와 특별한 모양인 도지에 대하여
알아보도록 하겠습니다. 이것을 통하여 하루하루의 캔들이 누적된 캔들차트에서 주가의 과
거 행적과 미래 방향성을 예측할 수 있습니다.

세부 목차

● 캔들의 탄생기

● 캔들의 기본 구조

● 알짜배기 도지를 찾아라

영상 11

핵심 키워드

'용도가 정해진(손해를 봐서는 안 되는) 돈은 투자에 사용하지 말 것.'

캔들의 탄생기

캔들차트에 대한 본격적인 설명에 들어가기 전에, 이해를 돕기 위해 캔들이 어떻게 탄생되었는지 말씀드리겠습니다.

혼마 무네히사(1717-1803)
캔들차트를 고안해낸 사람

캔들차트는 일본의 혼마 무네히사라는 상인이 수익을 극대화하기 위하여 생각한 끝에 만들었다고 전해지는데, 그 시기는 약 1700년대로 상당히 오랜 전통을 갖고 있습니다.

혼마는 오사카 항구에서 쌀 장사를 하던 사람이었습니다. 이 시기에는 쌀 거래가 활발하게 이루어졌고, 많은 물량을 저장할 수 있는 쌀 저장소도 생겼습니다. 그리고 특정한 기준 통화가 없는 상황에서 사람들은 쌀을 매매하는 더 쉬운 방법을 찾고자 했고, 현물을 대신할 일종의 쌀 증권이 만들어지게 되었습니다. 불안정한 쌀값에 대한 방책으로, 미리 일정 가격으로 계약을 체결해 미래의 쌀을 사고파는 지금의 선물시장과 같은 시장이 생성된 것입니다.

혼마는 이런 선물시장에서 거래되는 쌀 가격의 움직임을 미리 예측하고자 연구를 거듭했고, 세계 최초로 기술적 분석을 이용하면서 이후 상당한 부를 축적하고 전설적인 사람으로 기록되었습니다.

혼마가 고안했던 캔들차트는 오늘날 가장 널리 쓰이는 기술적 분석의 도구가 되었습니다.

캔들의 기본 구조

우선 캔들차트의 기본이 되는 캔들(Candle)에 대해 알아보겠습니다.

캔들차트에서는 무엇보다 캔들 자체에 담긴 속뜻을 이해하는 것이 중요합니다. 즉, 차트에 발생한 캔들로 인해 앞으로의 주가가 어떻게 변하고 어떤 영향을 미칠지를 파악하는 것이 중요하다는 것입니다. 본론으로 들어가 캔들 공부를 시작할까요? 먼저 캔들을 구성하는 '시가', '종가', '고가', '저가'의 의미를 살펴 봅시다.

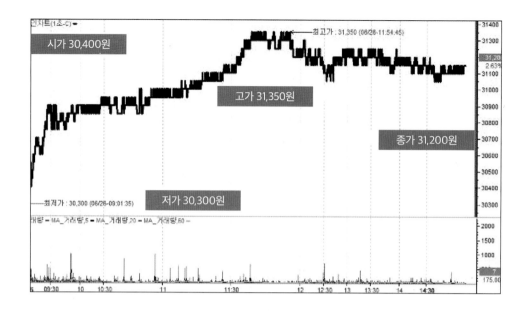

시가(Open)	장이 시작할 때 처음 매매된 가격
종가(Close)	장 마감 시 마지막으로 체결된 가격
고가(High)	주가가 장중 가장 높았던 가격
저가(Low)	주가가 장중 가장 낮았던 가격

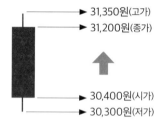

하나의 캔들은 장중 가장 중요했던 가격, 즉 '시가', '종가', '고가', '저가'라는 네 가지의 가격을 표시하여 완성된 형태가 만들어지고, 이를 통하여 쉽게 그날의 매수세나 매도세의 움직임을 어느 정도 알 수 있는 유용한 자료가 됩니다. 위의 캔들 모습처럼 시가보다 종가 가 높을 때 나오는 것을 양봉(빨간색)이라고 하고 아래의 차트에서와 같이 시가보다 종가 가 낮을 때 나오는 것을 음봉(파란색)이라고 합니다.

시가(Open)	장이 시작할 때 처음 매매된 가격
종가(Close)	장 마감 시 마지막으로 체결된 가격
고가(High)	주가가 장중 가장 높았던 가격
저가(Low)	주가가 장중 가장 낮았던 가격

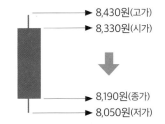

물론, 캔들 하나만으로 향후의 주가를 예측하기에는 무리가 있어 주식투자의 완벽한 지표로 보기 어려운 면이 있습니다. 하지만 간혹 주가의 중요한 움직임에 있어서는 캔들 하나가 투자를 결정하는 계기를 만들어 주는 보조지표로서의 역할을 하기도 합니다. 또한 캔들차트는 일봉, 주봉, 월봉, 그리고 분봉까지 장기 투자자와 단기 투자자를 위한 모든 내용을 볼 수 있다는 장점이 있어 더욱 편리합니다. 양봉과 음봉에 대해 좀 더 자세히 설명하도록 하겠습니다.

양봉(White Candlestick)

장이 시작할 때 결정되는 시가보다 종가가 높을 때

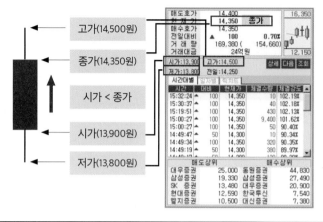

캔들의 위 꼬리가 없는 경우		종가와 고가가 같은 때(종가 = 고가)
캔들의 아래 꼬리가 없는 경우		시가와 저가가 같은 때(시가 = 저가)

음봉(Black Candle)

장이 시작할 때 결정되는 시가보다 종가가 낮을 때

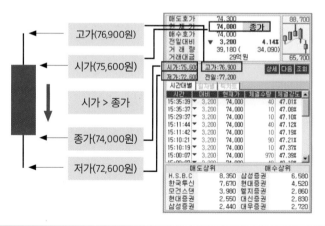

캔들의 위 꼬리가 없는 경우		시가와 고가가 같은 때(시가 = 고가)
캔들의 아래 꼬리가 없는 경우		종가와 저가가 같은 때(종가 = 저가)

위에 설명드린 것 외에도 종가와 시가의 차이로 캔들의 몸통이 길어지거나 짧아지기도 합니다. 여러 가지 모양으로 그날 주가의 상황을 단적으로라도 나타내기 때문에, 캔들은 하루 종일 전 종목을 보지 않아도 원하는 종목의 움직임을 파악할 수 있는 나침반과 같은 역할을 합니다.

여기서 몸통의 길이는 매매세력의 크기가 결정합니다. 만일 양봉의 몸통 길이가 길다면 그만큼 매수하는 세력이 많다는 것이며, 음봉의 몸통 길이가 길다면 매도세력이 많다는 의미로 이는 다음 날의 주가에도 영향을 미칩니다.

양봉의 몸통 길이가 길다면	매수세력이 많다.
음봉의 몸통 길이가 길다면	매도세력이 많다.

양봉과 음봉이 실제 차트상에서 어떻게 나타나고 주가에 어떤 영향을 주어 이후의 움직임을 변화시키는지 알아보도록 하겠습니다.

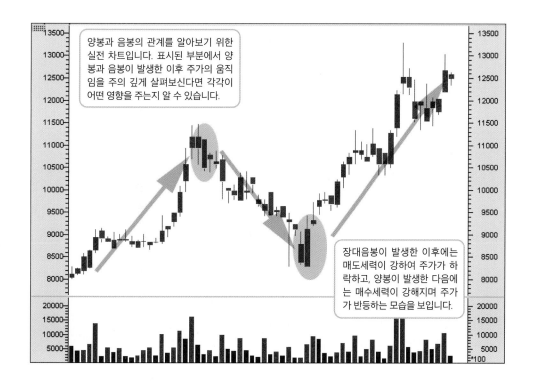

양봉과 음봉을 알아보기 위한 또 다른 실전 차트입니다.
주식에도 관성의 법칙이 작용하는 걸 알 수 있습니다.

하지만 위의 차트에서 캔들 하나만으로 매매를 결정하는 것은 무모한 판단입니다. 기본적인 분석과 기술적인 분석을 모두 조합하여 결정하는 습관이 바람직합니다.

▌ 알짜배기 도지를 찾아라

시가와 종가가 일치하거나 거의 같은 경우를 도지(Doji)라고 합니다. 시가와 종가가 거의 같은 경우에도 도지라고 하는 이유는 차트의 실제 모양에 몸통이 거의 없어 가느다란 실선으로만 표시되기 때문입니다.

도지의 기본적인 세 가지(기본형, 그레이브스톤, 드래곤플라이 도지) 모양을 알아보겠습니다.

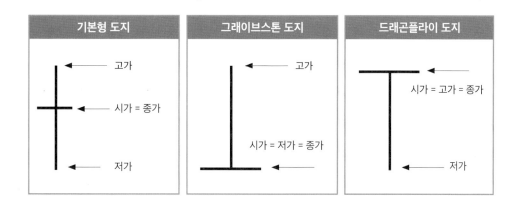

기본형 도지	그래이브스톤 도지	드래곤플라이 도지
고가 시가 = 종가 저가	고가 시가 = 저가 = 종가	시가 = 고가 = 종가 저가

도지의 기본형

도지 모양 중 가장 쉽게 볼 수 있는 모양으로는 기본형이 있습니다.

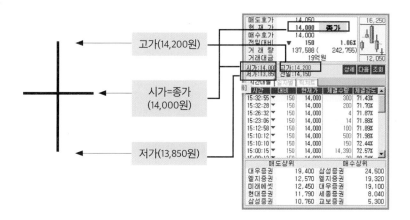

매수세와 매도세가 균형을 이루는 균형점

→ 추세의 마지막 무렵에 나타나면 추세 전환의 신호로 봅니다.

실전 차트에서는 추세의 마지막 무렵에 나타나 추세 전환의 의미를 나타내므로 반드시 알아두어야 합니다. 그러나 특별한 의미 없이 나타날 때가 더 많이 있으므로 주의해야 합니다. 따라서 확실한 추세 전환 신호를 판단하려면 다른 보조지표나 시장 분석이 병행되어야 합니다. 아직은 무리가 있고 모든 공부를 마치고 난 후 지속적으로 실전 차트를 본다면 자주 나타나는 도지 중에 어느 것이 추세 전환 신호인지를 알 수 있을 것입니다. 실전 차트를 보시죠.

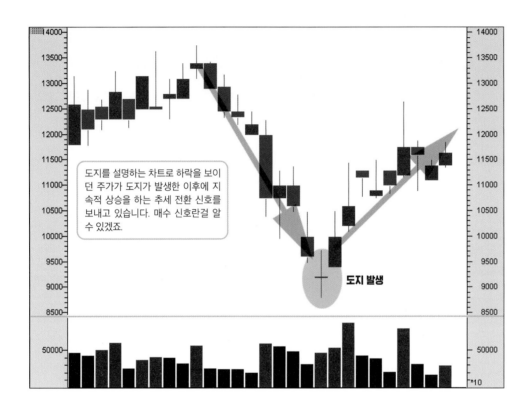

도지를 설명하는 차트로 하락을 보이던 주가가 도지가 발생한 이후에 지속적 상승을 하는 추세 전환 신호를 보내고 있습니다. 매수 신호란걸 알 수 있겠죠.

도지 발생

그레이브스톤(Gravestone)

영단어의 의미는 '죽은 사람의 무덤'이라고 표현할 수 있는데 이 의미만으로도 이것이 나타내는 주가의 향후 방향성이 짐작되실 겁니다. 그 이름이 의미하듯 앞으로의 주가의 움직임도 암울합니다. 가끔은 하락추세에 발생한 경우에 상승 전환을 의미한다는 견해도 있으나 일반적으로는 상승추세의 마감 무렵에 나타나는 경우 하락추세로 전환한다는 신호로 해석합니다.

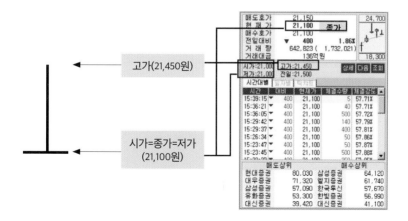

고가(21,450원)

시가=종가=저가
(21,100원)

'죽은 사람의 무덤'

→ 상승추세 마감 무렵에 나타나는 경우 하락추세로 전환한다는 신호로 해석합니다.

　의미를 풀어서 보면, 주식이 장이 시작할 때 정해진 가격에서 상승하기는 하지만 장 마감에는 결국 다시 원점으로 돌아오는 모양으로, 상승여력이 부족하거나 없다고 보아도 되는 거죠. 실전 차트상에서 한번 보시죠.

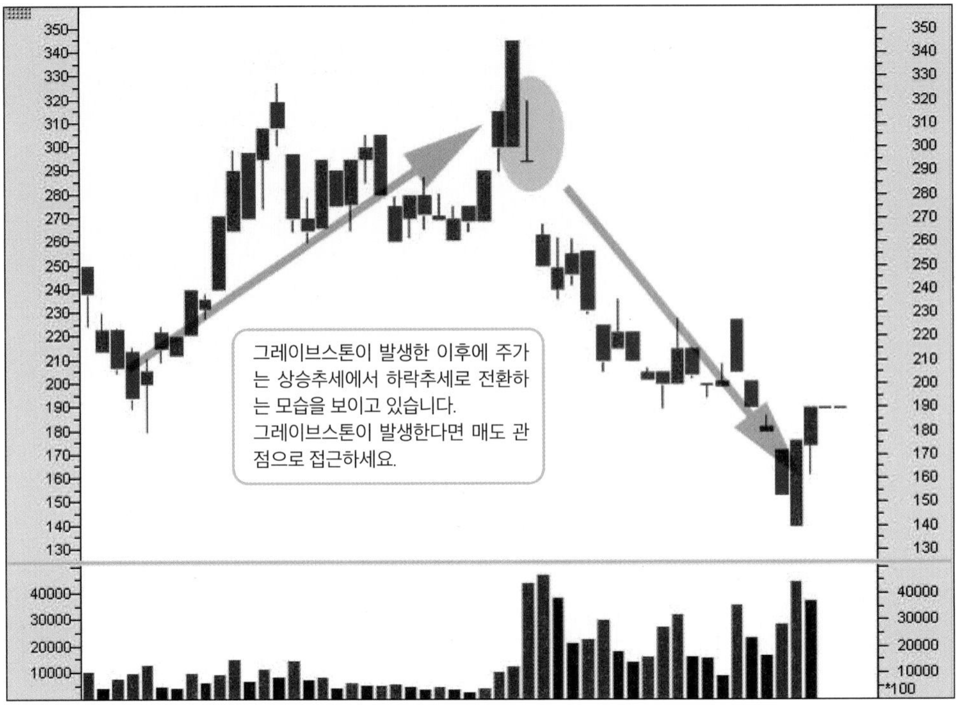
그레이브스톤이 발생한 이후에 주가는 상승추세에서 하락추세로 전환하는 모습을 보이고 있습니다.
그레이브스톤이 발생한다면 매도 관점으로 접근하세요.

드래곤플라이 도지(Dragonfly Doji)

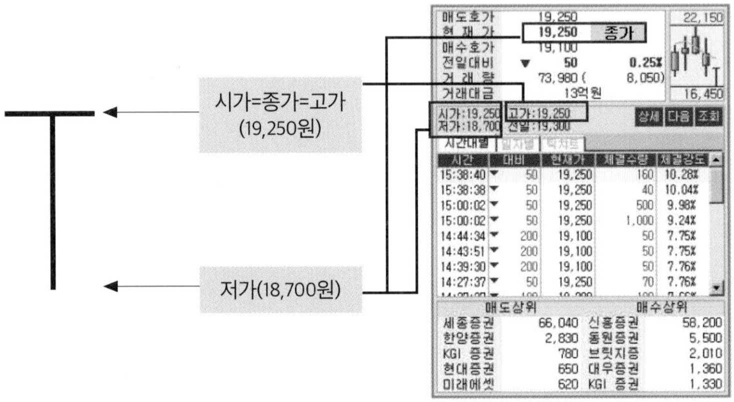
시가=종가=고가
(19,250원)
저가(18,700원)
매도호가 19,250
현재가 19,250 종가
매수호가 19,100
전일대비 50 0.25%
거래량 73,980 (8,050)
거래대금 13억원
시가:19,250 고가:19,250
저가:18,700 전일:19,300
매도상위
매수상위

일반적으로 지속적인 하락을 보이던 주가의 마지막 부근에 발생할 경우 상승추세 전환을 예고한다는 의미로 해석합니다.

보시는 것처럼 시가와 종가가 같고, 고가 또한 같습니다. 의미는 고가에서 시가가 형성된 후에 불안함을 느끼는 매도세력에 의해서 밀렸던 주가 매물을 소화하며 다시 고가에 안착하는 형상입니다.

하락추세에 있던 주가차트에 드래곤플라이 도지가 발생하면 매수 관점으로 접근해야 하고, 다른 보조지표를 비교하며 매수에 가담하는 것이 좋습니다. 상승할 가능성이 높으니 당연한 것이죠. 실전 차트를 배운 내용과 비교하며 복습해 볼까요.

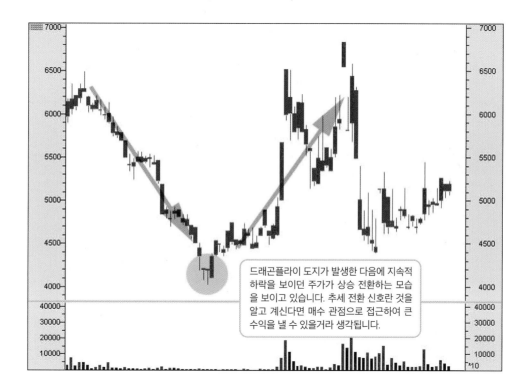

드래곤플라이 도지가 발생한 다음에 지속적 하락을 보이던 주가가 상승 전환하는 모습을 보이고 있습니다. 추세 전환 신호란 것을 알고 계신다면 매수 관점으로 접근하여 큰 수익을 낼 수 있을거라 생각됩니다.

다음 시간에는 '반전형 패턴의 캔들'을 함께 공부하도록 하겠습니다.

"시작이 나쁘면 이후 반드시 어긋나게 된다. 거래를 서둘러 진행시키지 말 것이며 서두르면 시작이 나쁜 것과 마찬가지다. 매수도 매도도 공히 오늘 만큼 좋은 시장은 없다고 생각될 때 삼일을 기다려라. 이것이 방책이다." 혼마 무네히사

12

반전을 알리는
캔들의 기본형

TODAY'S GOAL
우산형과 장악형 등 반전형 캔들의 기본형을 알 수 있다!

앞서 배운 캔들의 기본적 내용을 바탕으로 캔들의 모양과 실전 차트상에서 언제 발생하느냐에 따라 주가의 미래와 의미가 어떻게 달라지는지 알아봅니다.

캔들만으로 투자를 결정할 수 있는 것은 아니지만 캔들은 다른 지표와는 다르게 주가가 걸어온 행적을 자세히 볼 수 있습니다. 또한 어느 보조지표도 한 가지만으로 투자 결정을 내리기는 불가능하므로, 기본적 분석과 함께 여러 보조지표를 종합하여 투자한다면 캔들도 훌륭한 투자 판단의 한 축을 담당하리라 확신합니다.

세부 목차

- 우산형(Umbrella)이란?
- 장악형(Engulfing pattern)이란?

영상 12

핵심 키워드

'투자 방침을 정했으면 눈앞의 작은 가격 변동에 일희일비하지 말 것.'

▮ 우산형(Umbrella)이란?

우산형을 잘 보면 그 모양이 우산과 같다는 느낌을 받으실 겁니다. 앞서 배운 내용이나 앞으로 배울 캔들의 이름들도 다 우리에게 연상의 실마리를 제공합니다. 붙여진 이름 자체가 그 캔들의 특성이나 모양을 그대로 표현하고 있다는 것이죠.

그림을 먼저 보시죠.

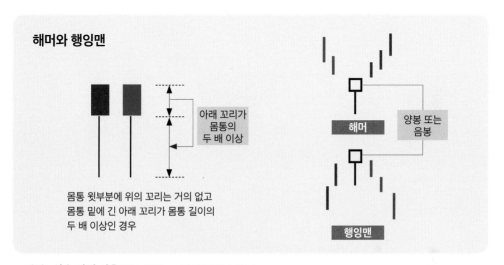

해머와 행잉맨

아래 꼬리가 몸통의 두 배 이상

몸통 윗부분에 위의 꼬리는 거의 없고
몸통 밑에 긴 아래 꼬리가 몸통 길이의
두 배 이상인 경우

해머

양봉 또는 음봉

행잉맨

해머 : 상승 반전 신호(매수 신호) → 하락추세에 발생
행잉맨 : 하락 반전 신호(매도 신호) → 상승추세에 발생

실제로 보니 우산과 좀 비슷한가요?

우산형은 위치와 역할에 따라서 두 가지로 분류하는데, 하락추세에서 상승추세로의 추세 전환을 나타내는 우산형을 해머(hammer)라고 부르며, 반대로 상승추세에 있던 주가가 하락추세로 전환할 때 발생하여 추세 전환을 암시하는 우산형을 행잉맨(hanging-man)이라고 합니다.

다음 차트를 보면서 배운 내용을 활용해 볼까요?

해머(hammer)

해머는 그 이름대로 추락하던 주가가 바닥을 다진다는 의미로 생각하면 됩니다.

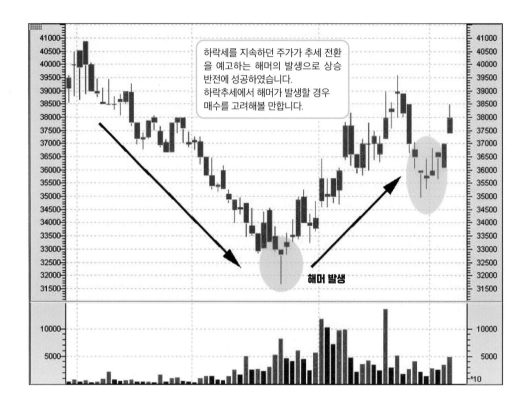

하락세를 지속하던 주가가 추세 전환을 예고하는 해머의 발생으로 상승 반전에 성공하였습니다.
하락추세에서 해머가 발생할 경우 매수를 고려해볼 만합니다.

해머 발생

행잉맨(hanging-man)

행잉맨은 '교수형에 처한 사람'이라는 뜻으로 이름만 들어도 분위기가 좋지 않다는 것을 느낄 것입니다. 이 캔들은 상승하던 주가가 이제는 상승을 접고 하락한다는 것을 나타냅니다. 실전 차트를 보면 더욱 확실히 알 수 있으므로 차트를 보면서 설명을 드리죠.

1. 상승추세를 보이던 주가가 하락 반전을 예고하는 행잉맨이 발생하고 급락하여 하락추세가 나타났습니다. (매도 고려 시점입니다)

2. 하락 후 횡보추세를 보이던 주가가 추세를 돌파하며 상승하는 모습을 보였으나 다시 행잉맨이 발생한 후 하락하였습니다.

보시는 것처럼 상승을 보이던 주가를 끌어당기며 다시 하락하는 것을 알 수 있습니다.

우산형 캔들의 특징을 다시 한번 정리해볼까요.

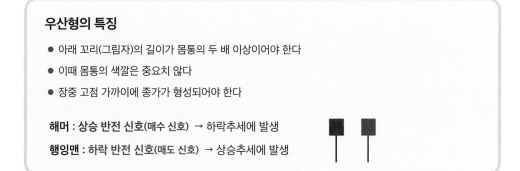

우산형의 특징

● 아래 꼬리(그림자)의 길이가 몸통의 두 배 이상이어야 한다

● 이때 몸통의 색깔은 중요치 않다

● 장중 고점 가까이에 종가가 형성되어야 한다

해머 : 상승 반전 신호(매수 신호) → 하락추세에 발생

행잉맨 : 하락 반전 신호(매도 신호) → 상승추세에 발생

▌ 장악형(Engulfing pattern)이란?

　장악형은 두 개의 캔들을 비교했을 때 확인할 수 있는 형태로서, 첫번째 날에 나타난 캔들이 뒷 날의 캔들에 의해 감싸인 형태입니다. 참고로 나중에 나오게 될 포아형과는 반대의 형태입니다. 첫날의 시세를 반영한 캔들을 다음 날의 캔들이 장악한다면 장악한 캔들의 추세를 따르게 됩니다.

　장악형도 두 가지의 반전 패턴으로 나누어집니다. 하락장세에서 상승장세로의 전환을 의미하는 상승장악형(Bullish Engulfing Pattern)과 상승장세에서 하락장세로의 전환을 나타내는 하락장악형(Bearish Engulfing Pattern)입니다. 우선, 위에서 설명한 특징을 기억하면서 형태와 차트를 보도록 하겠습니다. 첫번째, 상승장악형의 형태입니다.

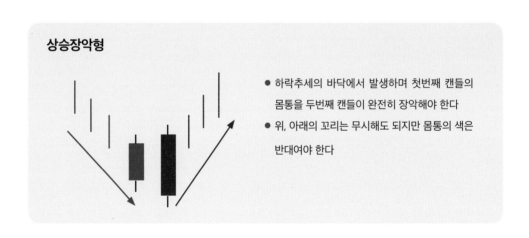

상승장악형

● 하락추세의 바닥에서 발생하며 첫번째 캔들의 몸통을 두번째 캔들이 완전히 장악해야 한다
● 위, 아래의 꼬리는 무시해도 되지만 몸통의 색은 반대여야 한다

　상승장악형 모양을 보시니 의미 파악이 더 쉽죠. 그럼, 상승장악형이 실전 차트상에서는 어떻게 힘을 발휘하는지 볼까요?

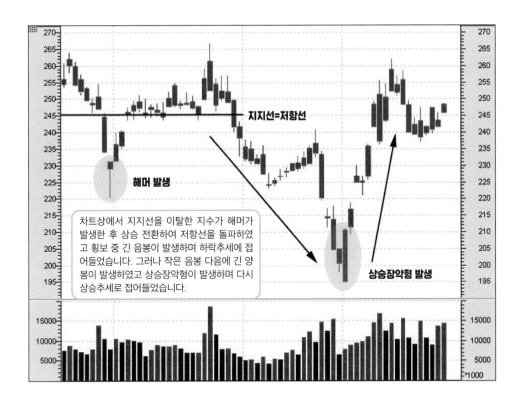

차트상에서 지지선을 이탈한 지수가 해머가
발생한 후 상승 전환하여 저항선을 돌파하였
고 횡보 중 긴 음봉이 발생하며 하락추세에 접
어들었습니다. 그러나 작은 음봉 다음에 긴 양
봉이 발생하였고 상승장악형이 발생하며 다시
상승추세로 접어들었습니다.

이해가 되시나요? 그럼 이어서 하락장악형의 형태입니다.

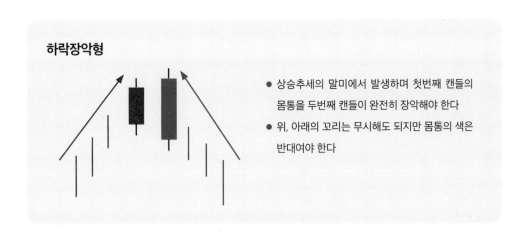

하락장악형

- 상승추세의 말미에서 발생하며 첫번째 캔들의
  몸통을 두번째 캔들이 완전히 장악해야 한다
- 위, 아래의 꼬리는 무시해도 되지만 몸통의 색은
  반대여야 한다

여러분은 지금까지 학습한 내용 중에서도 '하락 반전형 패턴'은 꼭 잊지 말아야 합니다.

주식시장의 고수와 하수의 차이는 같은 종목을 보유하고 있어도 손실을 최소화할 수 있는지에 있습니다. 절대 급등주를 잡는 것이 고수의 조건이 아닙니다. 손실을 줄이는 능력이 선행된 다음에 상승 종목의 적절한 이익 실현을 할 줄 아는 투자자가 진정한 고수라는 사실을 잊어서는 안 될 것입니다.

그럼, 하락장악형의 실전 차트도 보시죠.

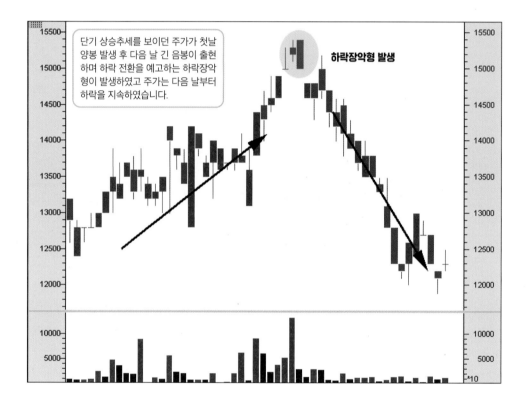

이상 장악형의 특징과 종류, 그리고 어디서 발생했을 때 의미가 있는지를 알아보았습니다. 한번 정리해볼까요.

장악형의 특징

- 단기간이라 하더라도 추세가 명확하게 설정되어 있어야 한다
- 두번째에 형성된 몸통이 첫째날의 몸통을 확실하게 장악해야 한다
- 이때 위 꼬리, 아래 꼬리의 포함 여부는 상관없다. 몸통이 중요하다
- 첫번째 몸통과 두번째 몸통은 반대 색깔을 가지고 있어야 한다

상승장악형

하락장악형

"1년 내내 거래하고 있으면 이운(利運)이 멀어진다. 때때로 그만두고 휴식을 취하는 것이 제일이다."

혼마 무네히사

13

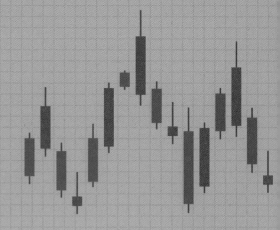

반전형 캔들로 본
살 때와 팔 때

TODAY'S GOAL
반전형 캔들을 통하여 매수 · 매도 타이밍을 예측할 수 있다!

앞에서 배운 우산형과 장악형에 이어, 장악형에서 첫번째 캔들과 두번째 캔들의 위치가 바뀐 포아형(Harami)과 중요한 반전 패턴인 흑운형(Dark-cloud cover), 관통형(Piercing Pattern)을 익히고 실제 차트에서 어떻게 이용되는지 알아보며 매수 · 매도 타이밍도 진단해 보겠습니다.

세부 목차

- 포아형과 도지포아형의 모든 것
- 흑운형과 관통형의 모든 것

영상 13

핵심 키워드

'투자에 확신이 없을 때는 쉬어라.'

포아형과 도지포아형의 모든 것

포아형(Harami Pattern)

포아형은 앞서 나온 장악형에서 첫번째 캔들과 두번째 캔들의 위치가 바뀌었다고 생각하시면 됩니다. 포아형을 가리키는 Harami라는 말은 일본어로 '임신'이라는 뜻으로, 긴 몸통을 가진 첫번째 캔들이 짧은 몸통을 가진 두번째 캔들을 품고 있는 형태라고 말하면 이해가 되실까요?

포아형도 장악형과 같이 두 가지의 반전 패턴으로 나누어집니다. 하락추세에서 상승추세로의 전환을 나타내는 '상승포아형'과 상승추세에서 하락추세로의 전환을 의미하는 '하락포아형'입니다. 다음 그림을 보실까요.

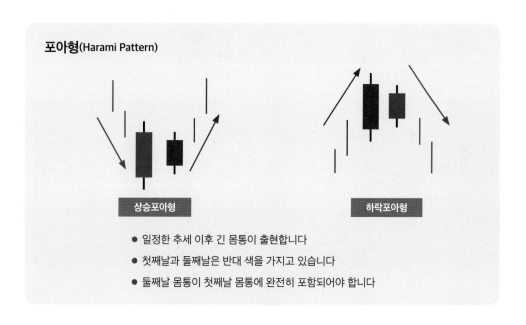

포아형(Harami Pattern)

상승포아형

하락포아형

● 일정한 추세 이후 긴 몸통이 출현합니다
● 첫째날과 둘째날은 반대 색을 가지고 있습니다
● 둘째날 몸통이 첫째날 몸통에 완전히 포함되어야 합니다

실전 차트로도 확인해 볼까요.

▼ 상승포아형

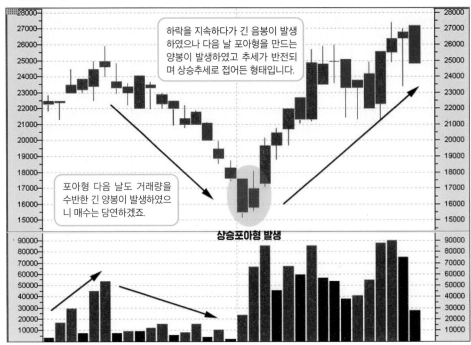

하락을 지속하다가 긴 음봉이 발생
하였으나 다음 날 포아형을 만드는
양봉이 발생하였고 추세가 반전되
며 상승추세로 접어든 형태입니다.

포아형 다음 날도 거래량을
수반한 긴 양봉이 발생하였으
니 매수는 당연하겠죠.

상승포아형 발생

▼ 하락포아형

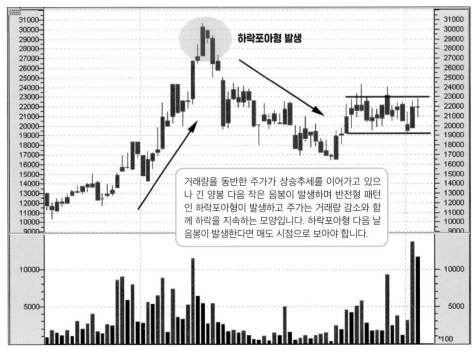

하락포아형 발생

거래량을 동반한 주가가 상승추세를 이어가고 있으
나 긴 양봉 다음 작은 음봉이 발생하며 반전형 패턴
인 하락포아형이 발생하고 주가는 거래량 감소와 함
께 하락을 지속하는 모양입니다. 하락포아형 다음 날
음봉이 발생한다면 매도 시점으로 보아야 합니다.

앞에서 배운 내용과 비슷하죠? 그러나 실전 차트를 유심히 본다면 차이를 발견하실 수 있을 것입니다. 실제 투자할 때 포아형 캔들을 발견하면 충분히 매매에 응용 할 수 있을 것입니다.

도지포아형(Harami cross)

기본적인 포아형 중에서도 더욱 강력한 신호로 보는 도지포아형이 있습니다. 이는 두 번째 캔들에 도지가 발생한 경우로, 상승추세에 발생하거나 하락추세에 발생한다면 추세 전환의 가능성이 더욱 높아지므로 매수와 매도의 좋은 신호로 보면 됩니다.

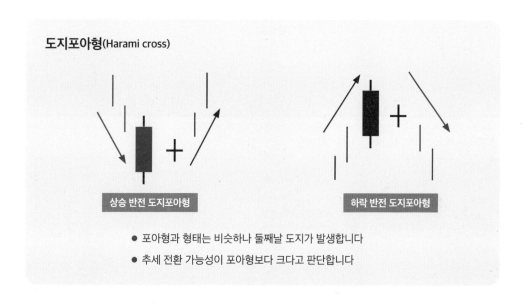

도지포아형 역시 실전 차트를 통해 이해해보도록 하겠습니다.

▼ 하락추세에 나타나는 상승 반전 도지포아형

반전형 패턴인 도지포아형이 하락추세에 나타
나면서 상승 전환한 모습을 보였습니다.
흔히 보기는 힘든 모양으로 도지포아형 다음 날
의 양봉에는 매수 시점으로 접근해야 합니다.

도지포아형 발생

▼ 상승추세에서 나타난 하락 반전 도지포아형

도지포아형 발생

실제로는 흔한 형태는 아니지만 도지포아
형이 반전형임을 익혀 두신다면 쉽게 적용
할 수 있을 것으로 보입니다. 우량주보다는
잡주에서 볼 수 있는 형태입니다.

도지포아형은 쉽게 나타나는 모양은 아니지만 포아형과 함께 배우는 것이 좋아 설명 드렸습니다. 도지포아형을 포함해서, 포아형의 특징을 다시 한번 정리해 볼까요.

포아형의 특징
- 일정한 추세에 지속된 이후에 긴 몸통을 가진 첫번째 캔들이 나타납니다
- 둘째날의 작은 몸통의 색깔이 첫째날과는 반대의 색깔을 가지고 있어야 하며 둘째날 작은 몸통이 첫째날 긴 몸통에 완전히 포함되어 있어야 한다

도지포아형의 특징
- 기본적 포아형에 둘째날 도지가 발생합니다

▌흑운형과 관통형의 모든 것

흑운형과 관통형은 중요한 반전 신호를 나타내는 패턴이므로 알아두면 무척 유용하게 사용할 수 있습니다.

흑운형(Dark-cloud cover)
흑운, 쉽게 풀이하면 먹구름이라고도 볼 수 있습니다. 상승추세에서 나타나는 흑운형은 청아한 하늘에 먹구름이 끼는 것처럼 언제 천둥 번개가 칠지 모르는 폭풍전야를 예고합니다. 그러므로 상승추세에서 흑운형이 나타날 때에는 매도를 고려하시는 것이 손실을 줄이는 데 도움이 될 것입니다. 이런 흑운형은 상승추세에서 나타나고 관통형보다는 신뢰성이 높습니다. 형태를 보시죠.

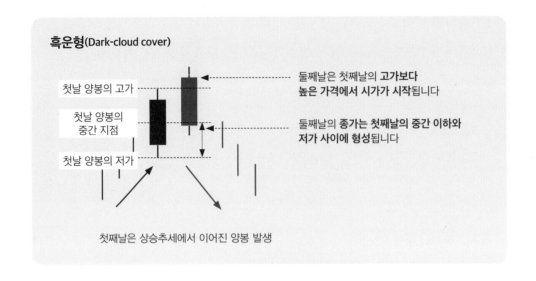

흑운형(Dark-cloud cover)

첫날 양봉의 고가

첫날 양봉의 중간 지점

첫날 양봉의 저가

둘째날은 첫째날의 **고가**보다 **높은 가격에서 시가**가 시작됩니다

둘째날의 종가는 첫째날의 **중간 이하**와 **저가 사이**에 형성됩니다

첫째날은 상승추세에서 이어진 양봉 발생

자, 그럼 실제 차트를 보면서 이해해보도록 하죠.

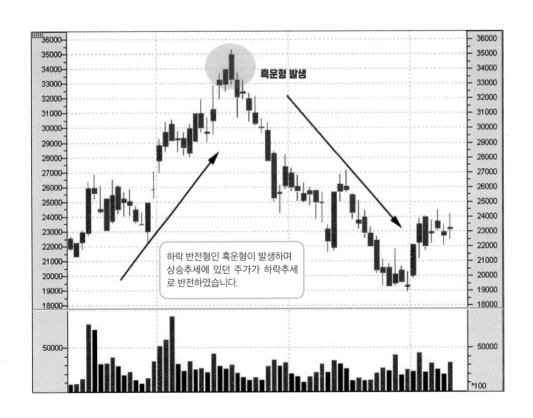

흑운형 발생

하락 반전형인 흑운형이 발생하며 상승추세에 있던 주가가 하락추세로 반전하였습니다.

처음 배우는 주식 차트

와! 대단하죠. 혹시나 더 오를까봐 가지고 있었더니 쭉 빠지는군요. 여러분은 이제 흑운형을 배우셨으니 보유 종목에 흑운형이 나타날 경우에 즉시 매도하실 수 있으시겠죠.

흑운형의 특징을 한번 정리해 볼까요.

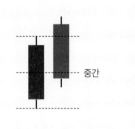

흑운형의 특징

- 첫째날은 상승이 지속되는 가운데 긴 양봉이 출현합니다
- 둘째날은 첫째날의 고가보다 높은 가격으로 시가가 발생합니다
- 둘째날의 종가는 첫째날의 중간값 이하와 저가 사이에서 결정됩니다

다음은 상승추세의 흑운형과 대비되는 하락추세의 관통형에 대해 알아보도록 할까요?

관통형(Piercing Pattern)

관통형은 하락추세에서 상승추세로 전환하기 위하여 기존 추세를 꿰뚫고 나온다는 의미로 생각하면 될 것 같습니다.

일반적으로 하락장세에서 상승장세로의 반전을 의미하는 신호로 쓰이기도 합니다만, 관통형은 앞서 설명한 흑운형에 비해서는 그 자체의 신뢰성이 떨어집니다. 그러므로 다른 보조지표와 같이 비교하며 주가의 방향성을 예측해야 합니다. 형태를 같이 보시죠.

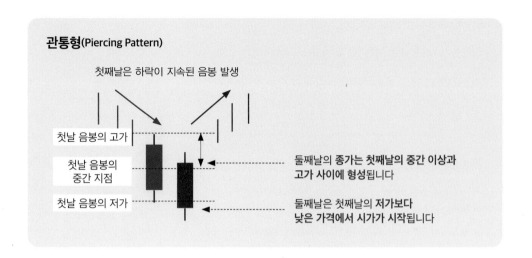

관통형(Piercing Pattern)

첫째날은 하락이 지속된 음봉 발생

첫날 음봉의 고가

첫날 음봉의 중간 지점

첫날 음봉의 저가

둘째날의 종가는 첫째날의 중간 이상과 고가 사이에 형성됩니다

둘째날은 첫째날의 저가보다 낮은 가격에서 시가가 시작됩니다

그럼 실제 차트를 보면서 이해를 돕도록 하죠.

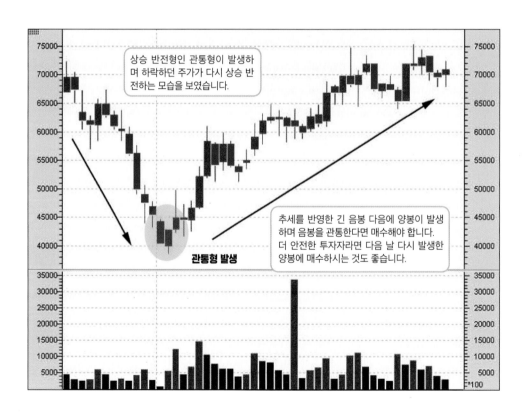

상승 반전형인 관통형이 발생하며 하락하던 주가가 다시 상승 반전하는 모습을 보였습니다.

추세를 반영한 긴 음봉 다음에 양봉이 발생하며 음봉을 관통한다면 매수해야 합니다. 더 안전한 투자자라면 다음 날 다시 발생한 양봉에 매수하시는 것도 좋습니다.

관통형 발생

관통형의 특징을 다시 한번 정리해 볼까요.

관통형의 특징

- 첫째날은 하락이 지속되는 가운데 긴 음봉이 발생합니다
- 둘째날은 첫째날의 저가보다 낮은 가격에서 시가가 형성되는 양봉이 발생합니다
- 둘째날의 종가는 첫째날의 음봉의 중간 이상과 고가 사이에서 형성됩니다

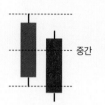

중간

"예상이 빗나가 큰 손실이 발생해도 평저화하지 말 것. 예상이 크게 빗나갔다면 당장 손을 뗄 것."
혼마 무네히사

제3편 | 캔들과 떠나는 주식 여행

14

별 모양
반전형 캔들

TODAY'S GOAL

반전형 패턴의 한 형태인 별형을 통해서 추세의 전환을 예측할 수 있다!

별형의 네 가지 패턴인 샛별과 저녁별(도지샛별과 도지저녁별), 유성과 반전해머를 통해서 추세 반전을 예측하고 매매 시점을 알아보도록 하겠습니다.

세부 목차

- 샛별과 저녁별을 보는 요령
- 유성과 반전해머를 보는 요령

영상 14

핵심 키워드

'살 때나 팔 때 한꺼번에 사거나 팔지 말고 몇 번에 나누어 매매할 것.'

샛별과 저녁별을 보는 요령

별(Star)이 라는 말을 들으면 여러분은 어떤 생각이 드시는지 모르겠습니다.

별은 낮에서 밤으로, 밤에서 낮으로 갈 때 가장 먼저 뜨고, 가장 먼저 사라집니다. 아마도 그래서 (사실은 캔들의 모양도 그러하지만) 다음에 나올 캔들의 이름을 별이라고 지었는지도 모르겠습니다. 사실 상승·하락추세에서 별이 발생하면, 기존 추세가 전환점에 이르렀다는 경고 신호로 받아들입니다. 제가 앞서 말씀드린 별의 특성과 비슷하지요.

나중에 다시 말씀드릴 내용이지만, 저녁별(evening star)은 밝은 낮에서 어두운 밤으로 갈 때 제일 처음 나타나는 별이고, 샛별(morning star)은 어두웠던 밤에서 새벽이 밝아 올 것을 알려주는 신호이듯, 캔들차트에서도 저녁별과 샛별은 비슷한 의미로 쓰입니다.

샛별(Morning star)

바로 형태를 보면서 설명드리죠.

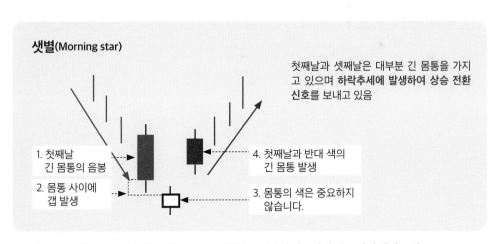

샛별(Morning star)

첫째날과 셋째날은 대부분 긴 몸통을 가지고 있으며 하락추세에 발생하여 상승 전환 신호를 보내고 있음

1. 첫째날 긴 몸통의 음봉

2. 몸통 사이에 갭 발생

4. 첫째날과 반대 색의 긴 몸통 발생

3. 몸통의 색은 중요하지 않습니다.

• 갭(gap) : 주식시장에서 시세가 갑자기 폭등하거나 폭락하여 차트상에 빈 공간이 생기는 것

차트상에서는 어떻게 나타나는가도 보실까요.

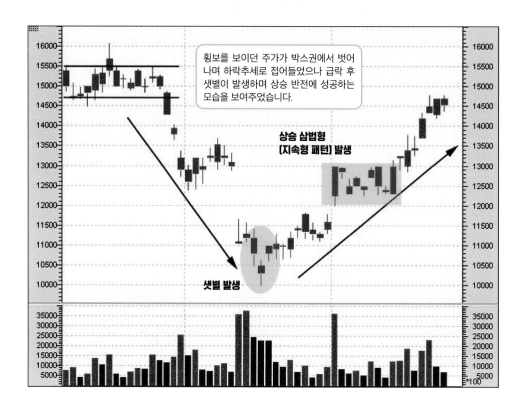

횡보를 보이던 주가가 박스권에서 벗어나며 하락추세로 접어들었으나 급락 후 샛별이 발생하며 상승 반전에 성공하는 모습을 보여주었습니다.

상승 삼법형
(지속형 패턴) 발생

샛별 발생

저녁별(Evening star)

저녁별은 샛별과는 전혀 다른 의미를 가지겠죠. 우선 저녁별의 형태를 살펴볼까요?

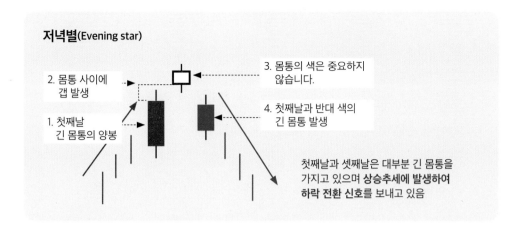

저녁별(Evening star)

2. 몸통 사이에 갭 발생

1. 첫째날 긴 몸통의 양봉

3. 몸통의 색은 중요하지 않습니다.

4. 첫째날과 반대 색의 긴 몸통 발생

첫째날과 셋째날은 대부분 긴 몸통을 가지고 있으며 **상승추세에 발생하여 하락 전환 신호를 보내고 있음**

다음은 저녁별에 해당하는 차트입니다.

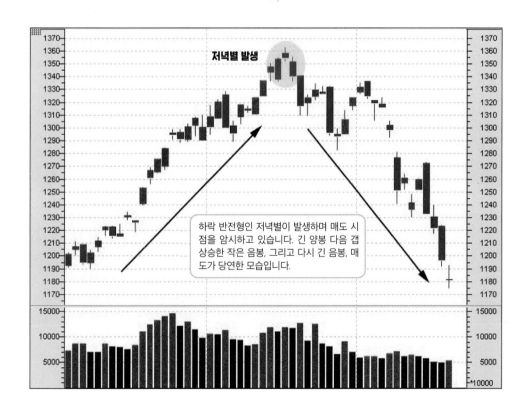

저녁별 발생

하락 반전형인 저녁별이 발생하며 매도 시점을 암시하고 있습니다. 긴 양봉 다음 갭 상승한 작은 음봉, 그리고 다시 긴 음봉, 매도가 당연한 모습입니다.

시세 분출 후 매도 시점을 잡기는 힘든 상황으로 저녁별 다음 날의 음봉에는 일단 매도하고 차후의 시장 상황을 지켜 보시는 것이 투자의 정석입니다. 현명한 주식투자를 위해서는 반드시 머리가 아니라 몸으로 익혀야 하는 필수 요건입니다.

도지샛별(Morning Doji Star)과 도지저녁별(Evening Doji Star)

도지샛별과 도지저녁별은 기본적인 샛별과 저녁별과 큰 차이는 없이 추세의 전환 신호로 받아들이며 특별한 점은 둘째날 도지가 발생한다는 것입니다. 앞에서 배운, 도지가 상승이나 하락추세에서 나타날 경우 추세 전환의 신호를 보낼 때도 있다는 내용과 같다고도 할 수 있으며 첫째날과 셋째날에 발생한 캔들 모양에 따라 전환 신호가 될 가능성이 높아 이름을 붙여준 것으로 봅니다. 그러면 형태는 어떤지 보실까요?

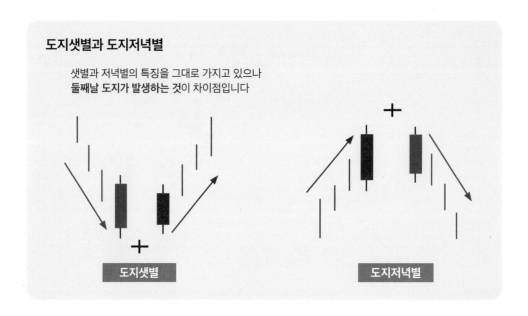

샛별과 저녁별을 이해하셨다면 도지샛별과 도지저녁별은 더 쉽게 이해하실 거라 믿고 바로 실전 차트상에서 어떻게 나타나는지를 보겠습니다. 그리고 매매 시점은 항상 셋째날의 캔들과 보조지표, 종목의 시황을 살필 것, 이제는 기본입니다.

샛별보다 더 강한 반전을 의미하는 도지샛별이 발생한 후 추세 전환하여 상승하는 모습을 보이고 있습니다. 도지가 발생한 다음 양봉으로 시작했다면 매수를 고려할 시점으로 보입니다.

도지샛별 발생

상승추세의 꼭지마다 저녁별이 발생하며 하락 반전하는 모습을 보였으며 하락추세마다 해머가 발생하며 다시 상승 전환하는 모습을 볼 수 있습니다.

도지저녁별 발생

해머 발생

제3편 | 캔들과 떠나는 주식 여행

143

앞에서 배운 많은 모양이 함축적으로 나와 있어 공부하기 좋은 차트입니다. 여러분이 잘 익힌다면 투자하는 데 좋은 예제가 될 것입니다.

샛별과 저녁별의 특징을 한번 정리해 볼까요.

샛별과 저녁별의 특징

- 첫째날 하락 시에는 긴 음봉이, 상승 시에는 긴 양봉이 발생합니다
- 둘째날은 첫째날과 갭을 두고 형성되고 색은 중요하지 않습니다
- 셋째날은 첫째날과 반대 색을 보이고 대부분 긴 몸통을 형성합니다

도지샛별과 도지저녁별의 특징

- 샛별이나 저녁별과 특징은 동일하나 둘째날 캔들 모양이 도지이어야 합니다

▌유성과 반전해머를 보는 요령

유성(Shooting Star)

여러분은 유성을 보신 적이 있으신가요? 지구로 떨어지는 유성처럼, 상승추세에서 유성의 발생은 하락으로 떨어지는 신호로 쓰입니다. 그럼 형태를 한번 보시죠.

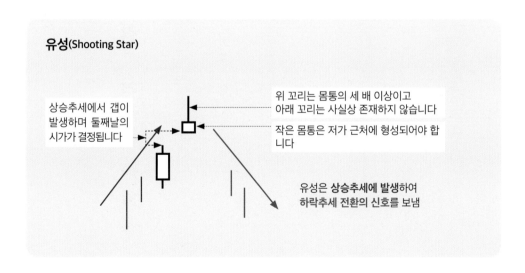

유성(Shooting Star)

상승추세에서 갭이
발생하며 둘째날의
시가가 결정됩니다

위 꼬리는 몸통의 세 배 이상이고
아래 꼬리는 사실상 존재하지 않습니다

작은 몸통은 저가 근처에 형성되어야 합
니다

유성은 **상승추세에 발생**하여
하락추세 전환의 신호를 보냄

실전 차트에서 유성의 형태를 확인해 볼까요?

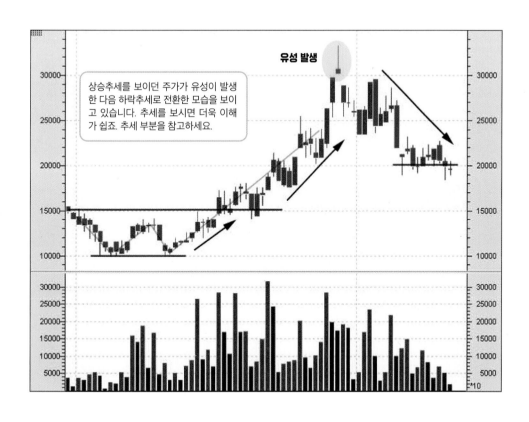

유성 발생

상승추세를 보이던 주가가 유성이 발생
한 다음 하락추세로 전환한 모습을 보이
고 있습니다. 추세를 보시면 더욱 이해
가 쉽죠. 추세 부분을 참고하세요.

유성, 보기만 해도 아찔합니다. 유성이 발생한 날에 상승추세로 알고 투자한 분들은 상당한 손실을 보았을 것입니다. 그러나 손실을 아쉬워하기보다는 냉정하게 매도 시점을 잡는 것이 중요합니다.

반전해머(Inverted Hammer)

우리는 앞서 해머에 대해서 배웠습니다. 혹시 기억하시나요? 어렴풋한 기억이라면 얼른 책 앞 페이지로 넘겨볼까요?

자, 무엇이 다를까요?

하락추세에서 발생하여 상승 반전을 의미한다는 사실은 같습니다. 그렇다면… 네, 맞습니다. 모양이 해머와 반대로 되어있죠! 그래서 반전해머(Inverted Hammer)라고 합니다. 해머가 거꾸로 되어있다는 의미입니다.

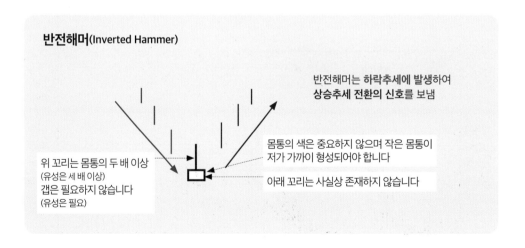

반전해머(Inverted Hammer)

반전해머는 **하락추세에 발생하여 상승추세 전환의 신호**를 보냄

위 꼬리는 몸통의 두 배 이상
(유성은 세 배 이상)
갭은 필요하지 않습니다
(유성은 필요)

몸통의 색은 중요하지 않으며 작은 몸통이 저가 가까이 형성되어야 합니다

아래 꼬리는 사실상 존재하지 않습니다

실전 차트로 한번 확인해 볼까요?

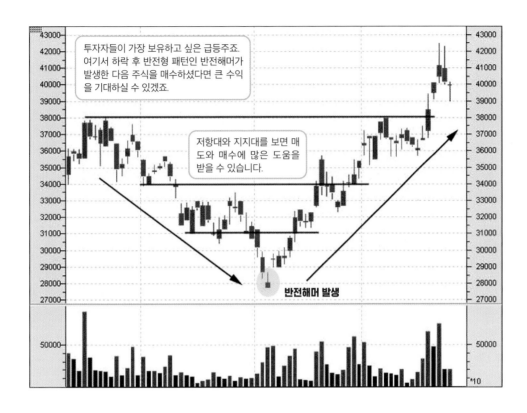

투자자들이 가장 보유하고 싶은 급등주죠. 여기서 하락 후 반전형 패턴인 반전해머가 발생한 다음 주식을 매수하셨다면 큰 수익을 기대하실 수 있겠죠.

저항대와 지지대를 보면 매도와 매수에 많은 도움을 받을 수 있습니다.

반전해머 발생

한번 정리해 볼까요.

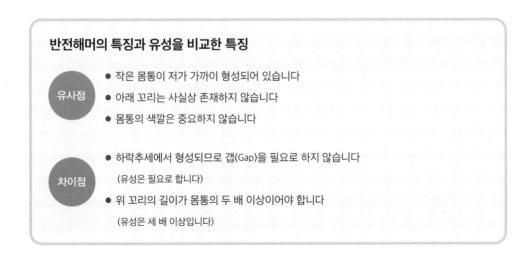

반전해머의 특징과 유성을 비교한 특징

유사점
- 작은 몸통이 저가 가까이 형성되어 있습니다
- 아래 꼬리는 사실상 존재하지 않습니다
- 몸통의 색깔은 중요하지 않습니다

차이점
- 하락추세에서 형성되므로 갭(Gap)을 필요로 하지 않습니다
  (유성은 필요로 합니다)
- 위 꼬리의 길이가 몸통의 두 배 이상이어야 합니다
  (유성은 세 배 이상입니다)

지금까지 배운 내용을 이해하시는 데 어려움은 없으셨을까요?

캔들 각각의 조건과 특징에 너무 부담을 느끼지는 않으셔도 됩니다. 처음 말씀드린 대로 모양과 의미에만 초점을 두시고, 차트상에서 캔들의 의미를 해석해 투자에 이용하면 된다고 봅니다.

지금까지는 추세의 전환 신호를 나타내는 패턴을 다루었지만 마지막 시간에는 추세의 지속을 나타내는 패턴을 다룰 예정입니다.

"결코 최저가에서 사서 최고가에 팔려고 하지 말 것, 이는 절대 불가능한 일로, 도전해 봤자 얻는 것이 없음을 명심할 것." 혼마 무네히사

15

지속형을 알면
수익이 보인다

TODAY'S GOAL
캔들의 여러 유형을 통해 추세의 지속성이 높은 패턴을 알 수 있다!

그동안 여러분은 캔들차트의 기본이 되는 캔들과 도지가 무엇인지, 그리고 추세의 반전 신호로 쓰이는 반전형 캔들에 대해서 배웠습니다.
오늘은 캔들차트의 반전형 패턴보다는 캔들차트에서 그 빈도수나 중요성이 떨어지긴 하지만 그래도 많은 종류를 가지고 있는 지속형 패턴 중에서 가장 중요한 것을 설명 드리고자 합니다.

세부 목차

- 갭 완전 정복!
- 상승 돌파 갭과 하락 돌파 갭 읽어내기
- 적삼병과 흑삼병 읽어내기
- 삼승 · 하락 삼법형 읽어내기

영상 15

핵심 키워드

'예상이 적중해 이익이 났다면 더 이상 욕심 부리지 말고
적당한 시점에 이득을 챙길 것.'

마치 산을 오르거나 내려올 때처럼 주가도 상승 시나 하락 시 잠시 쉬어가는 구간이 있기 마련입니다. 그럼 지금까지 배운 패턴처럼 추세 전환을 하는 것인지 아니면 잠시 쉬었다가 지속적으로 추세가 이어지는 것인지를 판단할 수 있는 지속형 패턴의 유형을 살펴보고 실제로 차트상에 어떻게 반영되는지를 확인해 보겠습니다.

▎갭 완전 정복!

갭이란?

'갭(gap)'이란 사전적 의미로 공간적 틈이나 격차를 뜻합니다. 즉 서로 떨어져 있는 둘 사이의 틈을 말하죠. 주식시장에서는 시세가 갑자기 폭등하거나 폭락하여 차트상에 빈 공간이 생기기도 하는데, 이것이 바로 갭입니다.

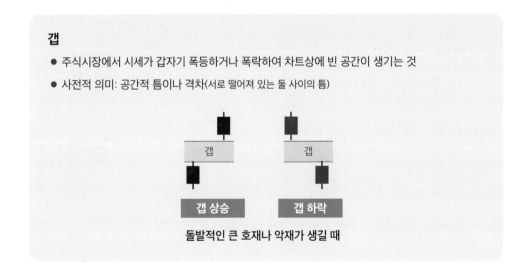

갭
- 주식시장에서 시세가 갑자기 폭등하거나 폭락하여 차트상에 빈 공간이 생기는 것
- 사전적 의미: 공간적 틈이나 격차(서로 떨어져 있는 둘 사이의 틈)

갭 상승   갭 하락

돌발적인 큰 호재나 악재가 생길 때

전날 장 마감 후, 다음 날 장이 열리기 전까지 시장에 엄청난 호재가 발생해서 시작 가격이 전날 고가보다 높은 곳에서 형성될 때를 '갭 상승'이라고 하고 반대로 엄청난 악재가 나와서 전일 저가보다 낮은 곳에서 시가가 형성될 때 '갭 하락'이라고 합니다. 이와 같이

돌발적인 큰 호재나 악재가 생기면 전날의 가격을 이탈하여 가격이 형성되는데, 이로 인해 갭이 생기게 됩니다. 갭이 발생할 경우 매수와 매도의 균형이 깨졌다고 볼 수 있습니다. 발생한 갭은 아래와 같이 일반적으로 지지와 저항의 역할을 합니다.

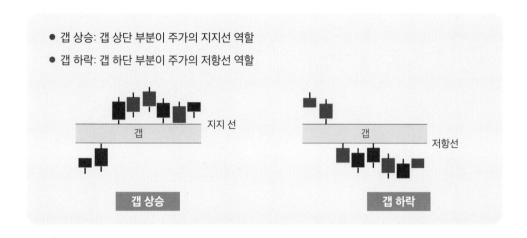

갭 상승 이후에 주가가 하락하더라도 갭 상단에서는 이전에 매수 타이밍을 놓친 투자자들이 사기 때문에 주가가 반등하는 경우가 많습니다. 따라서 일반적으로 갭 상단이 주가의 지지선 역할을 합니다. 반대로 갭 하락 이후, 주가가 약간 오르면 이전에 갭 하단에서 팔지 못한 투자자들의 매물이 나와 하단 부분이 주가의 저항선 역할을 합니다.

갭의 종류와 진행 과정

갭의 종류는 일반적으로 보통 갭, 돌파 갭, 진행 갭, 소멸 갭으로 구분할 수 있습니다. 진행 과정에 따른 갭 종류를 정리해 보면 다음과 같습니다.

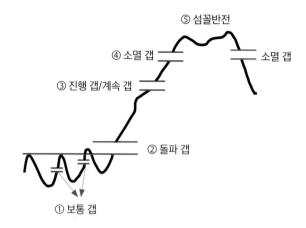

⑤ 섬꼴반전

④ 소멸 갭

소멸 갭

③ 진행 갭/계속 갭

② 돌파 갭

① 보통 갭

① 보통 갭

- 일반적으로 횡보 상태 또는 거래 밀집 국면 중에 발생하는 형태로 상승 갭이 나타 나도 신고가가 아니며, 하락 갭이 나타나도 신저가가 아닌 경우입니다.
- 자주 발생하는 갭의 형태로 금방 메워지는 특징이 있습니다. (거래량도 보통 갭이 나 타날 때 일시적으로 증가하나 다음 날 바로 평균적인 거래량 수준으로 회복하게 됩니다.)

② 돌파 갭

- 새로운 국면에 들어서는 초기에 나타납니다.
- 추세 전환을 의미하는 갭으로 중요한 저항이나 지지 구간을 넘어서면서 형성되는 갭입니다.
- 거래량이 급증하고 돌파 갭이 발생한 이후에도 수 일간 추세 방향으로 연속해서 신 고가 또는 신저가를 기록하는 특징이 있습니다

③ 진행 갭/계속 갭

- 추세 진행이 지속될 때 두번째로 나타나는 갭으로, 추세가 강화되며 예상되는 방향 으로 급격하게 움직일 때 발생하는 갭입니다.
- 진행(계속) 갭이 출현하면 추세가 강화되고 있다는 신호로서 갭을 메우지 않고 상 승하는 것이 일반적입니다.

④ 소멸 갭

- 신고가 또는 신저가를 수반하지 못하고 메워지는 갭으로 추세 진행의 마지막 단계에서 생기는 갭입니다.

- 소멸 갭은 형성되는 과정에서는 판단이 어려우며 형성된 이후 갭을 메울 때 확인됩니다. 보통 소멸 갭이 출현하면 시세 전환의 신호가 됩니다.

⑤ 섬꼴반전

- 갭을 봉의 형태로 메우는 것이 아니라 갭으로 메워버리는 것으로서 바다 위의 섬과 같은 모습을 하고 있어 아일랜드 갭이라고도 불립니다.

- 이 경우 상승이든 하락이든 기존의 추세가 마감되고 새로운 추세로의 전환을 의미하는 강력한 신호로 볼 수 있습니다.

위에 설명한 갭 중 돌파 갭의 실전 차트입니다.

1년 3개월 횡보

돌파 갭

돌파 갭 발생 전에 보유한 투자자나 돌파 갭 발생 당시 매수한 투자자는 갭이 메워지지 않고 추가 상승을 보인다면 이 상승세가 꺾이기 전까지는 보유하는 전략이 좋습니다.

상승 돌파 갭과 하락 돌파 갭 읽어내기

상승 돌파 갭은 상승추세에서 발생하는 지속형 패턴이며, 하락 돌파 갭은 하락추세에서 발생하는 패턴입니다.

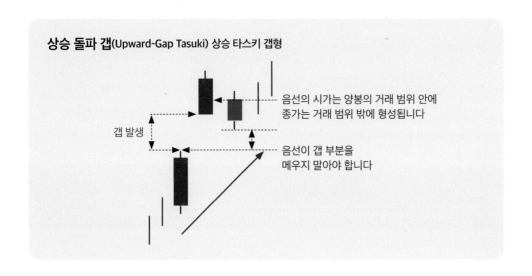

상승 돌파 갭(Upward-Gap Tasuki) 상승 타스키 갭형

음선의 시가는 양봉의 거래 범위 안에 종가는 거래 범위 밖에 형성됩니다

갭 발생

음선이 갭 부분을 메우지 말아야 합니다

시장 상황을 가장 잘 대변하는 것이 갭입니다. 갭 상승한 다음은 갭을 메우지 않는 한 보유하는 것이 일반적인데, 단기적으로든 장기적으로든 잘 익혀두면 수익을 올리는데 큰 도움이 됩니다.

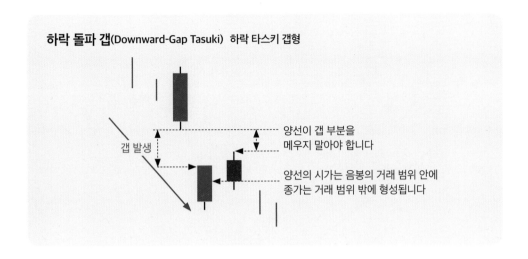

하락 돌파 갭(Downward-Gap Tasuki) 하락 타스키 갭형

갭 발생

양선이 갭 부분을
메우지 말아야 합니다

양선의 시가는 음봉의 거래 범위 안에
종가는 거래 범위 밖에 형성됩니다

갭 하락한 다음은 흔히 양봉을 만드는 경우가 많은데 갭을 메우는 장대양봉이 아니라면 지속형임을 인식하고 매도하여야 손실 폭을 줄일 수 있겠죠.

위에 설명한 패턴을 차트를 보며 설명하겠습니다.

하락추세에서 상승 반전한 주가가 급등을 예상할 수 있는 갭 상승 이후 지속형 패턴인 상승 돌파 갭이 발생하여 급등을 이어가 시세 분출을 끝으로 상승을 마감합니다.

상승 돌파 갭

▌ 적삼병과 흑삼병 읽어내기

적삼병이 나타나면 매수, 흑삼병이 나타나면 매도! 많이 들어보셨죠?

바로 상승추세, 하락추세의 지속을 의미합니다.

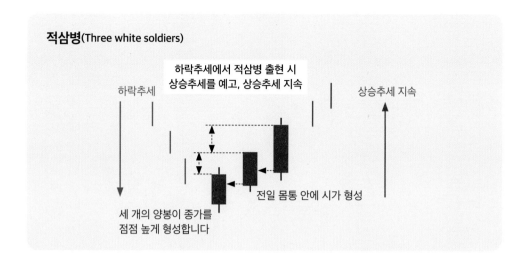

적삼병(Three white soldiers)

하락추세에서 적삼병 출현 시
상승추세를 예고, 상승추세 지속

하락추세

상승추세 지속

전일 몸통 안에 시가 형성

세 개의 양봉이 종가를
점점 높게 형성합니다

이처럼 양봉이 연달아 발생한다면 그만큼 매수세가 강하다는 걸 알 수 있습니다. 또한 셋을 합하면 정말 긴 양봉이 되므로 역시 매수할 시점입니다.

'이것이 반전형이지 왜 지속형이냐'는 의문이 들 수도 있습니다. 하지만 일반적으로는 양봉이 발생한 다음의 추세가 지속성을 보인다는 의미라고 봅니다.

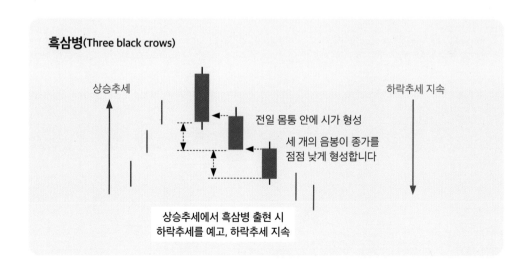

흑삼병(Three black crows)

상승추세

하락추세 지속

전일 몸통 안에 시가 형성

세 개의 음봉이 종가를
점점 낮게 형성합니다

상승추세에서 흑삼병 출현 시
하락추세를 예고, 하락추세 지속

적삼병과는 반대의 의미로 해석한다면 큰 무리가 없을 것으로 보입니다. 하락의 지속이라면 일단은 매도해야 할 것입니다. 실전 차트로도 확인해 볼까요.

적삼병 발생

하락을 보이던 주가는 적삼병이 출현하며 상승을 지속하였습니다. 이후 시세 분출 후 횡보를 보인 주가는 다시 하락 반전 하였습니다.

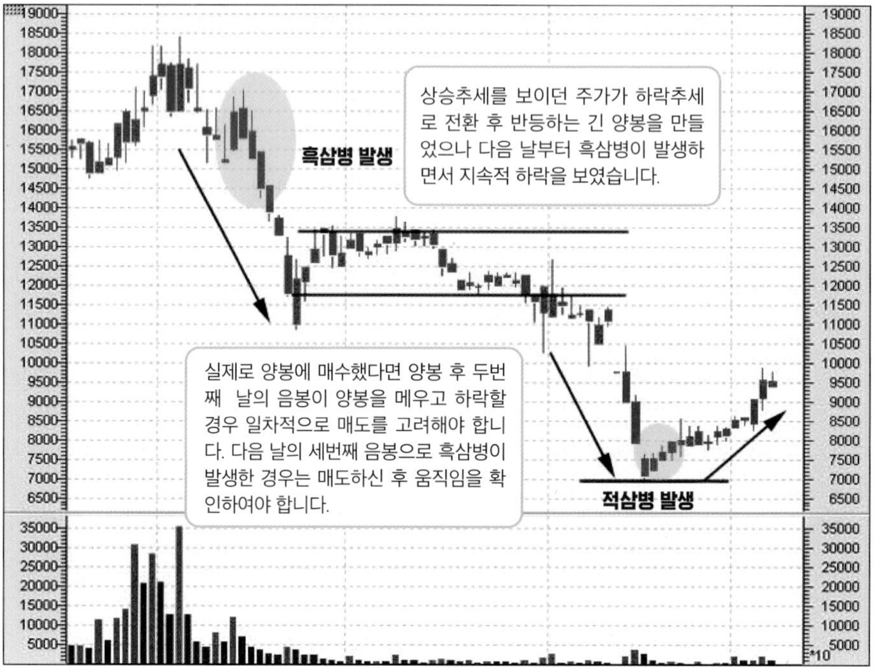

흑삼병 발생

상승추세를 보이던 주가가 하락추세로 전환 후 반등하는 긴 양봉을 만들었으나 다음 날부터 흑삼병이 발생하면서 지속적 하락을 보였습니다.

실제로 양봉에 매수했다면 양봉 후 두번째 날의 음봉이 양봉을 메우고 하락할 경우 일차적으로 매도를 고려해야 합니다. 다음 날의 세번째 음봉으로 흑삼병이 발생한 경우는 매도하신 후 움직임을 확인하여야 합니다.

적삼병 발생

처음 배우는 주식 차트

다음은 변형된 모습의 적삼병과 흑삼병의 형태를 알아보겠습니다.

블록형 (Advance Block)

- 두번째나 세번째 양봉의 몸통이 작아진다거나 위 꼬리의 길이가 길어 진다거나 하는 경우 추세가 약화되었다는 의미

- 상승세는 좀 더 이어질 수 있지만 충분히 상승한 고가권의 경우 주의 를 요한다는 '경고의 신호'로 해석할 수도 있습니다

강세 삼선 반격형(바보 적삼병형) & 약세 삼선 반격형(바보 흑삼병형)

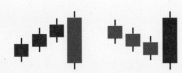

- 현물시장에서는 신용만기 매물이나 이익을 실현한 이식 매물 때문이며 파생상품시장의 경우는 청산거래로 인한 경우가 많습니다 (매물 소화 과정 →강세 지속)

- 현물시장에서는 하락추세 중의 연속 급락에 따른 반발 매수 때문이며 파생상품시장의 경우는 환매수에 기인한 경우가 많습니다 (단기 반등 → 하락추세 지속)

적삼병과 흑삼병의 특징을 한번 정리해 볼까요.

적삼병의 특징

- 세 개의 양봉이 연속적으로 발생하여 종가를 높게 형성해간다
- 종가는 고가에 가까워야 하며 각각 전날의 몸통 안에서 시가를 형성한다

흑삼병의 특징

- 세 개의 음봉이 연속적으로 발생하여 종가를 낮추어 형성해간다
- 종가는 저가에 가까워야 하며 각각 전일의 몸통 안에서 시가를 형성한다

상승·하락 삼법형 읽어내기

상승 삼법형 (Rising Three Methods)

상승추세에서 나타나는 이 캔들의 형태를 알아둔다면 추세 전환에 대한 불안감을 없앨 수 있을 겁니다. 이런 형태에서는 긴 양선의 발생 이후 작은 음선들이 나타났으므로 추세가 전환되는 것이 아닌가에 대한 불안감이 생기는 경우가 많습니다. 하지만 이것은 장대양봉이 발생함으로써 생긴 에너지 소진에 대한 조정 과정이라고 볼 수 있습니다. 그리고 그 조정도 장대양봉의 가격대 안에서 이루어지고, 조정을 거치고 나서 또다시 나타난 장대양봉은 첫날 생긴 양봉의 종가보다 높은 가격대에서 종가가 형성되므로 상승추세의 지속에 대한 신뢰성을 더욱 높일 수 있을 것입니다. 그럼 상승 삼법형의 형태를 자세히 살펴보도록 하겠습니다.

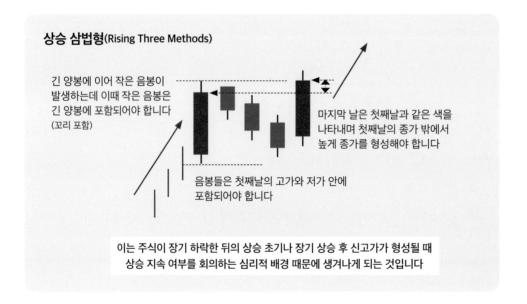

상승 삼법형(Rising Three Methods)

긴 양봉에 이어 작은 음봉이 발생하는데 이때 작은 음봉은 긴 양봉에 포함되어야 합니다 (꼬리 포함)

마지막 날은 첫째날과 같은 색을 나타내며 첫째날의 종가 밖에서 높게 종가를 형성해야 합니다

음봉들은 첫째날의 고가와 저가 안에 포함되어야 합니다

이는 주식이 장기 하락한 뒤의 상승 초기나 장기 상승 후 신고가가 형성될 때 상승 지속 여부를 회의하는 심리적 배경 때문에 생겨나게 되는 것입니다

하락 삼법형 (Falling Three Methods)

상승 삼법형과 반대되는 역할을 하는 하락 삼법형입니다. 상승(Rising)은 오른다는 뜻이니까 상승추세에서 나타날 것이고, 하락(Falling)은 떨어진다는 의미이니까 당연히 하락

추세에서 나타나겠죠?

하락 삼법형의 형태를 확인해 봅시다.

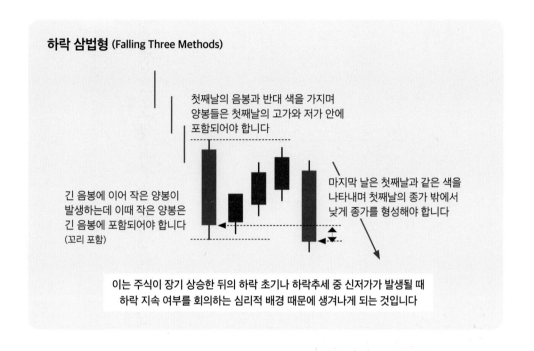

하락 삼법형 (Falling Three Methods)

첫째날의 음봉과 반대 색을 가지며
양봉들은 첫째날의 고가와 저가 안에
포함되어야 합니다

긴 음봉에 이어 작은 양봉이
발생하는데 이때 작은 양봉은
긴 음봉에 포함되어야 합니다
(꼬리 포함)

마지막 날은 첫째날과 같은 색을
나타내며 첫째날의 종가 밖에서
낮게 종가를 형성해야 합니다

이는 주식이 장기 상승한 뒤의 하락 초기나 하락추세 중 신저가가 발생될 때
하락 지속 여부를 회의하는 심리적 배경 때문에 생겨나게 되는 것입니다

삼법형의 '삼'이라는 숫자는 짧은 봉들의 적정 개수를 나타낸 것입니다. 하지만 이 봉들이 첫째날의 긴 봉 안에서 형성되고, 이후에 나타나는 첫째날과 같은 색깔의 봉이 종가 기준에 부합된다면 짧은 봉들이 두 개든 네 개든 굳이 숫자에 매달릴 필요는 없습니다.

위에 설명한 두 가지 패턴을 차트를 보면서 설명하겠습니다.

첫번째 상승 삼법형 차트입니다.

역시 지속형 패턴은 인내가 필요해 보이죠. 중요한 것은 장대양봉을 하락 돌파하지 않았다는 점입니다.

다음은 두번째 하락 삼법형 차트입니다.

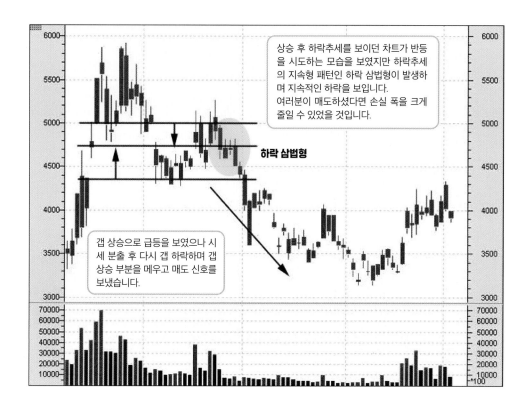

상승 후 하락추세를 보이던 차트가 반등을 시도하는 모습을 보였지만 하락추세의 지속형 패턴인 하락 삼법형이 발생하며 지속적인 하락을 보입니다.
여러분이 매도하셨다면 손실 폭을 크게 줄일 수 있었을 것입니다.

하락 삼법형

갭 상승으로 급등을 보였으나 시세 분출 후 다시 갭 하락하며 갭 상승 부분을 메우고 매도 신호를 보냈습니다.

차트상에서 장대음봉에 매도를 못하고 반등을 기다리고 있었다면 마지막 장대음봉에는 당연히 매도로 대응하여야 합니다. 항상 말씀드리지만 손실을 줄이는 것이 진정한 고수입니다.

상승 · 하락 삼법형을 다시 한번 정리해 볼까요.

자, 이제 캔들차트의 기본 개념과 패턴을 모두 공부하셨습니다.

하지만 캔들의 패턴으로만 투자 판단을 내리기에는 무리가 있으며 다른 보조지표와 시장 상황을 복합적으로 분석하여야 진정한 투자자가 될 수 있습니다. 지금까지 배운 내용만으로 당장 주식 투자에 뛰어들기에는 아직 부족한 부분이 많습니다. 우선 가장 핵심적인 사항들을 이해한 상태에서 차트를 보고, 잘 모르는 부분이 있으면 계속 찾아보며 분석하는 습관이 필요합니다. 꼭 부탁드리고 싶은 것은 기술적 분석만을 맹신하지는 말라는 것이며, 기본적 분석과 함께 자신을 믿고 투자하되 잘못된 부분은 빨리 인정하는 것이 중요합니다.

"이득을 챙긴 후나 손절매 한 후에는 40~50일 정도 투자를 쉬면서 또 다시 바닥 시세가 나타날 때를 기다릴 것." 혼마 무네히사

한눈에 보는
반전형 캔들 패턴

유튜브 영상을 참고하면서 보세요.

영상 부록

1. 캔들의 기본구조

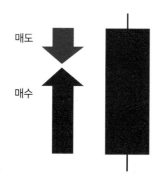

양봉
매수세의 힘이 강해서 시가보다 종가가
높게 끝나는 것

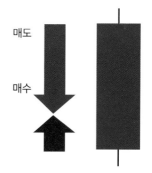

음봉
팔려는 힘이 강해서 시가보다 종가가
낮게 끝나는 것

2. 한눈에 보는 반전형 캔들

▼ 도지

▼ 망치형(우산형)과 역망치형

한눈에 보는 반전형 캔들 실전 차트

도지

▼ 기본형 도지

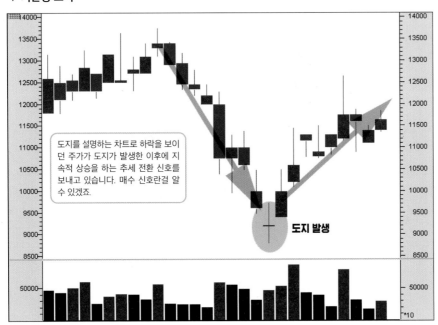

도지를 설명하는 차트로 하락을 보이던 주가가 도지가 발생한 이후에 지속적 상승을 하는 추세 전환 신호를 보내고 있습니다. 매수 신호란걸 알 수 있겠죠.

도지 발생

▼ 그레이브스톤 (Gravestone) 비석형

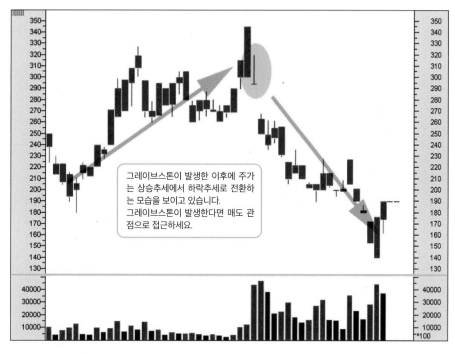

그레이브스톤이 발생한 이후에 주가는 상승추세에서 하락추세로 전환하는 모습을 보이고 있습니다.
그레이브스톤이 발생한다면 매도 관점으로 접근하세요.

▼ 드래곤플라이(Dragonfly) 잠자리형

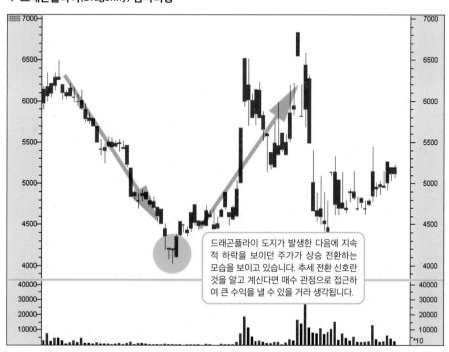

드래곤플라이 도지가 발생한 다음에 지속적 하락을 보이던 주가가 상승 전환하는 모습을 보이고 있습니다. 추세 전환 신호란 것을 알고 계신다면 매수 관점으로 접근하여 큰 수익을 낼 수 있을 거라 생각됩니다.

망치형(우산형)과 역망치형

▼ 행잉맨(hanging-man) 교수형

1. 행잉맨 발생

1. 상승추세를 보이던 주가가 하락 반전을 예고하는 행잉맨이 발생하고 급락하여 하락추세가 나타났습니다. (매도 고려 시점입니다.)

2. 행잉맨 발생

2. 하락 후 횡보추세를 보이던 주가가 추세를 돌파하며 상승하는 모습을 보였으나 다시 행잉맨이 발생한 후 하락하였습니다.

▼ 해머(hammer) 망치형

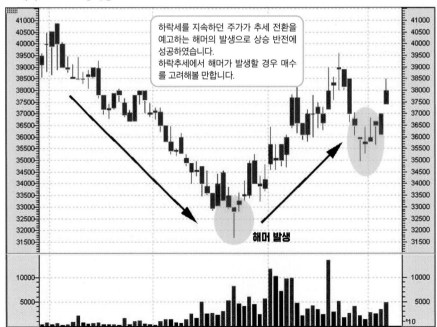

하락세를 지속하던 주가가 추세 전환을 예고하는 해머의 발생으로 상승 반전에 성공하였습니다.
하락추세에서 해머가 발생할 경우 매수를 고려해볼 만합니다.

해머 발생

▼ 유성(Shooting Star)

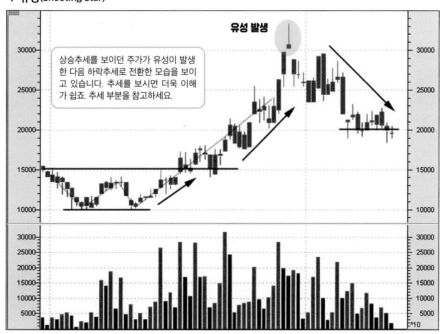

유성 발생

상승추세를 보이던 주가가 유성이 발생한 다음 하락추세로 전환한 모습을 보이고 있습니다. 추세를 보시면 더욱 이해가 쉽죠. 추세 부분을 참고하세요.

▼ 반전해머(Inverted Hammer) 역망치형

투자자들이 가장 보유하고 싶은 급등주죠. 여기서 하락 후 반전형 패턴인 반전해머가 발생한 다음 주식을 매수하셨다면 큰 수익을 기대하실 수 있겠죠.

저항대와 지지대를 보면 매도와 매수에 많은 도움을 받을 수 있습니다.

반전해머 발생

제3편 | 캔들과 떠나는 주식 여행

169

3. 한눈에 보는 반전형 캔들 패턴

상승 전환 캔들 패턴 5가지

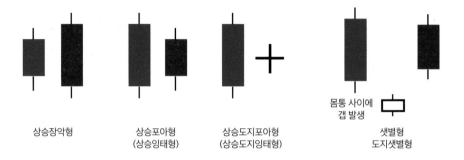

상승장악형	상승포아형 (상승잉태형)	상승도지포아형 (상승도지잉태형)	샛별형 도지샛별형

몸통 사이에
갭 발생

공통점
- 음봉 다음에 양봉
- 바닥에서 나올수록 신뢰도 상승

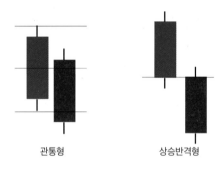

관통형   상승반격형

- 두 봉의 종가가 같거나 비슷함

하락 전환 캔들 패턴 5가지

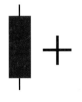

몸통 사이에
갭 발생

| 하락장악형 | 하락포아형
(하락잉태형) | 하락도지포아형
(하락도지잉태형) | 저녁별형(석별형)
도지저녁별형 |

공통점
● 양봉 다음에 음봉
● 고점에서 나올수록 신뢰도 상승

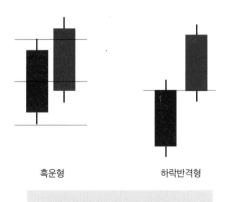

| 흑운형 | 하락반격형 |

● 두 봉의 종가가 같거나 비슷

한눈에 보는 반전형 캔들 패턴 실전 차트

상승 전환 캔들 패턴 5가지

▼ 상승장악형

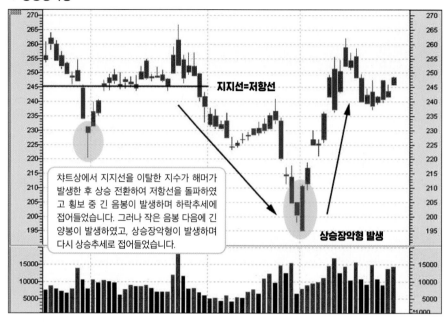

지지선=저항선

차트상에서 지지선을 이탈한 지수가 해머가 발생한 후 상승 전환하여 저항선을 돌파하였고 횡보 중 긴 음봉이 발생하며 하락추세에 접어들었습니다. 그러나 작은 음봉 다음에 긴 양봉이 발생하였고, 상승장악형이 발생하며 다시 상승추세로 접어들었습니다.

상승장악형 발생

▼ 상승포아형

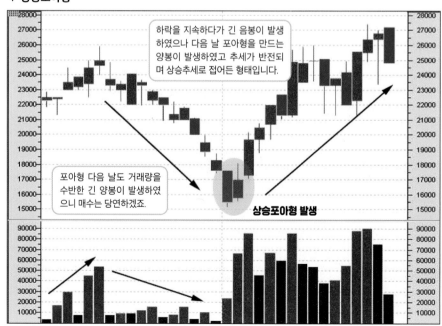

하락을 지속하다가 긴 음봉이 발생하였으나 다음 날 포아형을 만드는 양봉이 발생하였고 추세가 반전되며 상승추세로 접어든 형태입니다.

포아형 다음 날도 거래량을 수반한 긴 양봉이 발생하였으니 매수는 당연하겠죠.

상승포아형 발생

처음 배우는 주식 차트

▼ 상승 반전 도지포아형

반전형 패턴인 도지포아형이 하락추세에 나타
나면서 상승 전환한 모습을 보였습니다.
흔히 보기는 힘든 모양으로 도지포아형 다음 날
의 양봉에는 매수 시점으로 접근해야 합니다.

도지포아형 발생

▼ 샛별형

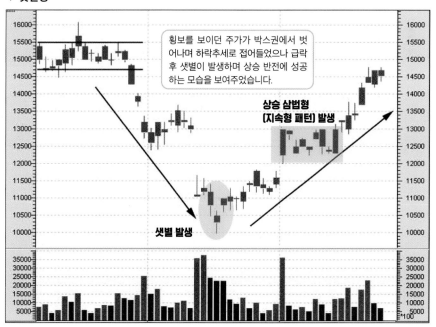

횡보를 보이던 주가가 박스권에서 벗
어나며 하락추세로 접어들었으나 급락
후 샛별이 발생하며 상승 반전에 성공
하는 모습을 보여주었습니다.

상승 삼법형
(지속형 패턴) 발생

샛별 발생

▼ 관통형

상승 반전형인 관통형이 발생하
며 하락하던 주가가 다시 상승
반전하는 모습을 보였습니다.

관통형 발생

추세를 반영한 긴 음봉 다음에 양봉이 발생
하며 음봉을 관통한다면 매수해야 합니다.
더 안전한 투자자라면 다음 날 다시 발생한
양봉에 매수하시는 것도 좋습니다.

하락 전환 캔들 패턴 5가지

▼ 하락장악형

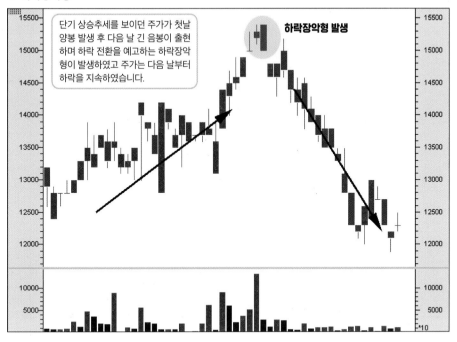

단기 상승추세를 보이던 주가가 첫날 양봉 발생 후 다음 날 긴 음봉이 출현하며 하락 전환을 예고하는 하락장악형이 발생하였고 주가는 다음 날부터 하락을 지속하였습니다.

하락장악형 발생

▼ 하락포아형

하락포아형 발생

거래량을 동반한 주가가 상승추세를 이어가고 있으나 긴 양봉 다음 작은 음봉이 발생하며 반전형 패턴인 하락포아형이 발생하고 주가는 거래량 감소와 함께 하락을 지속하는 모양입니다. 하락포아형 다음 날 음봉이 발생한다면 매도 시점으로 보아야 합니다.

▼ 하락 반전 도지포아형

도지포아형 발생

실제로는 흔한 형태는 아니지만 도지포아형이 반전형임을 익혀 두신다면 쉽게 적용할 수 있을 것으로 보입니다. 우량주보다는 잡주에서 볼 수 있는 형태입니다.

▼ 저녁별형 석별형

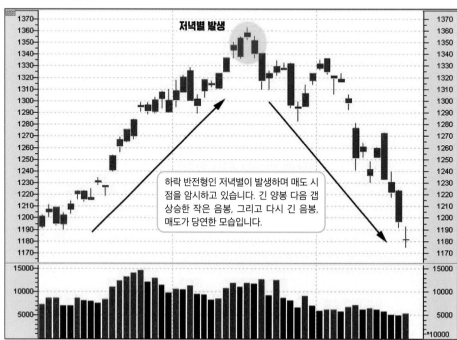

저녁별 발생

하락 반전형인 저녁별이 발생하며 매도 시점을 암시하고 있습니다. 긴 양봉 다음 갭 상승한 작은 음봉, 그리고 다시 긴 음봉, 매도가 당연한 모습입니다.

▼ 흑운형

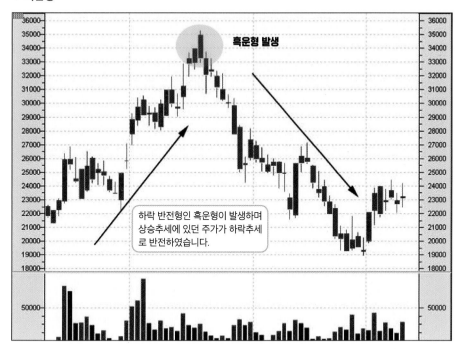

흑운형 발생

하락 반전형인 흑운형이 발생하며
상승추세에 있던 주가가 하락추세
로 반전하였습니다.

"매입은 천천히 매도는 신속하게 하라"

매입은 느긋한 마음으로 낮은 가격을 골라서 사야 하며

조급하게 따라 사는 것은 금물이다.

반대로 매도는 판다고 일단 생각했으면

가격 고하를 불문하고 하루라도 빨리 파는 것이 좋다.

제4편
이동평균선을 이용한 매매법

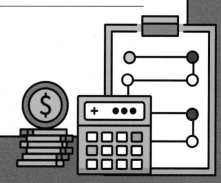

16

이동평균선을 보면
주가의 움직임이 보인다

TODAY'S GOAL
이동평균선이 무엇인지 알고, 각 이동평균선의 의미를 읽을 수 있다!

이동평균선은 주식에 투자하는 사람이라면 누구나 쉽게 접하고 쉽게 지나가는 아주 단순한 보조지표로 여겨지고 있습니다. 하지만 이동평균선을 좀 더 깊이 있게 공부하다 보면 다른 어떤 보조지표보다도 주식 투자에서 중요하다는 것을 알 수 있습니다. 이번 시간에는 이동평균선의 기본 개념을 차근차근 알아보도록 하겠습니다.

세부 목차

- 이동평균선이란?
- 각 이동평균선에는 의미가 있다.
- 눈으로 걸러내기 (주가의 방향성과 배열 분석)

영상 16

핵심 키워드

'충동 매매는 후회의 근본이다.'

▮ 이동평균선이란?

이동평균선이란, 단어 자체에서도 알 수 있듯이 이동을 하고 있는 평균치의 선이란 뜻입니다. 여기서 평균치란 주가 자체를 이용한 평균치로 흔히 5일, 10일, 20일, 60일, 120일, 200일 등 그 기간의 주가를 모두 더하여 일수로 나눈 것입니다.

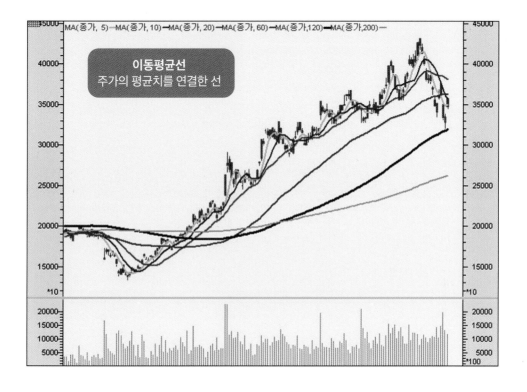

예를 들어, 5일 이동평균선이 어떻게 해서 나오는지 알아볼까요?

5일 이동평균선: 5일 동안의 평균 주가를 이어 놓은 선

$$5일\ 이동평균 = \frac{5일간의\ 종가\ 합계}{5일\ (거래\ 일수)}$$

날짜	1	2	3	4	5
	4일 전	3일 전	2일 전	1일 전	오늘 종가
주가	10,000	9,700	9,000	9,600	10,000

5일간 합계를 5일로 나눈 것이 5일 이동평균

5일 이동평균선은 5일간 사람들이 주식을 사고판 평균 가격의 흐름이라고 할 수 있습니다. 이동평균선은 일반적으로 단기 이동평균선, 중기 이동평균선, 장기 이동평균으로 분류합니다. 단기 이동평균선은 약 5일~30일 정도로 보고, 중기 이동평균선은 약 30일~100일 정도, 마지막으로 장기 이동평균선은 약 100일 이상으로 보고 있습니다.

기간별 분류

단기 이동평균선	약 5일~30일
중기 이동평균선	약 30일~100일
장기 이동평균선	약 100일 이상

투자자 대부분은 기본적인 단기, 중기, 장기 이동평균선 네다섯 개를 HTS나 MTS에서 사용하고 있습니다. 하지만 여러분은 목적에 따라 필요한 이동평균선만을 자유자재로 활용할 때가 올 것이라고 믿습니다.

처음 배우는 주식 차트

▍각 이동평균선에는 의미가 있다

이동평균선은 각 기간별로 속뜻을 내포하고 있는데 간단히 무엇을 의미하는지 알아보겠습니다.

5일 이동평균선은 일주일 동안의 평균 매매 가격으로 '단기 매매선'이라고 부르고, 시장의 단기적인 분위기를 나타내기 때문에 '심리선'이라고도 합니다.

20일 이동평균선(1개월)은 일반적으로 주가 흐름의 방향을 나타내는 역할을 합니다. 20일 이동평균선의 방향은 중단기 매매의 기준이 되는 중요한 지표이기 때문에 '생명선'이라고 합니다.

60일 이동평균선(3개월)은 시장의 수급선(중기적 추세선)이라고 표현합니다. 일반적으로 기업 실적 발표 사이클과 연관되어 있다고 합니다. 조정국면에서 주요 지지선 역할을 하고 본격적인 상승 하락 여부로도 판단합니다.

90일 이동평균선은 추세 전환을 파악하는 '추세선'이라고 하고, 일반적으로 주식은 경기보다 6개월 정도 선행하는 것으로 알려져 있어 120일 이동평균선(6개월)은 '경기선'이라고 합니다.

일반적으로 단기 이동평균선은 시세의 전환을 신속하게 파악할 수 있지만 민감하게 움직이기 때문에 추세 파악이 쉽지 않고, 중장기 이동평균선은 대세를 판단하는데 유용합니다.

지금까지 이동평균선 각각의 의미를 살펴보았습니다. 이동평균선을 주식 매매에 이용하실 때 한번 정도는 다시 확인하시는 것도 좋겠네요.

다음의 실전 차트를 통해서 각각의 이동평균선의 의미를 정리하도록 하겠습니다.

★ 이동평균선의 의미

- 5일(일주일) : 심리선(단기 매매선)

- 20일(한 달) : 생명선(금리선)

- 60일(3개월) : 수급선

- 90일(4.5개월) : 추세선

- 120일(6개월) : 경기선

- 200/240일(10개월/1년) : 대세선

┃ 눈으로 걸러내기 (주가의 방향성과 배열 분석)

주식투자의 기초라고 얘기하는 거래량, 이동평균선 그리고 캔들은 어떻게 보면 단순해 보이는 지표입니다. 하지만 그 하나하나의 의미를 깊이 있게 학습하며 종합적으로 분석한다면 여러분은 주식투자의 새로운 세계를 느낄 수 있습니다. 그러므로 우선 그중 하나인 이동평균선을 가볍게 생각하지 마시고 설명드리는 부분을 잘 익혀 두시기 바랍니다.

앞으로 배우게 될 내용은 다음과 같습니다.

이동평균선 보는 법

- 강세장에서는 주가가 이동평균선 위에서 파동 운동을 계속하면서 상승하는 것이 보통입니다(정배열)
- 약세장에서는 반대로 주가가 이동평균선 아래에서 파동 운동을 계속하면서 하락하는 것이 보통입니다 (역배열)
- 주가가 이동평균선으로부터 너무 멀리 떨어져 있을 때에는 이동평균선으로 다시 돌아가려는 회귀 현상 이 일어납니다
- 이동평균선은 지지와 저항의 역할을 합니다
- 주가가 이동평균선을 돌파할 때는 매수/매도 신호입니다
- 크로스 분석 : 골든크로스(매수신호), 데드크로스(매도 신호)
- 주가가 장기 이동평균선을 돌파할 때는 주 추세의 반전을 기대할 수 있습니다

먼저 주식을 사기 전 차트를 보고 사야 할 주식과 사지 말아야 할 주식을 가려내는 법부터 시작하도록 하겠습니다. 지금부터 배울 내용을 배열도 분석이라고들 많이 얘기하는데, 상승추세에는 주로 정배열이 나타나고 하락추세에는 역배열이 나타난다는 특징을 활용한 방법입니다. 차트상 위에서부터 단기 이동평균선에서 장기 이동평균선 순으로 배열된 경우를 정배열, 그와 반대로 배열된 경우를 역배열이라고 합니다.

우선 차트를 보면서 어느 종목을 걸러내고, 어느 종목을 관심 종목으로 편입시켜야 할지 판단해 보는 시간을 갖도록 하겠습니다. 두 개의 차트를 보여 드릴텐데 A, B 종목 중 어느 차트가 더 마음에 드는지 선택해보십시오.

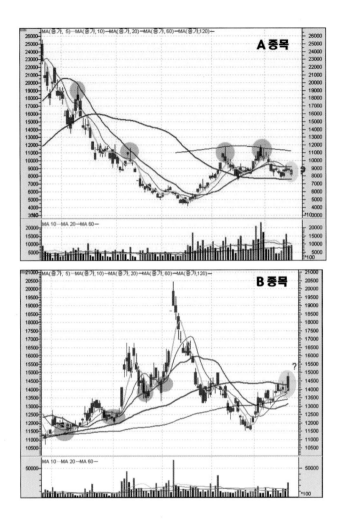

어느 종목에 마음이 끌리시나요? 무슨 말씀을 드리기 위해서 선택한 차트인지 이미 눈치챈 분도 있겠지만 아직 모르겠다 싶으신 분들은 장기 이동평균선을 생각하시면서 위 차트들을 다시 한 번 보시기 바랍니다.

자, 그럼 어떤 종목을 선택하실지 최종 결정하셨나요? 이후 두 차트가 어떻게 진행되었는지 보겠습니다.

먼저 A 종목입니다.

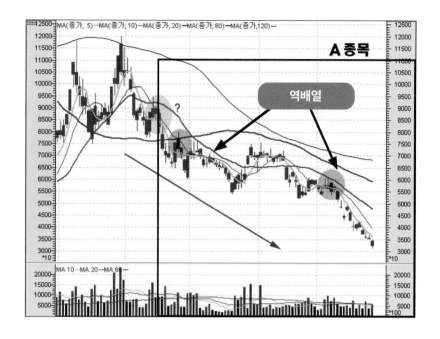

믿을 수 없으시겠지만 이후에도 주가는 지속적인 하락을 보입니다.

다음은 B 종목입니다.

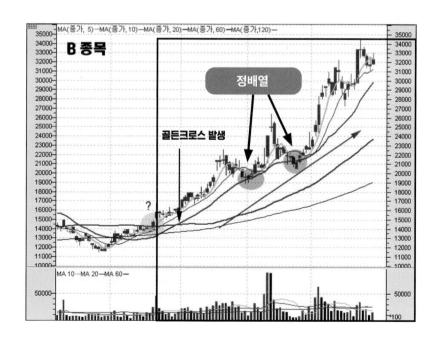

제4편 | 이동평균선을 이용한 매매법

위 차트에서는 주가가 거래량을 동반하며 60일 이동평균선을 돌파해 지속적 상승을 보입니다. 여기서 주목해야 하는 점은 바로, 120일 이평선이 A 종목은 주가 위에, B 종목은 주가 밑에 있었다는 점입니다. 또한 B 종목은 모든 이동평균선이 주가 아래에 위치하고 있습니다. 그러므로 B 종목은 정배열 상태로 쉽게 접근할 수 있는 요건을 가지고 있으나 A 종목은 역배열로 가기 쉬운 요건을 가지고 있다는 것입니다.

결과론적인 내용일 수도 있으나 중요한 것은 상승한 종목의 이동평균선이 주가의 아래에 위치했다는 것으로, 특히 장기 이동평균선이 주가 밑에 위치한다는 것이 중요합니다.

정리하자면, 주가의 하락 초기에는 각 이동평균선들이 모여 있다가 단기 이동평균선부터 차례로 아래를 향해 흘러내리기 시작하는 구간이 있습니다. 이를 역배열 초기라고 하죠. 절대 피해 가야 하는 구간입니다.

이후 장기 이동평균선이 차례대로 하락하기 시작해서 본격적인 주가 하락 진행 중에는 완전히 5일, 10일, 20일, 60일 등 순서대로 아래에 깔리는 역배열 상태가 나타납니다. 이때는 본격적인 하락 국면입니다. 역시 접근을 피해야 하는 구간입니다. 반대로 상승할 때는 반대로 단기 이동평균선부터 순서대로 상승을 시작하겠죠.

정배열과 역배열을 정리해 보면 다음과 같습니다.

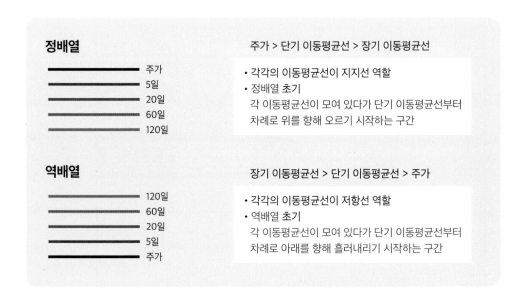

정배열

— 주가
— 5일
— 20일
— 60일
— 120일

주가 > 단기 이동평균선 > 장기 이동평균선

- 각각의 이동평균선이 지지선 역할
- 정배열 초기
  각 이동평균선이 모여 있다가 단기 이동평균선부터 차례로 위를 향해 오르기 시작하는 구간

역배열

— 120일
— 60일
— 20일
— 5일
— 주가

장기 이동평균선 > 단기 이동평균선 > 주가

- 각각의 이동평균선이 저항선 역할
- 역배열 초기
  각 이동평균선이 모여 있다가 단기 이동평균선부터 차례로 아래를 향해 흘러내리기 시작하는 구간

여러분이 투자할 종목을 고를 때는 차트에서 이동평균선의 순서를 확인해야 합니다. 그리고 단기 이동평균선부터 아래로 떨어져 가는 주식이나, 이미 역배열 상태인 주식은 절대 쳐다봐선 안 되는 차트라고 생각하면 됩니다.

Tip   **HTS에서 이동평균선 설정하는 방법**

일반적으로 HTS에서 이동평균선을 설정하는 법은 다음과 같습니다.

① 차트 창에서 오른쪽 마우스를 클릭합니다.

② '차트 설정'을 클릭합니다.

③ 이동평균선에서 기간 설정 및 색 설정이 가능합니다.

[대신증권 HTS]

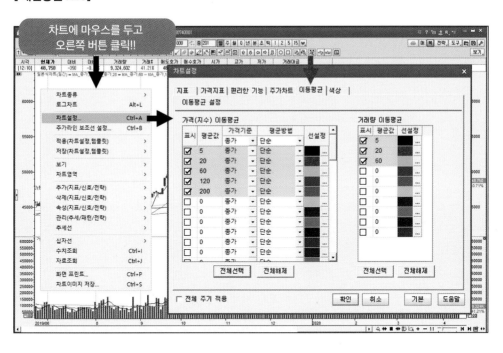

[미래에셋증권 HTS]

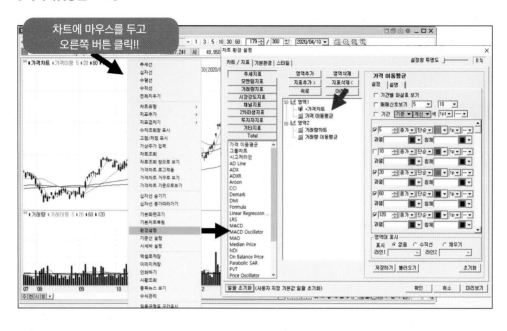

들쭉날쭉한 투자 성과보다는 지속적으로 높은 성과를 내고 싶은가? 그렇다면 최우선 과제는 투자에
책임을 지고, 시장이 당신에게 뭔가를 주거나 당신을 위해서 뭔가를 해줄 거라는 기대를 버리는 것이
다. 앞으로 계속 그렇게 하기로 결심한다면 시장은 더 이상 당신의 적이 아닐 것이다." 마크 더글러스

처음 배우는 주식 차트

17

주가의 흐름과
그랜빌의 법칙

TODAY'S GOAL
그랜빌의 법칙을 통하여 주가 흐름을 예측할 수 있다!

여러분은 전 시간에 이동평균선의 배열이 주가의 방향을 나타낸다는 것을 배우셨습니다. 또한 눈으로 완전한 하락추세의 종목을 걸러내는 방법을 배웠는데, 그럼 이동평균선이 도대체 무엇인데 이런 흐름을 알려주는 것일까요?
이번 시간에는 장기 이동평균선인 200일 이동평균선을 이용한 매수 · 매도 법칙인 그랜빌의 법칙을 공부하고 장기 이동평균선을 이용한 매매 전략을 알아보도록 하겠습니다.
장기 이동평균선 이외에 단기, 중기 이동평균선이 어느 정도 유효한지도 살펴봅니다.

세부 목차

- 여덟 가지 그랜빌의 법칙
- 그랜빌의 법칙 중 매수 신호
- 그랜빌의 법칙 중 매도 신호

영상 17

핵심 키워드

그랜빌의 법칙은 200일 이동평균선을 중심으로 설명한다.

▮ 여덟 가지 그랜빌의 법칙

그랜빌의 법칙은 그랜빌이라는 사람이 이동평균선을 이용하여 만든 법칙입니다. 기본적으로 주가와 이동평균선의 관계를 통하여 매수 신호를 보내는 네 가지 형태와 매도 신호를 보내는 네 가지 형태로 분류되어 있습니다.

그랜빌의 법칙

- '관성의 법칙'과 '회귀 현상'을 근거로 주가와 이동평균선을 이용하여 매수 시점과 매도 시점을 파악하는 여덟 가지의 투자 전략
  (매수 신호 네 가지, 매도 신호 네 가지)
  - 관성의 법칙: 주가가 움직이고 있는 방향으로 계속 진행하려는 성질
  - 회귀 현상: 이동평균선 간의 이격이 크면 이를 줄이려는 성질

- 그랜빌은 200일 이동평균선 중심으로 설명
  - 그랜빌이 10일, 20일, 100일 등의 여러 이동평균선을 모두 주가와의 관계를 연구한 결과 장기 이동평균선 활용이 가장 수익이 좋았다는 결과를 바탕으로 만든 것

- 전체 시장이나 대형주, 중장기 투자 시 참고 가능하나 변동성이 큰 중·소형주에는 부적절할 수도 있습니다.

그럼 여덟 가지 그랜빌의 법칙을 시작해 볼까요?

▌그랜빌의 법칙 중 매수 신호

그랜빌의 매수 신호 ①

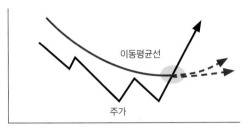

거래량 수반 여부 체크

　매수 신호의 첫번째는 이동평균선이 하락하다가 횡보 또는 상승추세로 전환하는 국면에 주가가 이동평균선을 상향 돌파하는 것입니다. 이에 해당하는 차트를 보실까요.

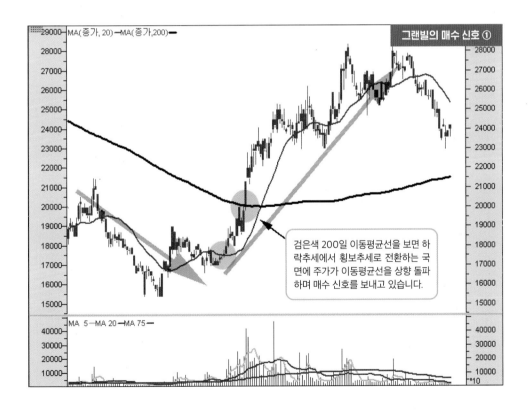

검은색 200일 이동평균선을 보면 하락추세에서 횡보추세로 전환하는 국면에 주가가 이동평균선을 상향 돌파하며 매수 신호를 보내고 있습니다.

그랜빌의 매수 신호 ②

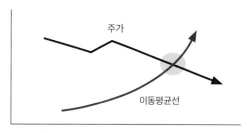

일시적인 하락으로 판단, 신중한 매매 판단 필요

두번째 매수 신호는 주가가 이동평균선을 하향 돌파하는데도 이동평균선이 계속 상승하는 경우입니다. 그러나 이 경우 추세 전환의 가능성을 내포하고 있기 때문에 손실을 볼 위험이 있으니 유의하십시오. 실전 차트를 보겠습니다.

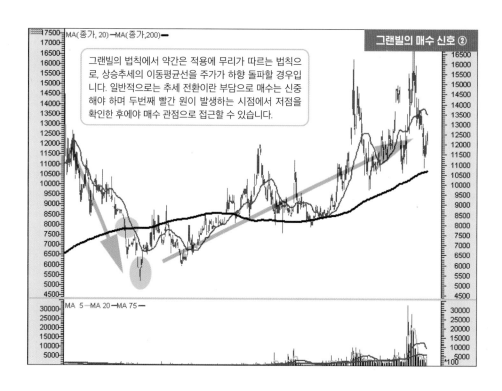

타이밍을 잡기가 쉽지 않고 지속적 하락도 가능하므로 신중히 판단해야 합니다. 이런 경우 200일 이동평균선 회복 이후에 지지를 받는다면 매수 관점으로 보는 것이 좋습니다.

처음 배우는 주식 차트

그랜빌의 매수 신호 ③

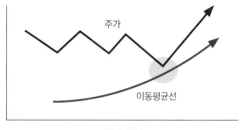

회귀 현상

세번째로 이동평균선 위에 있던 주가가 이동평균선을 향해 하락하다가 다시 상승하는
경우 매수 신호로 봅니다.

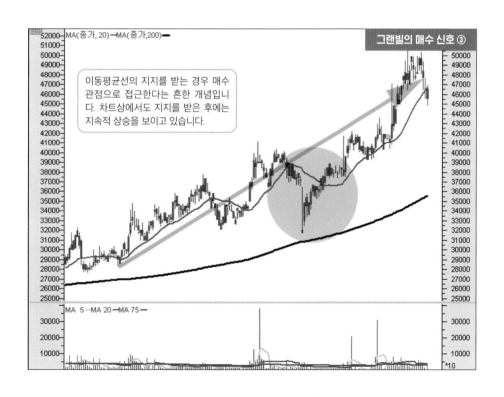

그랜빌의 매수 신호 ④

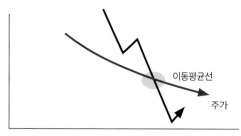

단기 상승 신호(회귀 현상 활용, 신중한 매매 판단 필요)

마지막으로 네번째 매수 신호는 주가가 이동평균선과 급격히 벌어지며 큰 이격이 발생할 경우 주가에 회귀 현상이 발생하여 단기적 상승 가능성이 있다는 것인데 이 경우 또한 매수에 신중해야 한다는 점, 꼭 기억하세요!

다음은 그랜빌의 매도 신호인데 개인적으로는 매도 신호가 더 중요하다고 생각하니 더 열심히 공부하세요.

┃ 그랜빌의 법칙 중 매도 신호

그랜빌의 매도 신호 ①

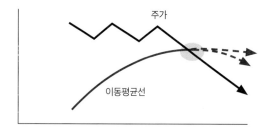

그랜빌의 법칙의 첫번째 매도 신호로 가장 일반적이며 중요한 법칙입니다. 이동평균선이 상승추세에서 횡보나 하락추세로 전환되는 국면에 주가가 하향 돌파한다면 중요한 매도 신호로 여겨집니다. 실전 차트를 보실까요.

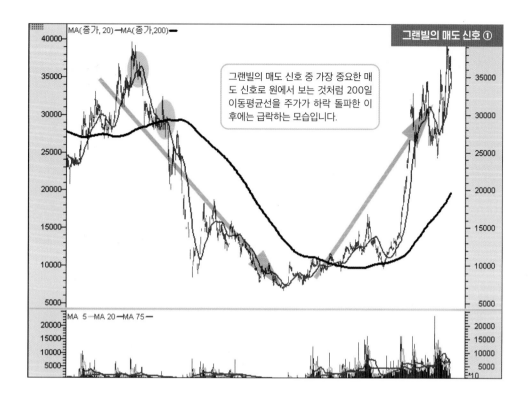

그랜빌의 매도 신호 ①

그랜빌의 매도 신호 중 가장 중요한 매도 신호로 원에서 보는 것처럼 200일 이동평균선을 주가가 하락 돌파한 이후에는 급락하는 모습입니다.

그랜빌의 매도 신호 ②

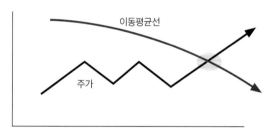

거래량 수반과 이동평균선의 상승 전환 체크

두번째 그랜빌의 매도 신호 입니다. 주가가 이동평균선을 상승 돌파하지만 이동평균선이 계속 하락추세를 보인다면 매도 관점으로 접근해야 합니다. 그러나 추세 전환도 가능하여 꼭 매도해야 하는 것으로만 볼 수는 없습니다. 그럼 실전 차트로 보시죠.

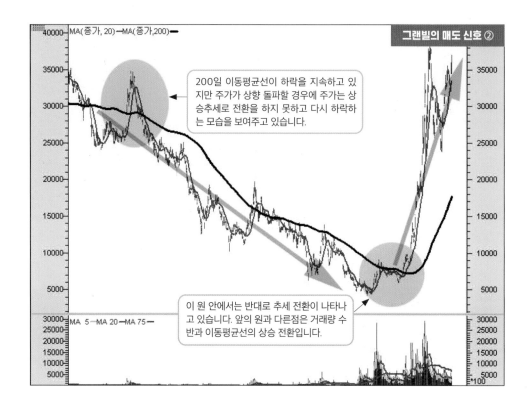

보통 이런 경우는 신중히 매도 관점으로 접근하는 것이 일반적이지만, 이동평균선이
완만한 횡보추세로 전환되고 거래량 증가와 함께 주가가 이동평균선 위에 있을 때에는 매
수로 접근하는 것도 고려해볼 만합니다.

처음 배우는 주식 차트

그랜빌의 매도 신호 ③

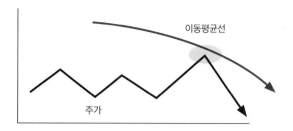

이동평균선

주가

그랜빌의 세번째 매도 신호는 주가가 이동평균선 밑에서 상승 돌파를 시도하다가 돌파가 실패하고 하락할 경우입니다.

그림을 보면 주가가 상승을 보이려 하지만 이동평균선의 저항을 받고 하락하고 있습니다. 이런 경우 매도 신호에 적절히 대응을 못한다면 큰 손실을 볼 수 있으므로 주의하여야 합니다. 실전 차트를 보면서 다시 한번 생각해 볼까요?

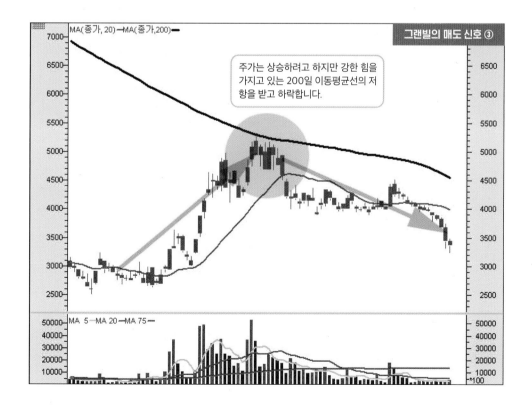

주가는 상승하려고 하지만 강한 힘을 가지고 있는 200일 이동평균선의 저항을 받고 하락합니다.

제4편 | 이동평균선을 이용한 매매법

그랜빌의 매도 신호 ④

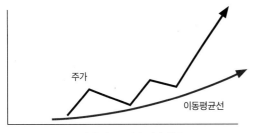

단기 하락 신호 (회귀 현상 활용)

그랜빌의 마지막 매도 신호는 조금 다른 차원으로 접근해야 하는 법칙으로, 주가가 이동평균선과 급격한 격차를 보이며 상승할 경우 되돌림 현상(회귀 현상)에 의한 단기적 하락을 예상하며 매도 전략을 취할 수도 있다는 법칙입니다.

이상 여덟 가지의 그랜빌의 법칙을 잘 기억하셔서 투자에 활용하시길 바랍니다. 한번 정리해 볼까요.

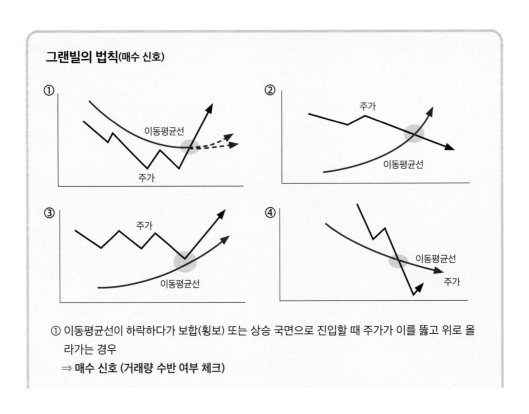

그랜빌의 법칙(매수 신호)

① 이동평균선이 하락하다가 보합(횡보) 또는 상승 국면으로 진입할 때 주가가 이를 뚫고 위로 올라가는 경우
   ⇒ 매수 신호 (거래량 수반 여부 체크)

② 주가가 이동평균선을 하향 돌파했는데도 이동평균선이 계속 상승하는 경우
⇒ 매수 신호 (일시적인 하락으로 판단, 신중한 매매 판단 필요)

③ 이동평균선 위에 있던 주가가 이동평균선을 향해 하락하다가(회귀 현상) 다시 상승하는 경우
⇒ 매수 신호

④ 하락하고 있는 이동평균선 밑으로 주가가 급락하다가 반등할 때
⇒ 단기 상승 신호 (회귀 현상 / 신중한 매매 판단 필요)

그랜빌의 법칙(매도 신호)

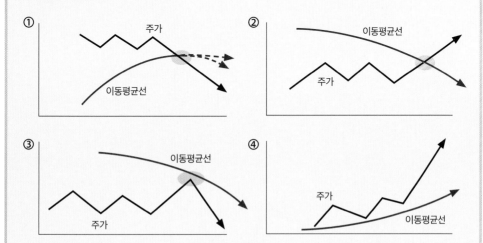

① 이동평균선이 상승세에서 보합(평행) 또는 하락으로 진입할 때 주가가 이를 뚫고 내려올 경우
⇒ 매도 신호

② 이동평균선이 계속 하락하고 있을 때 주가가 이를 뚫고 올라갈 때
⇒ 매도 신호 (거래량 수반과 이동평균선의 상승 전환 체크)

③ 주가가 이동평균선의 아래에서 위를 향해 계속 상승하다가 뚫지 못하고 다시 하락하는 경우
⇒ 매도 신호

④ 주가가 이동평균선을 급격한 격차를 보이며 급등하다가 다시 하락할 기미를 보이는 경우
⇒ 단기 매도 신호 (회귀 현상)

"투자자와 투기꾼을 실질적으로 구분할 수 있는 기준은 증시 변동에 대한 태도라고 할 수 있다. 투기꾼은 시장 변동을 예측하고 그로부터 이익을 얻는 데 모든 관심을 기울이고, 투자자는 적정 가격에 적절한 종목을 보유하는 데 관심을 둔다." 벤저민 그레이엄

18

원리만 알면 끝!
이동평균선의 지지와 저항

TODAY'S GOAL
이동평균선과의 지지와 저항을 체크하여 매매 응용법을 알 수 있다!

전 시간까지 여러분은 완연한 하락추세의 종목들을 걸러내고, 그 나머지 종목들 중에서 20일 이동평균선과 5일 이동평균선의 기울기로 향후 주가 흐름을 예측하는 법을 배우셨습니다. 오늘은 현재의 주가가 이동평균선과 어떤 상관관계를 가지며, 이동평균선을 기준 삼아 앞으로는 어떻게 움직일 것인지 예측하는 방법을 배우실 겁니다.

세부 목차

- 이동평균선의 지지와 저항의 원리 이해하기
- 주가의 생애로 '그랜빌의 법칙' 이해하기

영상 18

핵심 키워드

'하루 종일 시세판을 쳐다보고 있어도 돈은 벌 수 없다.'

이동평균선의 지지와 저항의 원리 이해하기

우선 본문에 들어가기 전에 지지와 저항의 강도에 대해서 이야기하자면, 일반적으로 단기 이동평균선 〈 중기 이동평균선 〈 장기 이동평균선의 순으로 그 강도가 강해집니다. 앞에서 배운 것처럼 역배열의 이동평균선들이 주가의 위에 있다면 그만큼 저항선이 많아 상승에 어려움이 크고, 반대로 정배열의 이동평균선이 주가 밑에 있다면 하락 시마다 지지선 역할을 하므로 손절이 용이하고 반등할 가능성도 큽니다.

인생에서도 항상 과거는 현재에, 현재는 미래에 영향을 주기 마련이듯 주식시장에서도 마찬가지로 주가의 과거 행적인 이동평균선은 현재 주가와 일정한 관계를 가지고 움직이고, 이로 인해 미래 주가의 향방을 예측할 수 있습니다. 그 속에서 지지와 저항의 흔적을 찾고 앞으로의 매매에 응용해 볼 수 있는 것이죠.

지금부터 지지선과 저항선에 대해 알아볼까요.

이동평균선의 지지와 저항이란?

- 이동평균선은 특정 기간 동안 투자해온 투자자들의 '평균 매수가'를 의미합니다
- 20일 이동평균선이 10,000원이라면?

  '지지'란?
  현재 주가가 10,000원(20일 이동평균선) 위에 있을 때 10,000원 이하로 하락하는 경우 그동안 주식을 산 사람들은 평균적으로 손실을 입게 되므로 10,000원을 지키려고 노력을 하게 됩니다

  '저항'이란?
  현재 주가가 10,000원(20일 이동평균선) 아래에 있을 때 주가가 반등하여 10,000원에 접근하면 그동안 손실을 보고있던 투자자들 중 투자 원금 수준에서 팔려는 투자자들이 나타납니다

- 주가 아래의 이동평균선은 지지선 역할을, 주가 위의 이동평균선은 저항선 역할을 합니다
- 일반적으로 이동평균선의 기간이 짧을수록 지지와 저항은 약합니다

여러분이 알아두어야 할 것은 저항선은 후에 지지선으로 바뀔 수 있으며, 지지선 역시 저항선으로 바뀔 수 있다는 점입니다. 주가가 저항선을 상향 돌파했을 경우 저항선은 지지선으로 돌변하며, 주가가 지지선을 하향 돌파하였을 경우 지지선은 다시 저항선으로 돌변하게 됩니다. 그림으로 정리하면 아래와 같습니다.

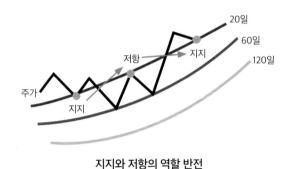

지지와 저항의 역할 반전

실전 차트를 통해 확인해 보실까요?

▼ 이동평균선의 저항

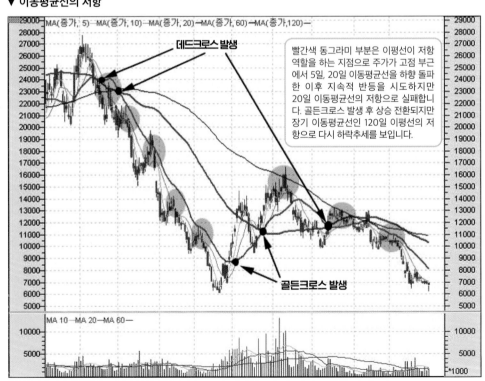

하락 추세에서 주가는 이동평균선 아래에서 더 이상 상승하지 못하고 이동평균선의 저항을 받아 그 아래에 매달려 흐르는 모습을 보입니다.

▼ 이동평균선의 지지

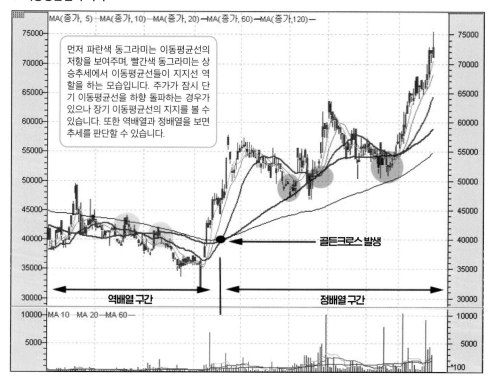

상승추세의 주가는 이동평균선 아래로 하락하지 않고, 이동평균선의 지지를 받아 그 위를 타고 상승을 지속하는 모습을 보여주고 있습니다 .

앞의 내용을 한번 정리해 볼까요.

▌주가의 생애로 '그랜빌의 법칙' 이해하기

마지막으로 지난 시간에 배운 그랜빌의 법칙이 주가의 생애 속에서 어떤 모습을 보이는지 보며 마치기로 하겠습니다.

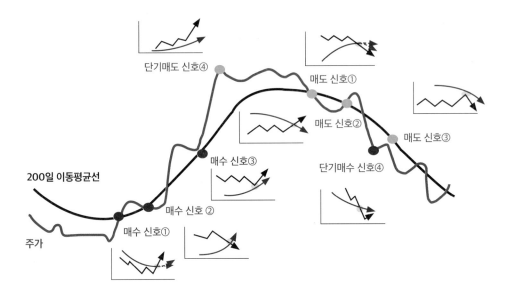

"도박에 미친 사람에게 최대의 불행은 그가 게임 시작과 동시에 돈을 땄을 때다. 왜냐하면 그다음에 그는 미친 사람이 되기 때문이다. 첫 게임에서 벌어들인 돈 때문에 그는 사고력을 잃어버리기 때문이다."
앙드레 코스톨라니

19

이동평균선이 만나면
무슨 일이 생길까?

TODAY'S GOAL
이동평균선끼리의 교차(크로스)로 이후 주가의 움직임을 예측할 수 있다!

주식 매매에 있어서 이리저리 어지럽게 얽혀 있는 장단기 이동평균선들 간의 교차 관계를 유심히 살피는 것이 매우 중요합니다. 이동평균선을 이용한 매매 기법에서 꼭 기억해야 할 것은 이들이 교차를 이루는 시점입니다.

세부 목차

- 골든크로스, 데드크로스 이해하기
- 갈림길에서의 선택, 크로스 분석
- 주가의 발자국을 따라가보면

영상 19

핵심 키워드

'재료가 반영되지 않으면 팔아라.'

골든크로스, 데드크로스 이해하기

골든크로스와 데드크로스라는 증권 용어는 경제 기사 등을 통해 많이 들어보셨을 것입니다. 골든크로스란 단기 이동평균선이 중기·장기 이동평균선을 아래에서 위로 뚫고 올라가는 현상으로 '주가 상승 신호'로 보고, 반대로 데드크로스란 단기 이동평균선이 중기/장기 이동평균선을 위에서 아래로 뚫고 내려가는 현상으로 '주가 하락 신호'로 봅니다.

골든크로스, 데드크로스 이해하기

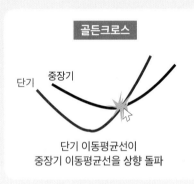
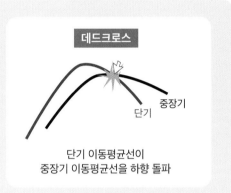

골든크로스
단기 중장기
단기 이동평균선이
중장기 이동평균선을 상향 돌파

데드크로스
중장기
단기
단기 이동평균선이
중장기 이동평균선을 하향 돌파

- 골든크로스 발생 시의 매수 참여보다 데드크로스 발생 시에 도망치는 것이 더 중요합니다
- 골든크로스 발생 시 매수 참여 후 단기 조정에 시달리는 경우가 종종 있는데 이런 눌림 현상은 단기적 상승으로 매물을 소화하는 기간으로 적절하게 매매 전략을 세워야 합니다

골든크로스의 기간은 일반적으로 아래와 같이 구분합니다.

단기 골든크로스 : 5일 이동평균선이 20일 이동평균선을 상향 돌파

중기 골든크로스 : 20일 이동평균선이 60일 이동평균선을 상향 돌파

장기 골든크로스 : 60일 이동평균선이 120일 이동평균선을 상향 돌파

단기 골든크로스가 발생할 때는 그 기간이 짧으므로 단기 매매 시점을 파악하는 데만 활용하고, 장기 골든크로스는 주가가 많이 오른 다음 나타나는 현상일 때가 많아 발생 직후엔 주가 조정 기간을 가지는 경우가 많습니다. 그렇기 때문에 일반적으로 주가 상승 신호로 주로 보는 것은 중기 골든크로스입니다.

▌갈림길에서의 선택, 크로스 분석

앞에서 배운 내용을 함께 생각하면서 두 종목 중 어떤 종목을 매수 관점으로 접근해야 하는지를 선택해보세요.

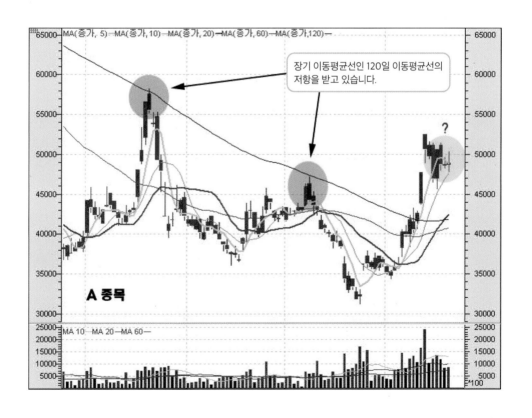

장기 이동평균선인 120일 이동평균선의 저항을 받고 있습니다.

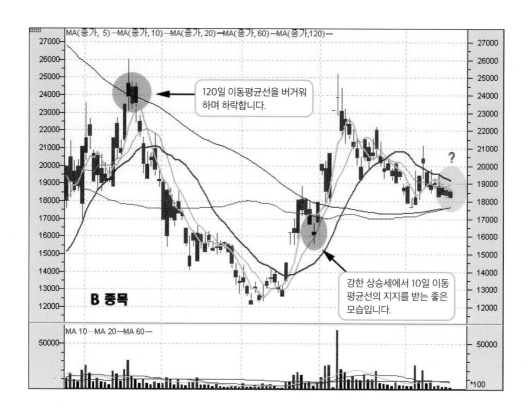

MA(종가, 5) ─MA(종가, 10) ─MA(종가, 20) ─MA(종가, 60) ─MA(종가,120) ─

120일 이동평균선을 버거워
하며 하락합니다.

B 종목

강한 상승세에서 10일 이동
평균선의 지지를 받는 좋은
모습입니다.

MA 10 ─MA 20 ─MA 60 ─

위의 두 종목 중 좋아하는 차트를 선택하셨나요?

앞에 봤던 A 종목의 이후 모습을 보겠습니다.

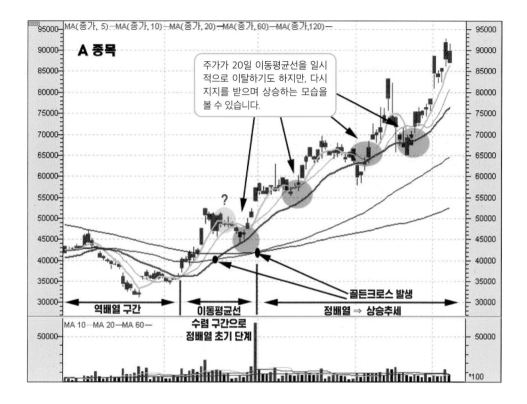

위 차트에서 빨간색 20일 이동평균선이 60, 120일 이동평균선을 돌파하는 모습(골든크로스)을 확인하실 수 있습니다. 파란색 원 부분 이후에 주가는 상승을 거듭하고 있습니다.

다음은 B 종목의 이후 모습입니다.

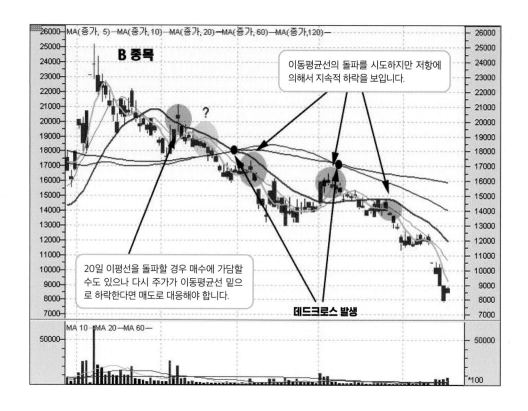

주가가 하향하는 20일 이동평균선을 돌파하지 못하고 하락을 이어가다가 결국 20일 이동평균선이 60일, 120일 이동평균선을 뚫고 내려오는 모습(데드크로스)을 보이면서 주가가 약세를 보이고 있습니다. 이런 종목은 당분간 하락추세가 지속된다고 보아야 합니다.

기본적으로 크로스 분석은 20일 이동평균선과 60일 이동평균선을 기준으로 하되 용도에 따라 5일 이동평균선과 120일 이동평균선을 사용하는 등 다양한 기간을 이용합니다.

앞에서 말씀드렸듯이, 이동평균선끼리 골든크로스가 발생했을 경우에 매수에 참여하는 것보다 데드크로스가 발생했을 때에 피해 가는 것이 더 중요합니다.

그럼, 정리하는 의미로 실전 차트를 보실까요?

처음 배우는 주식 차트

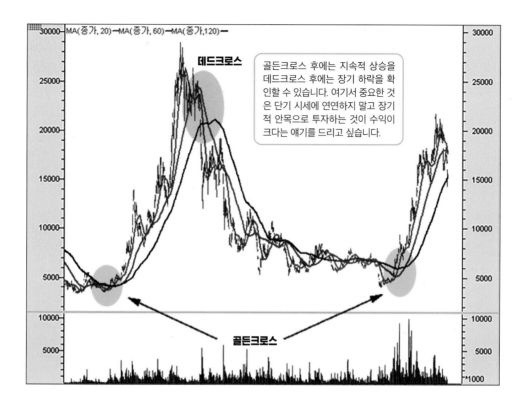

데드크로스

골든크로스 후에는 지속적 상승을
데드크로스 후에는 장기 하락을 확
인할 수 있습니다. 여기서 중요한 것
은 단기 시세에 연연하지 말고 장기
적 안목으로 투자하는 것이 수익이
크다는 얘기를 드리고 싶습니다.

골든크로스

▌ 주가의 발자국을 따라가보면

　거래량이 주가의 그림자라고 한다면 이동평균선은 주가의 발자국이라고 말할 수 있습
니다. 앞에서 얘기했듯이 이동평균선은 그동안 주가가 어떤 흐름을 가지고 움직여왔는지
를 알려주는 과거 행적이라 보면 되겠죠.

　우선 차트를 보고 각각의 이동평균선이 어떻게 움직이고 있는지 앞으로 주가가 어떻게
될지 한번 예측해볼까요?

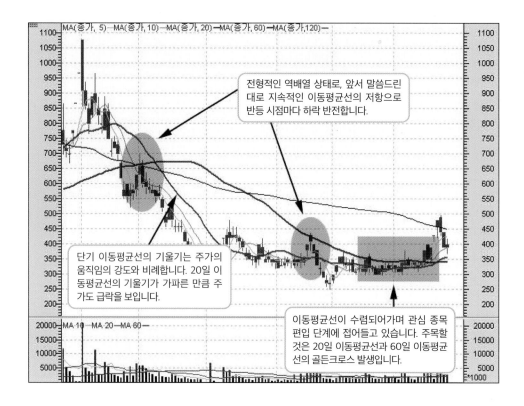

20일 이동평균선이 하락을 멈추고 횡보하는 시점이 관심 종목으로 편입시켜야 하는 시점이고, 5일 선과 함께 상승을 시작하고 평행으로 바뀌는 60일 이동평균선과 골든크로스가 발생하는 시점을 매수 고려 시점이라고 판단하면 됩니다.

이후의 모습을 보실까요?

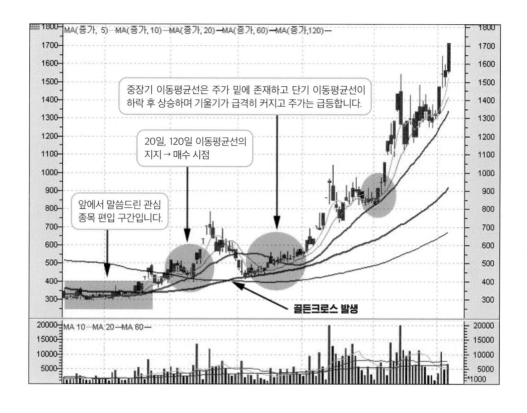

중장기 이동평균선은 주가 밑에 존재하고 단기 이동평균선이
하락 후 상승하며 기울기가 급격히 커지고 주가는 급등합니다.

20일, 120일 이동평균선의
지지 → 매수 시점

앞에서 말씀드린 관심
종목 편입 구간입니다.

골든크로스 발생

20

이격도를 이용해
수익 올리기

TODAY'S GOAL
이동평균선과 이격도를 통하여 매매 시점을 찾을 수 있다!

이제껏 여러분들은 이동평균선이 무엇이며, 관심 종목들의 주가가 이동평균선에서 어떻게 움직이는지 배우셨습니다. 이동평균선을 제대로 볼 수 있다면 이미 주식투자의 50%는 안다고 해도 과언은 아닙니다. 이번 시간에는 이동평균선을 이용한 주식 매매에서 주가와 이동평균선을 이용한 보조지표인 이격도를 활용한 매수 · 매도 시점을 알아보겠습니다.

세부 목차

- 이격도란?
- 이격도로 매매 시점 찾기
- 언제 사서 언제 팔아야 하나

영상 20

핵심 키워드

'반락이 얕으면 큰 시세가 온다.'

┃ 이격도란?

그럼, 수업의 마지막 단계로 주가와 이동평균선을 이용한 보조지표인 이격도를 배우도록 하겠습니다. 주가는 상승과 하락을 거듭하면서 뒤따라 붙는 이동평균선과 일정한 거리를 유지하면서 티격태격 이격을 좁히고 늘려 갑니다.

이격이란 차이를 말하는 것으로, 주가와 이동평균선이 얼마나 떨어져 있는지 한눈에 볼 수 있게 만들어놓은 보조지표입니다. 이를 정리해보면 다음과 같습니다.

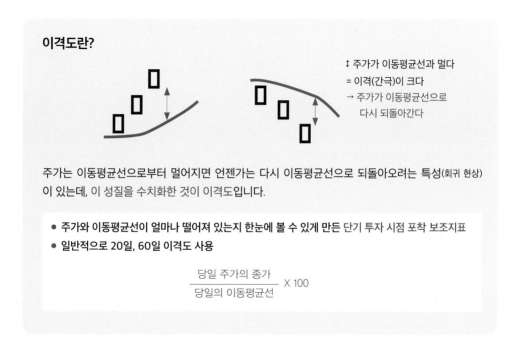

이격도란?

↕ 주가가 이동평균선과 멀다
= 이격(간극)이 크다
→ 주가가 이동평균선으로 다시 되돌아간다

주가는 이동평균선으로부터 멀어지면 언젠가는 다시 이동평균선으로 되돌아오려는 특성(회귀 현상)이 있는데, 이 성질을 수치화한 것이 이격도입니다.

- 주가와 이동평균선이 얼마나 떨어져 있는지 한눈에 볼 수 있게 만든 단기 투자 시점 포착 보조지표
- 일반적으로 20일, 60일 이격도 사용

$$\frac{당일\ 주가의\ 종가}{당일의\ 이동평균선} \times 100$$

위의 산식에서 100을 곱한 걸로 눈치채셨겠지만, 이격도는 100을 기준으로 추세를 파악합니다. 이격도가 100을 넘어서기 시작했다는 것은 바로 주가가 이동평균선 위로 붕 떠오르기 시작했다는 것을 뜻합니다.

HTS나 MTS에서 이격도를 불러오면 다음과 같은 모습을 볼 수 있습니다.

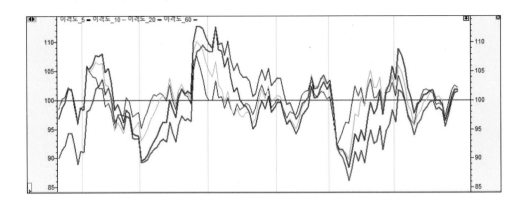

위의 선들이 어떻게 만들어지는지 쉽게 설명드리겠습니다.

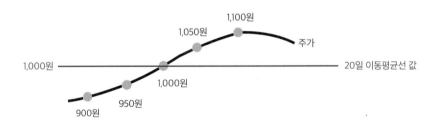

20일 이동평균선을 1,000원이라 가정하고 주가의 변동을 이격도 산식에 대입해보면

주가	900원	950원	1,000원	1,050원	1,100원
20일 이동평균선 값	1,000	1,000	1,000	1,000	1,000
20일 이격도	90%	95%	100%	105%	110%

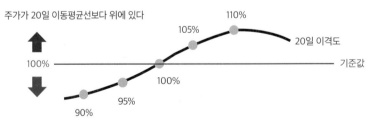

> **이격도란 주가가 이동평균선과 어느 정도 떨어져 있는가를 수치화한 것입니다.**

위의 그림처럼 당일 주가의 종가가 1,100원, 당일의 이동평균선 값이 1,000원이라고 하면 110에 이격도의 선이 생기게 됩니다. 즉, 이 경우 주가가 이동평균선보다 10% 위에 위치하고 있음을 의미합니다. 그럼 정리하는 의미로 실전 차트를 보실까요?

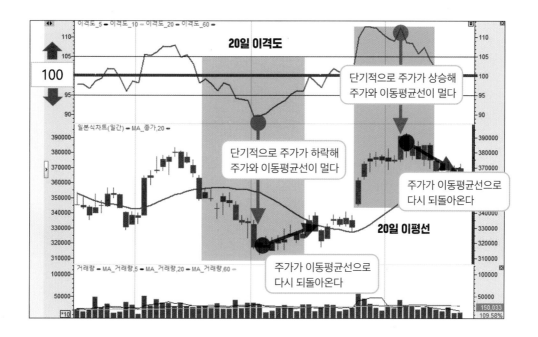

이격도로 매매 시점 찾기

이격도로 매매 시점을 찾는 원리는 다음과 같습니다.

> 이격도 활용은 이동평균선에서 멀어진 주가가 다시 돌아가려는 회귀 현상을 이용한 것입니다.
> 즉, 주가가 이동평균선에서 떨어져 있을 때는 근접하려는 속성이, 주가와 이동평균선이 거의 일치하는 경우는 떨어지려는 속성이 있다는 가정 하에 이격도 기준값 100을 기준으로 너무 크거나 작으면 조만간 주가가 하락 또는 상승하면서 이격(간극)을 줄이거나 늘릴 것이라고 보는 것입니다.
>
> ● **일반적인 매수/매도 신호**
>   ① 이격도 100(기준값) 상향/하향 돌파 시
>   → 단기 매수/매도
>   ② 20일 이격도
>   +5% 이상 매도 / -5% 이하 매수 신호
>   ③ 60일 이격도 : ± 10%

확인해볼까요?

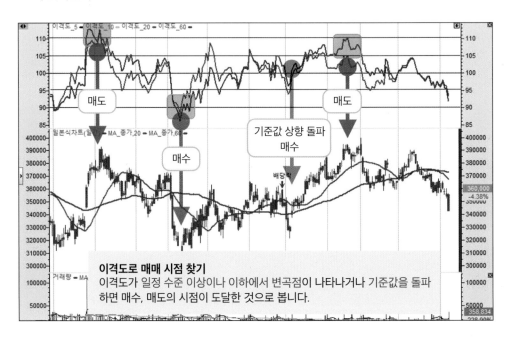

이격도로 매매 시점 찾기
이격도가 일정 수준 이상이나 이하에서 변곡점이 나타나거나 기준값을 돌파하면 매수, 매도의 시점이 도달한 것으로 봅니다.

차트에서 확인하신 것처럼 이격도가 100선에서 멀어질 경우는 주가가 다시 반대 방향을 향해 방향 전환을 하려는 성질을 가지고 있습니다.

HTS에서 이격도 설정하는 방법

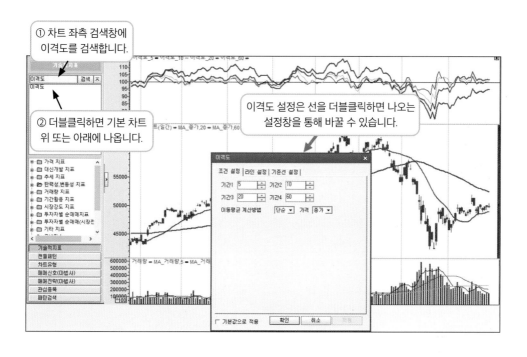

① 차트 좌측 검색창에 이격도를 검색합니다.

② 더블클릭하면 기본 차트 위 또는 아래에 나옵니다.

이격도 설정은 선을 더블클릭하면 나오는 설정창을 통해 바꿀 수 있습니다.

▌언제 사서 언제 팔아야 하나

그동안 배운 내용을 바탕으로 아래 차트를 보면서 어떻게 대응할지 판단해 보시기 바랍니다.

같은 모습에서 다른 점 간파하기

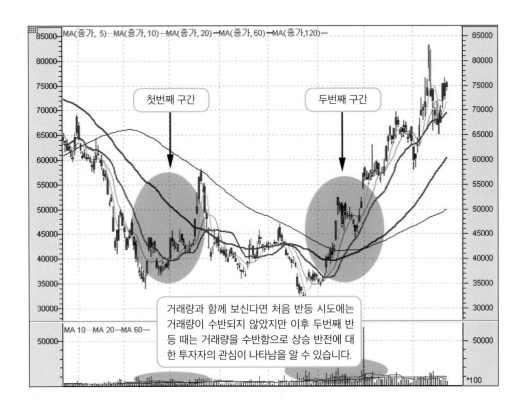

첫번째 구간은 본격적인 상승이 준비되지 않은 구간입니다. 단기 이동평균선의 상승추세 전환은 매수 관점을 가져볼 만한 시점이지만 앞에서 공부하신 대로 아직 중장기 이평선이 하락을 멈추지 않은 채로 위에 버티고 있어 주가 상승에 한계를 보이고 있습니다.

이 구간에서는 60일선 하락을 염두에 두고 (주가 상승에 한계가 있을 것을 염두에 두고) 20일선 하락세가 멈추고 주가가 5일선 위로 올라선 경우 매수, 5일선의 지지가 깨지지 않는다면 보유, 주가가 5일선 아래로 내려앉을 경우 재빨리 매도하는 단기 매매 전략으로 임해야 합니다.

두번째 구간에서 주가는 이제 길고 긴 하락을 멈추고 상승을 위한 준비까지 마친 모습입니다. 앞의 상황과는 다르게 중장기 이동평균선이 밑으로 수렴되며 골든크로스 발생이라는 강한 매수 신호를 보내고 있고, 상승 시에 중요한 20일 이동평균선이 지지 역할을 충실히 수행하고 있는 전형적 상승추세입니다.

오랜 기간 조정을 거치면서 이동평균선이 모여 다시 정배열로 벌어져나갈 기세를 보이고 있고, 거래도 첫번째 구간보다 월등한 모습으로 상승을 준비 중입니다.

이 구간에서는 20일선만 깨지지 않는다면 보유하는 방향으로 가져가는 중장기적인 관점의 대응이 유효합니다.

"주식시장에 떠돌고 있는 예측에 의존하지 마라. 이것은 대개 잘못된 것으로 판명되거나 잦은 매매를 부추긴다." 존 템플턴

"투자에 성공하려면 타이밍과 종목 선택 둘 다 잘해야 한다"

주식투자는 두 가지 문제로 귀결된다.
타이밍 선택과 종목 선택이 그것이다.
주식시장에는 종합 주가가 올라가도 못 오르는 주식이 있고
거꾸로 하락하는 주식도 있다.
타이밍 선택과 종목 선택을 모두 잘해야 투자에 성공할 수 있다.

제5편

보조지표 (1)
일반형

21

단기 지표의 최고봉
스토캐스틱

TODAY'S GOAL
스토캐스틱 지표를 통해 수익을 극대화할 수 있는 단기 매매 기법을
알 수 있다!

이번 시간부터 우리는 여러 가지 보조지표들을 알아보려 합니다. 스토캐스틱 등의 여러 보조
지표들은 주식이 배고픈지, 아니면 과식을 하고 있는지를 보여줌으로써 투자 판단에 많은 도
움을 줍니다. 이번 시간에 공부할 스토캐스틱의 매매 기법을 잘 이해하면 다음에 배울 RSI,
CCI 그리고 MACD 등의 지표를 이해하기도 아주 쉽습니다.

세부 목차

- 스토캐스틱의 기본적인 매매 기법 두 가지

- 스토캐스틱 응용법

- 추세 전환을 예고하는 분기 현상

영상 21

핵심 키워드

'기회는 소녀처럼 왔다가 토끼처럼 달아난다.'

스토캐스틱의 기본적인 매매 기법 두 가지

스토캐스틱이란?

스토캐스틱은 1950년대 조지 레인(George Lane)이 만든 기술적 지표로 최근의 주가 변동폭과 당일 종가의 관계를 이용해서 향후 주가의 방향을 예측하는 보조지표입니다. 즉, 현재 주가가 어느 곳에 위치하고 있는지를 알아보는 것이기도 합니다.

★ 최근 일정 기간의 고가-저가 범위 내에 현재의 주가가 어느 곳에 위치하고 있는지를 알아보는 지표

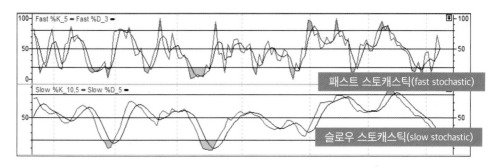

※ 민감하고 빠른 %K선과 둔하고 느린 %D선으로 구성(0~100% 사이에서 움직입니다)

스토캐스틱은 민감하고 빠른 %K선과 둔하고 느린 %D선으로 구성되어 있고, 패스트 스토캐스틱(fast stochastic)과 슬로우 스토캐스틱(slow stochastic)으로 나뉩니다. 패스트 스토캐스틱의 경우 그래프의 변화가 빠르고 거짓 신호가 많아 실전에서 거의 사용되지 않습니다. 따라서 스토캐스틱이라고 하면 대부분 슬로우 스토캐스틱을 의미합니다.

차근차근 실전 차트를 통해 실제 매매 기법에 대해 알아보기로 하겠습니다.

먼저 가장 기본적인 스토캐스틱 매매 기법부터 알아봅시다.

매매 기법 1 - 과매수 · 과매도 구간을 찾아라

과매수/과매도		

		100
과매수 구간 [과열 국면]	과하게 샀다 너무 많이 먹어서 탈이 날 정도이다	80
스토캐스틱이 20 범위 아래로 하락(과매도)하면 매수 고려 80 범위 위로 상승(과매수)하면 매도 고려		50
과매도 구간 [침체 국면]	과하게 팔았다 주식이 배고파 죽겠다	20
		0

첫번째 매매 기법은 스토캐스틱이 20 범위 아래로 하락하면 매수하고 80 범위 위로 상승하면 매도를 고려하는 것입니다. 보통 80 이상을 과매수 구간, 20 미만을 과매도 구간이라고 표현합니다. 과매수, 과매도 구간을 구분하는 기준선은 분석하는 사람에 따라 약간의 차이가 있습니다. 과매수 구간을 70, 과매도 구간을 30으로 보는 경우도 있습니다.

식사로 비유하자면 과매수는 너무 많이 먹어서 탈이 날 정도이고, 과매도는 주식이 배고파 죽겠다는 신호로 보시면 됩니다. 주식도 사람과 똑같습니다. 매수자가 너무 많아 과열이 되면 식혀 달라는 신호를 보내고, 너무 빠지면 배가 고프다는 신호를 보냅니다. 이것은 또한 과매수 구간에서의 적극적인 매수는 리스크가 상존하며, 과매도 상태에서는 추가적인 매도를 자제해야 한다는 말이기도 합니다.

과매수 · 과매도 구간의 실전 차트를 보실까요?

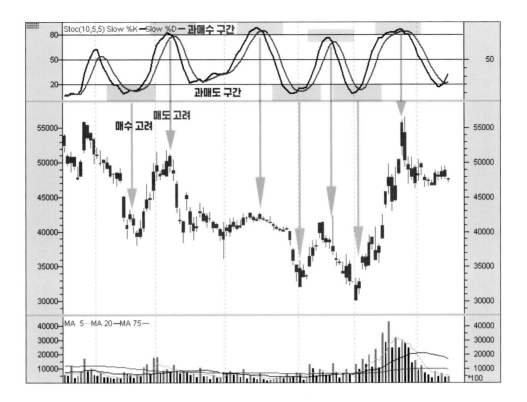

위 차트 상단에 두 개의 선이 보이시죠? 이 두 선들이 등락을 거듭하며 교차를 보이고 있는데, 20 미만에서 매수를 고려했다면 좋은 성과를 얻었을 것이고, 80 이상에서 매도를 고려하였다면 위험을 회피할 수 있었음을 보여주는 아주 정석적인 차트입니다.

매매 기법 2 - %K선과 %D선의 교차 신호

두번째 매매 기법은, %K선이 %D선을 상향 돌파하면 매수하고, %K선이 %D선을 하향 돌파하면 매도하는 방법입니다. 무조건 두 선의 교차가 이루어진다고 매매에 임하기보다 는 과매수 구간과 과매도 구간에서 교차가 발생할 때 더 신뢰도가 높으므로 이 구간에서 많이 이용하는 방법입니다.

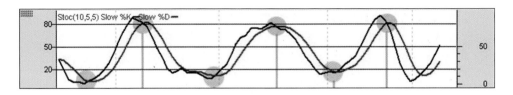

☆ 과매수(80 이상) / 과매도(20 이하) 상태에서 %K선과 %D선 교차 신호는 강력 매도/매수 신호

- **상승추세(매수 신호만 선택)**
  과매도권(20% 미만)으로 내려오는 경우가 드물기 때문에 40~60% 구간에서
  %K와 %D가 하락이 둔화되어 서로 교차하면서 매수 신호를 보낼 때 매수 고려
- **하락추세(50% 구간 돌파 중요)**
  과매도권에서 매수 신호가 포착되더라도 두 선이 20%를 확실히 돌파한 후
  50% 구간을 확실하게 돌파하는가가 중요
  (50% 전후에서 다시 %K와 %D가 둔화되면서 교차 신호를 보낼 때 : 하락추세 지속)

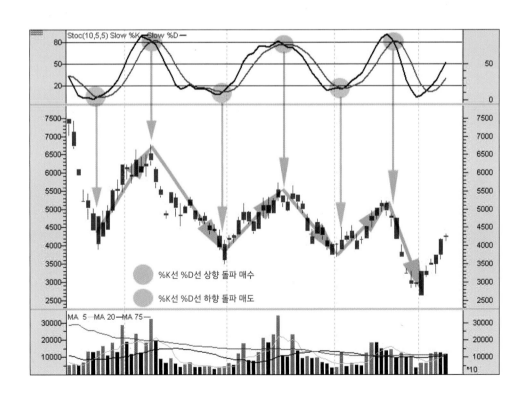

%K선 %D선 상향 돌파 매수

%K선 %D선 하향 돌파 매도

위의 차트를 보면 %K와 %D의 교차 시점을 통해 매수·매도의 적절한 시점을 찾을 수 있다는 것을 알 수 있습니다.

스토캐스틱 응용법

앞선 내용에서는 두 선이 교차할 때가 매수·매도 신호라고 말씀을 드렸습니다. 또한 과매수·과매도 구간에서는 스토캐스틱의 신뢰도가 강력한 모습을 보인다는 것도 보셨습니다. 이번 시간에는 스토캐스틱의 응용법을 배워보겠습니다.

응용법 1 - 힌지(Hinge): 추세 완화

스토캐스틱에는 힌지(Hinge)라는 것이 있습니다. 힌지란 상승 혹은 하락추세로 움직이던 빠른 %K선이 갑자기 둔화될 때를 말합니다. 보통 '추세 완화'라고 합니다.

힌지가 발생하면 추세가 바뀔 가능성이 있습니다. 그렇기 때문에 주의 깊게 보셔야 하는데, 이는 힌지 현상을 시장 추세의 반전을 암시하는 최초의 신호로 분석하기 때문입니다. 실전 차트를 통해 알아보겠습니다.

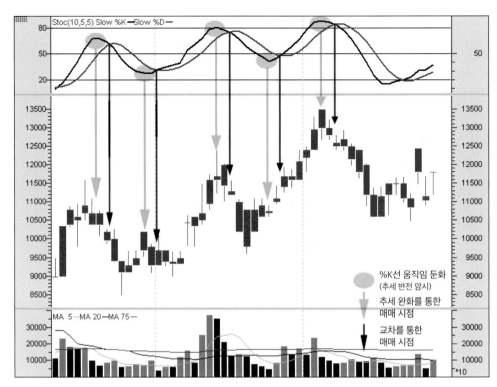

★ 상승 혹은 하락추세로 움직이던 빠른 %K선이 갑자기 움직임이 둔화될 때(과매수·과매도 구간에서 신뢰도 ↑)

위 차트를 보면, 매매 시점이 두 선의 교차 시점보다 먼저 찾아오므로, 빠르게 매수나 매도로 대응할 수 있다는 점에서는 좋지만 실패할 확률이 있다는 것도 알아두셔야 합니다.

응용법 2 - 리테스팅(Retesting): %K선과 %D선의 재교차

다음의 실전 차트를 보면 상승추세에 있는 종목에서 %K선이 둔화하며 매도 신호를 보이는 듯싶지만, 자세히 보면 %D선의 지지를 받고 다시 반등하고 있습니다. 이럴 경우에는 상승추세가 더 연장되었다고 판단하고, 매수로 대응하여야 합니다. 즉, 이것은 바로 앞에서 배운 힌지의 매매 기법에 실패할 확률이 있다는 것을 알려주는 것이기도 합니다.

특히 강한 상승장세이거나 기업의 호재성 재료가 있을 때는 이러한 모양새가 많이 나온다는 것을 알아두면 좋을 것입니다.

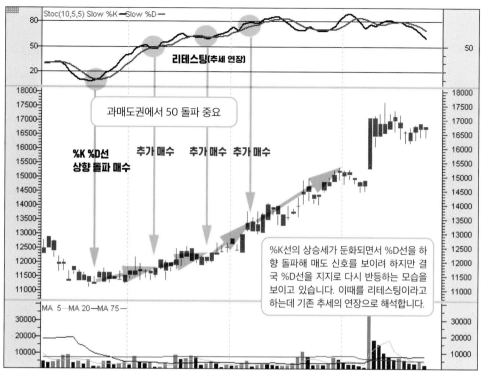

★ 이미 교차를 보였던 두 선이 다시 교차를 하려 하는데 %D선의 지지/저항 속에 다시 반등을 하거나 하락을 하는 것(추세 연장)

응용법 3 - 경고(Warning)

비디오를 보면 18세 미만이 볼 수 없는 영화는 'Warning'이라는 단어가 나오는 걸 보셨을 겁니다. '경고'를 나타내는 것이죠. 과매수·과매도권에서 다음 차트와 같은 모양새가 나오면 조만간 추세 반전이 나온다는 것을 암시하는 것입니다.

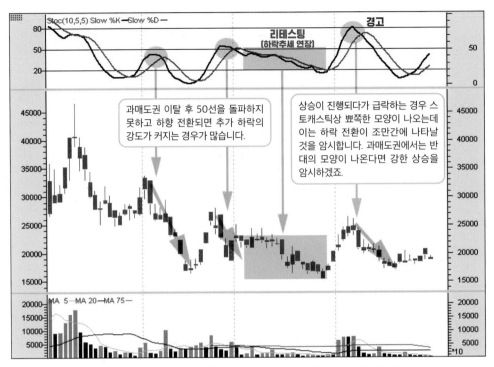

Stoc(10,5,5) Slow %K—Slow %D—

경고

리테스팅
(하락추세 연장)

과매도권 이탈 후 50선을 돌파하지 못하고 하향 전환되면 추가 하락의 강도가 커지는 경우가 많습니다.

상승이 진행되다가 급락하는 경우 스토캐스틱상 뽀쪽한 모양이 나오는데 이는 하락 전환이 조만간에 나타날 것을 암시합니다. 과매도권에서는 반대의 모양이 나온다면 강한 상승을 암시하겠죠.

MA 5—MA 20—MA 75—

★ 진행하던 %K선이 과매수·과매도권에서 방향이 급격히 변경되는 경우(추세 전환 경고)

응용법 4 - 잘못된 매매 신호 페일러(Failure)

페일러란 과매도, 과매수 구간에서 %K선과 %D선이 교차하면서 매매 신호를 보인 후 %K과 %D선이 또 교차하여 매매 신호를 보이는 경우를 말합니다. 즉, 과매수·과매도 구간의 매도·매수 신호의 실패라고 생각하면 됩니다.

즉 두 선의 교차가 잘못된 매매 신호를 보인 것으로 80 이상에서 나타나면 상승추세의 강화, 20 미만에서 나타나면 하락추세 강화의 형태를 보입니다. 시장이나 종목의 상승·하락의 강도가 너무 강할 때 생깁니다.

실전 차트를 통해 알아보겠습니다.

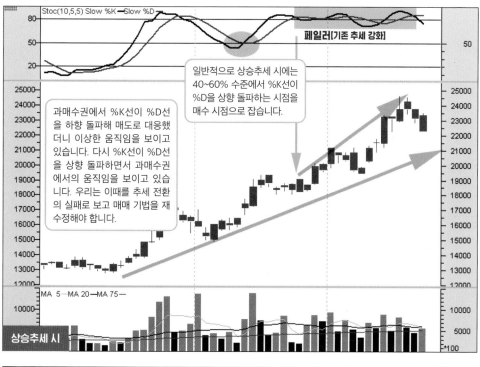

일반적으로 상승추세 시에는 40~60% 수준에서 %K선이 %D을 상향 돌파하는 시점을 매수 시점으로 잡습니다.

과매수권에서 %K선이 %D선을 하향 돌파해 매도로 대응했더니 이상한 움직임을 보이고 있습니다. 다시 %K선이 %D선을 상향 돌파하면서 과매수권에서의 움직임을 보이고 있습니다. 우리는 이때를 추세 전환의 실패로 보고 매매 기법을 재수정해야 합니다.

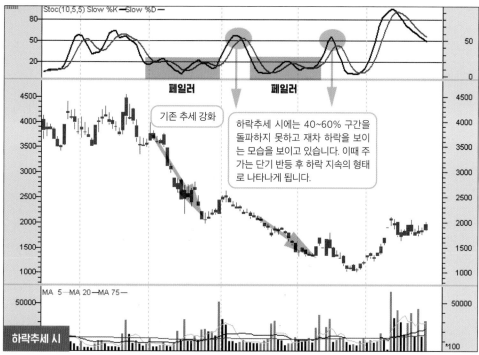

하락추세 시에는 40~60% 구간을 돌파하지 못하고 재차 하락을 보이는 모습을 보이고 있습니다. 이때 주가는 단기 반등 후 하락 지속의 형태로 나타나게 됩니다.

★ 과매도·과매수 구간에서 %K선과 %D선이 교차하면서 매매 신호를 보인 후 %K과 %D선이 또 교차하여 매매 신호를 보이는 경우(과매수·과매도 구간에서 페일러는 신고가나 신저가 갱신이 나옵니다)

매매 기법도 참 많죠? 속임수를 피하려면 많은 숙달이 필요합니다.

한번 정리해 볼까요?

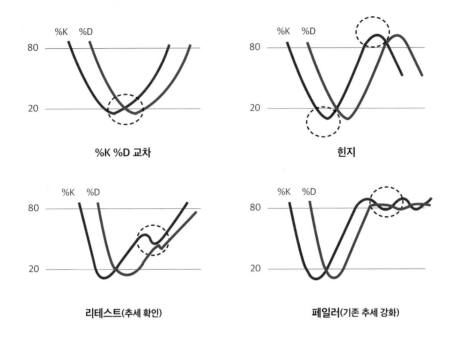

이제 마지막으로 아주 중요한 '분기 현상(divergence)'에 대해 알아보겠습니다.

┃ 추세 전환을 예고하는 분기 현상

분기 현상은 아주 중요한 내용이기 때문에 별도로 자세히 다룰 예정입니다. 여기서는
간단히 실전 차트를 통해서만 말씀을 드리겠습니다.

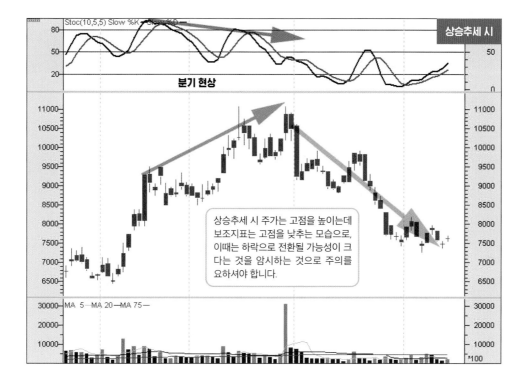

제5편 | 보조지표 (1) - 일반형

위 두 개의 실전 차트로 이해가 되셨나요? 자세한 내용은 259페이지를 참고하시기 바랍니다.

지금까지 스토캐스틱을 활용한 여러 가지 매매 기법에 대해 알아봤습니다. 많은 경험을 통해 속임수를 줄이는 방법을 터득한다면 매매를 하는데 아주 좋은 참고 자료가 될 것입니다.

이 장에서 배운 매매 기법이 이해가 되었다면 이제 다음 시간에 배울 RSI, CCI 그리고 나중에 배울 MACD 등을 아주 쉽게 접근할 수 있을 것으로 생각됩니다. 다음 편에서는 RSI에 대해 알아보겠습니다

"매매의 승자가 되기 위해선 건강한 심리 상태, 논리적인 매매 시스템, 훌륭한 자금 관리가 필수다. 이들 셋은 세 개의 의자 다리와 같다. 이 중 하나만 없어도 의자에 앉은 사람은 의자와 함께 넘어지게 되어 있다." 알렉산더 엘더

22

주가 움직임의 강도 측정 RSI

TODAY'S GOAL
추세의 강도와 방향을 알려주는 RSI지표를 통해 주가의 힘을 알 수 있다!

주가 움직임에도 강세와 약세가 있습니다. 운동선수 중에도 잘하는 선수와 못하는 선수가 있
듯이 주가도 움직임이 좋은 종목과 그렇지 못한 종목이 있습니다. 그럼, 이러한 강도는 무엇
으로 알 수 있을까요?
이번 시간에는 추세의 강도와 방향을 잘 표현해 주는 지표로 아주 유용하게 활용할 수 있는
RSI를 통한 매매 기법에 대해 알아봅니다.

세부 목차

- RSI지표란?
- RSI 매매 기법
- 추세 전환의 강력한 신호, 분기 현상
- 추세 전환을 예고하는 페일러 스윙

영상 22

핵심 키워드

'자신에게 가장 알맞은 투자 방법을 개발하라.'

RSI지표란?

오늘은 RSI(상대강도지수)에 대해 배워 보겠습니다. 이 지표는 추세의 강도와 방향을 잘 표현해 주는 지표로 아주 유용하게 활용할 수 있습니다.

스토캐스틱과 RSI지표를 조합하는 기법도 많이 쓰고 뒤에서 배울 MACD를 함께 활용하기도 합니다. 하나하나 보조지표들에 대한 이해가 갖춰진 다음에는 여러 조합을 통해서 자신의 매매에 가장 어울리는 기법들을 발견하면 되겠죠. 앞의 스토캐스틱을 잘 이해하였다면 RSI 역시 아주 쉽게 접근할 수 있을 겁니다. 하나하나 알아볼까요.

RSI의 일반적인 정의는 일정 기간 주가 등락에서 상승폭과 하락폭을 비교함으로써 시장 또는 주가 움직임의 강도를 측정하는 지표입니다.

★ 추세의 강도와 방향을 잘 표현해 주는 지표

상승추세면 얼마나 강력한 상승추세인지, 반대로 하락추세이면 얼마나 강한 하락추세인지 알아보는 지표.

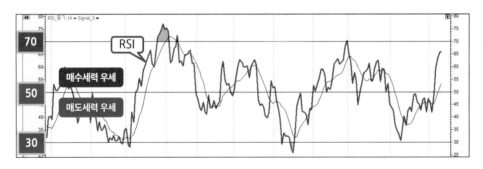

• 보통 50은 상승폭과 하락폭이 같아 상대강도가 균형을 이루는 경우를 말합니다.

그럼 RSI를 활용한 기본적인 매매 기법을 보도록 하겠습니다.

▮ RSI 매매 기법

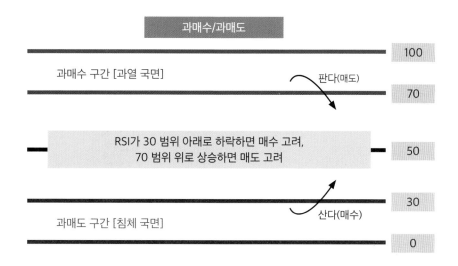

위와 같은 그림, 기억나시죠? RSI에도 스토캐스틱과 마찬가지로 과매수 · 과매도 구간이 있습니다.

위의 그림을 보면 0과 100 사이에서 등락을 하며 움직인다는 것과, 일반적으로 과매수 구간을 70 과매도 구간을 30으로 설정한다는 사실을 알 수 있습니다.

과매수 · 과매도 구간에 들어섰다는 것은 경고 신호일 뿐 꼭 매도와 매수로 대응해야 한다는 것은 아닙니다. 보통 과매도권일 경우 30선을 상향 돌파할 시에, 그리고 과매수권에서는 70선을 하향 돌파할 시에 매매로 대응하는 경우가 많습니다. 또한 50은 상승폭과 하락폭이 같아서 균형을 이루는 곳으로 지지와 저항 역할을 합니다. RSI가 50을 상향 돌파하면 매수, 하향 돌파하면 매도 신호로 간주하지만 속임수가 많아 참고로만 활용하기 바랍니다.

실전 차트를 보실까요?

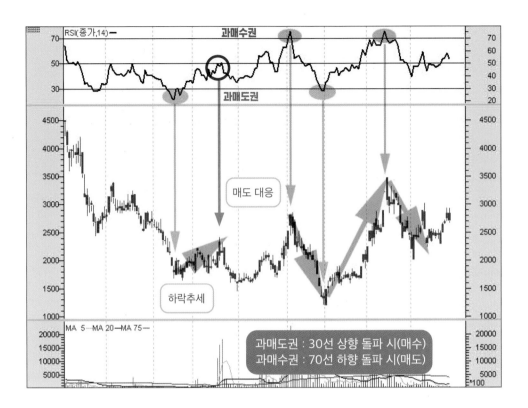

과매수권

과매도권

매도 대응

하락추세

과매도권 : 30선 상향 돌파 시(매수)
과매수권 : 70선 하향 돌파 시(매도)

RSI가 70% 이상에 있을 경우에는 주가가 상당히 높은 상태로 잠재적인 매도세가 출현될 가능성이 큰 것으로, 반대로 30% 미만일 경우에는 새로운 매수세가 들어올 가능성이 큰 것으로 생각하시면 됩니다.

다음은 상승추세나 하락추세에 있을 경우 RSI는 어느 지점에서 주로 움직이는가에 대해 알아 보기로 하겠습니다.

하락추세 시

하락추세에서는 20~30%에서 반등, 40~50%에서 반락하는 경우가 많습니다.

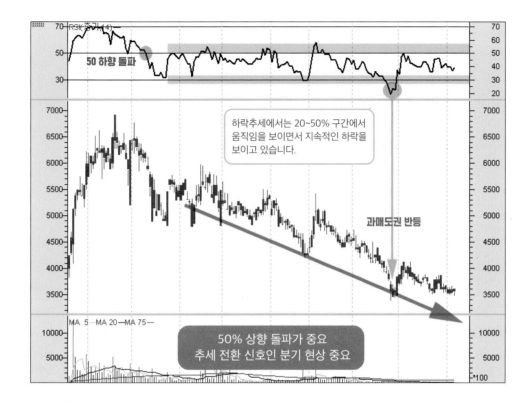

RSI가 50 아래에서 움직인다는 것은 매도세, 즉 팔려는 강도가 강하다는 것입니다.

하락추세에 있는 종목은 거들떠보지 말아야 한다고 항상 말씀드리듯이, 하락추세에서는 위의 차트에서처럼 과매도 구간에서의 일시적 반등을 노리는 전략밖에는 크게 할 수 있는 것이 없습니다.

상승추세 시

상승추세 시에는 보통 50~60%에서 반등, 70~80%에서 반락하는 양상을 보이는 경우가 많습니다.

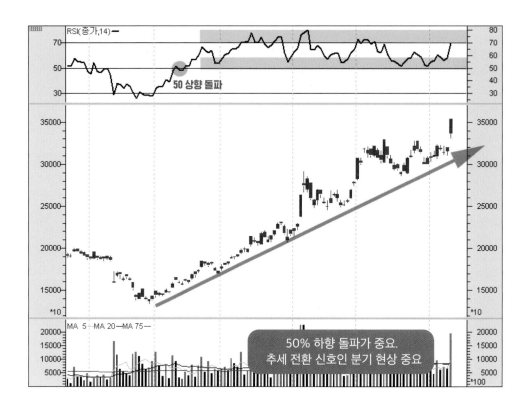

위의 차트는 과매도권에서 상승을 보인 후 줄곧 상승추세를 유지하는 모습으로, RSI가 50선을 상향 돌파한 후 지속적으로 50~80 구간에서 움직임을 보이고 있습니다. 보통 50 이상에서 RSI가 움직임을 보일 때를 상승추세에 있다고 하고 50 미만에서 움직임을 보일 때를 하락추세에 있다고 합니다. 상승추세에 있는 종목은 RSI가 50~60% 사이에서 반등을 한다면 매수에 가담해도 무리가 없으며, 만약 50%를 이탈한다면 현 추세가 흔들릴 수 있기 때문에 유심히 관찰하셔야 합니다.

처음 배우는 주식 차트

▌ 추세 전환의 강력한 신호, 분기 현상

앞서 스토캐스틱에서도 배웠는데, RSI에서도 역시 분기 현상이 나타납니다. 주가 움직임의 상투나 바닥권에서 나타나는 분기 현상은 주가와 RSI가 움직이는 방향이 달라질 때 추세가 전환되는 강력한 신호로 받아들여집니다.

다음 실전 차트를 보실까요.

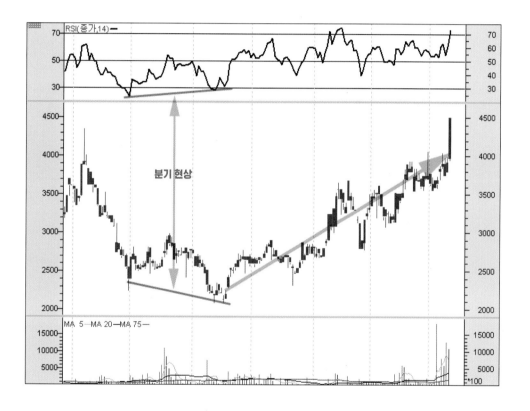

하락추세에 있던 종목이 주가는 저점을 낮추는데, RSI는 저점을 높이고 있습니다. 이후 진행을 보면 알 수 있듯, 곧 하락세가 멈추어지고 상승으로 전환될 것을 암시합니다.

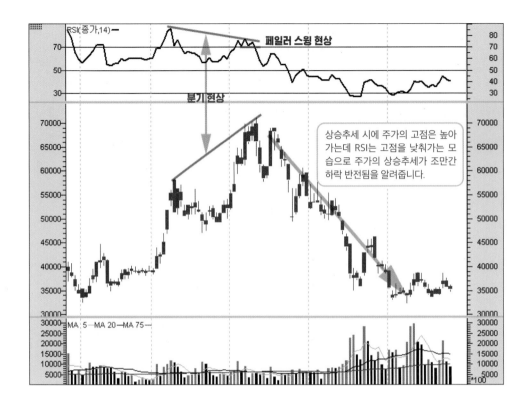

RSI(종가,14) ―
80
70
70
60
50
50
30
30

페일러 스윙 현상

분기 현상

70000 ― 70000
65000 ― 65000
60000 ― 60000
55000 ― 55000
50000 ― 50000
45000 ― 45000
40000 ― 40000
35000 ― 35000
30000 ― 30000

상승추세 시에 주가의 고점은 높아
가는데 RSI는 고점을 낮춰가는 모
습으로 주가의 상승추세가 조만간
하락 반전됨을 알려줍니다.

30000
25000
20000
15000
10000
5000
MA 5 ― MA 20 ― MA 75 ―
30000
25000
20000
15000
10000
5000
*100

이상 두 개의 실전 차트를 보셨습니다.

위의 차트를 보시면 페일러 스윙 현상이란 단어가 눈에 띕니다. 무엇인지 궁금하시
죠? 바로 자세히 알아보겠습니다.

▌추세 전환을 예고하는 페일러 스윙

페일러 스윙(Failure Swing)은 RSI가 직전 고점이나 직전 저점을 갱신하지 못하고 다
시 하락하거나 상승하는 경우를 말하는 것으로, 특히 70 이상(과매수)이나 30 이하(과매
도)일 때 나오면 강력한 추세 전환 신호로 봅니다.

페일러 스윙이란?

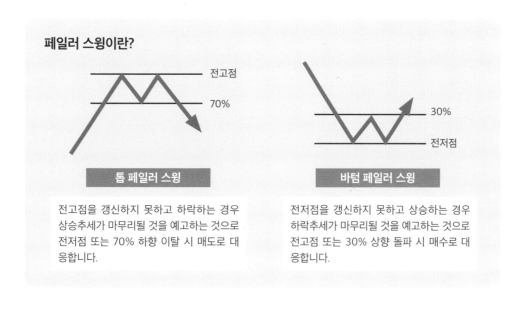

톱 페일러 스윙

전고점을 갱신하지 못하고 하락하는 경우 상승추세가 마무리될 것을 예고하는 것으로 전저점 또는 70% 하향 이탈 시 매도로 대응합니다.

바텀 페일러 스윙

전저점을 갱신하지 못하고 상승하는 경우 하락추세가 마무리될 것을 예고하는 것으로 전고점 또는 30% 상향 돌파 시 매수로 대응합니다.

실전 차트를 통해 알아보겠습니다.

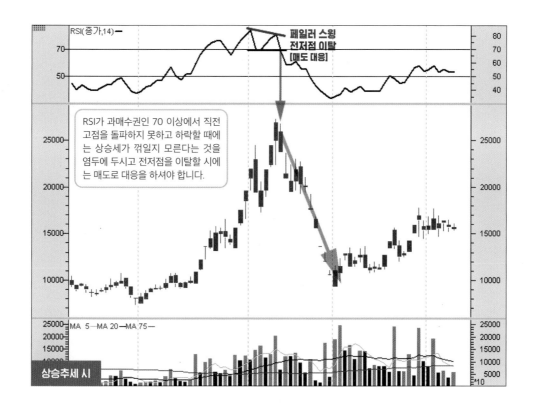

RSI가 과매수권인 70 이상에서 직전 고점을 돌파하지 못하고 하락할 때에는 상승세가 꺾일지 모른다는 것을 염두에 두고 전저점을 이탈할 시에는 매도로 대응을 하셔야 합니다.

위의 그림에서 보듯이 페일러 스윙 현상은 추세의 반전을 암시합니다. 반대로 하락추세의 경우에는 과매도권에서 직전 저점을 갱신하지 못하고 상승하면서 전고점을 돌파한다면 하락추세에서 상승추세로 전환이 임박했다는 신호로 보면 됩니다. 아주 많이 나타나는 형태는 아니지만 참고로 알아두면 좋을 것 같습니다.

다음 시간에는 CCI에 대해 알아보기로 하겠습니다.

"먼저 나만의 투자 방법을 개발할 수 있을지를 생각해봤다. 다른 사람의 의견을 좇아서 하는 투자가 얼마나 어리석은 일인가는 이미 경험한 바 있기 때문이다." 니콜라스 다비스

23

CCI를 통해
사고파는 시점 찾기

TODAY'S GOAL
CCI를 통한 매매 기법을 익혀 매수 · 매도 시점을 찾을 수 있다!

보조지표는 자신에게 맞는 지표를 찾아서 매매하는 것이 가장 좋습니다. 단기 매매로 투자에 임할 것인가 장기 매매를 할 것인가를 먼저 판단하고 그것에 맞는 보조지표를 선택하는 것이 중요합니다. 오늘 배울 CCI는 앞서 배운 스토캐스틱이나 RSI와 비슷한 매매 기법을 보입니다. CCI를 통한 여러 가지 매매 기법을 실전 차트를 통해 알아보겠습니다.

세부 목차

- CCI지표란?
- CCI를 통한 매매 기법 1: 과매수/과매도
- CCI를 통한 매매 기법 2: CCI는 0선이 중요하다
- CCI를 통한 매매 기법 3: 분기 현상

영상 23

핵심 키워드

'시세는 시세에게 물어라.'

CCI지표란?

사람에 따라 다르겠지만, 통계치로 보면 지난 시간에 배운 RSI, 스토캐스틱 그리고 오늘 배울 CCI가 신뢰도가 가장 높다고 정평이 나 있습니다.

CCI지표도 매매 기법은 별반 다를 것이 없습니다. 스토캐스틱이나 RSI를 충분히 이해하셨다면 아주 쉽게 접근하실 수 있습니다. 가벼운 마음으로 시작을 해 볼까요?

먼저 CCI지표란 무엇일까요? 이 지표는 이동평균으로부터 주가의 변동을 측정하는 지표입니다. 태어난 시기는 1980년이죠.

★ 평균 가격의 이동평균으로부터 주가의 변동을 측정하는 지표

최근 가격이 이동평균과 얼마나 떨어져 있는가를 표시하여 추세의 강도와 방향을 나타내 주는 지표로서, 지표값의 절댓값이 클수록 추세는 강하고 절댓값이 작을수록 추세가 약하다고 할 수 있습니다.

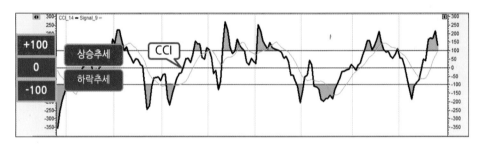

CCI는 상승추세일 때 양(+)의 방향으로 진행하고, 하락추세일 때 음(-)의 방향으로 진행.
즉 양의 값은 현재의 주가 흐름이 평균 주가 흐름보다 높다는 것을 의미하기 때문에
상승추세에 있다는 뜻이고, 음의 값은 현재의 주가 흐름이 평균 주가 흐름보다 낮다는 것을 의미하기 때문에 하락추세를 나타낸다는 것입니다.

CCI지표의 고점은 해당 주가의 평균 가격과 비교하여 현시점이 특히 높다는 것을 말하며, 지표의 저점은 해당 주가의 평균 가격이 현시점에서 너무 낮다는 것을 의미합니다. 기간은 주로 14일이나 20일을 기본 기간으로 설정하여 사용합니다.

처음 배우는 주식 차트

CCI를 통한 매매 기법 1: 과매수/과매도

CCI도 스토캐스틱이나 RSI와 똑같은 기법들의 반복이라고 생각하면 됩니다. 먼저 과매도 · 과매수 구간이 있습니다. 너무 많이 들어서 이제 잘 아시죠.

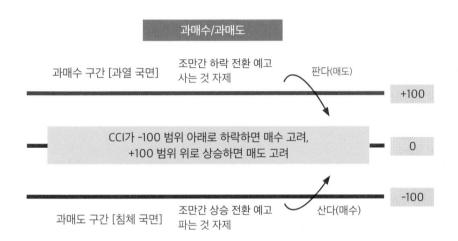

실전 차트를 볼까요?

위의 차트를 보면 CCI지표의 값이 100 이상이나 −100 이하이면 얼마 있지 않아 추세가 반전됨을 알 수 있습니다.

그렇다면 우리는 과매수·과매도 구간에 있는 주식들이 당분간 어떻게 움직이는지 유심히 살필 필요가 있고, 확실한 매매 신호가 포착되면 매매에 임하면 됩니다.

┃ CCI를 통한 매매 기법 2: CCI는 0선이 중요하다

CCI 지표의 경우 양의 영역에 있으면 일반적으로 상승추세라 하고, 음의 영역에 있으면 하락추세라고 앞서 언급했습니다. 그러므로 0선을 통해 매수 · 매도 시점을 파악할 수 있습니다. 이는 0선이 현재의 주가가 이동평균에 수렴해 있다는 의미를 나타내기 때문입니다.

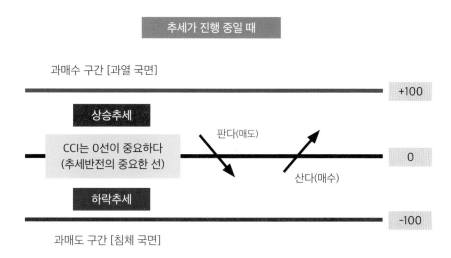

- 추세가 없거나 횡보장세인 경우 추세를 이용한 보조지표는 효과가 별로 좋지 않습니다.

CCI의 경우 0선은 추세 반전의 중요한 선으로 CCI지표가 0선 위에서 아래로 하향 돌파되면 주가의 상승추세에서 하락추세로 전환할 것을 예상할 수 있으며, 지표가 0선 아래에서 위로 상향 돌파하면 하락추세에서 상승추세로의 전환을 예상할 수 있습니다. 전 시간에 배운 RSI는 50이란 수치가 이런 역할을 했었죠.

두번째 매매 기법이 드러나는 실전 차트를 확인해보겠습니다.

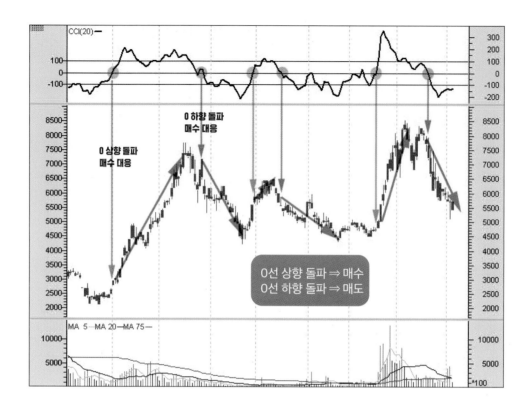

위의 차트를 보면, 0선을 통해 중요한 매매 시점을 포착할 수 있음을 알 수 있습니다.

이뿐만 아니라 0선은 중요한 지지·저항선 역할도 합니다. 해당 내용은 실전 차트를 통해 확인해보실까요?

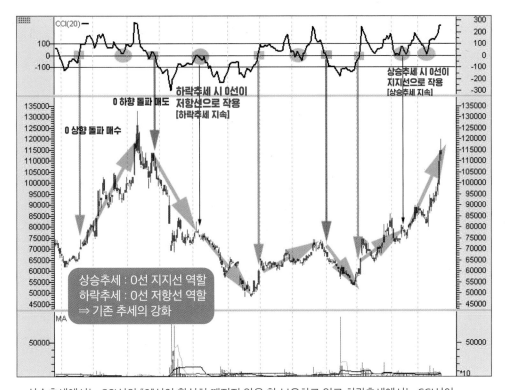

상승추세에서는 CCI선의 "0"선이 확실히 깨지지 않은 한 보유하고 있고 하락추세에서는 CCI선이
-100(과매도 구간)에 진입해도 사는데 신중해야 합니다.
(하락추세 과매도 구간에 샀다면 "0" 돌파 여부에 따라 매매 전략을 다르게 가져가야 합니다.)

　　상승추세 시에는 0선이 지지선 역할을 하면서 상승추세가 지속되고, 반대로 하락추세
에서는 0선이 저항선 역할을 하면서 하락추세가 지속됩니다.
　　이런 경우에는 기존 추세의 강화로 보면 됩니다.

CCI를 통한 매매 기법 3: 분기 현상

분기 현상에 대해서는 지속적으로 언급을 하고 있습니다. 그만큼 중요하다는 얘기겠죠. CCI지표에서의 분기 현상을 차트를 통해 알아보겠습니다.

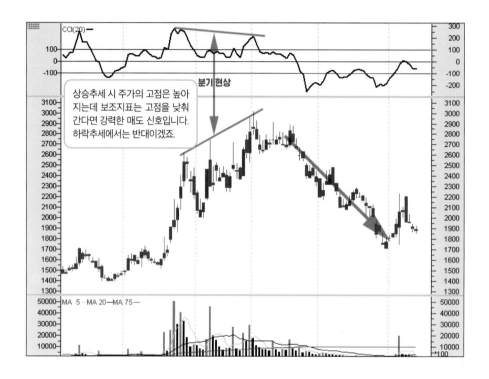

마지막으로 CCI지표 역시 추세를 이용한 거래 기법이므로 추세가 강할수록 효과가 좋지만, 추세가 없는 횡보장세에서는 효과가 별로 좋지 않다는 점을 기억해야 합니다.

지금까지 세 가지의 지표(스토캐스틱, RSI, CCI)에 대하여 설명하였습니다. 많은 도움이 되셨을까요? 다음 시간에는 대부분의 보조지표들이 갖는 공통점, 그리고 지금까지 그 중요성을 반복해서 언급했던 분기 현상에 대해 공부해보겠습니다.

"타인으로부터 우연히 수령한 비밀 정보 혹은 다른 사람의 추천을 받고 주식에 투자해서 돈을 벌 수 있는 사람은 거의 없다. 마찬가지로 많은 사람들이 정보에 목말라 하지만, 실제로 그들이 그 정보를 얻는다고 해도 그들은 정보를 제대로 사용하지 못한다." 제시 리버모어

24

보조지표의 공통점을 알면 차트가 쉽게 보인다

TODAY'S GOAL
보조지표의 공통적인 특징을 알고, 그중 중요한 분기 현상을 이해할
수 있다!

보조지표의 공통점과 매매 기법의 하나인 분기 현상에 대해 알아보겠습니다.

세부 목차

- 보조지표의 공통점
- 꼭 알자! 분기 현상

영상 24

핵심 키워드

'주식투자는 절대적 유연성이 필요하다.'

보조지표의 공통점

우리가 앞에서 배웠던 스토캐스틱, RSI, CCI, 그리고 6편에서 배울 MACD, ROC 등의 공통점을 알아두면 각각의 지표들을 이해하기가 상당히 쉬워집니다. 이들 지표들은 주가의 움직임에 따라 일정 범위 내에서 등락하는데, 주가가 오르면 같이 오르고 힘이 약해지면 같이 떨어지는 모습을 보입니다. 전부는 아니지만 앞서 배운 스토캐스틱이나 RSI 등은 주식이 과매수 상태에 있는가 과매도 상태에 있는가를 알려주기도 하고 분기점을 찾을 수도 있습니다.

위에서 말씀드린 모든 지표들은 다음과 같은 공통된 특징이 있습니다.

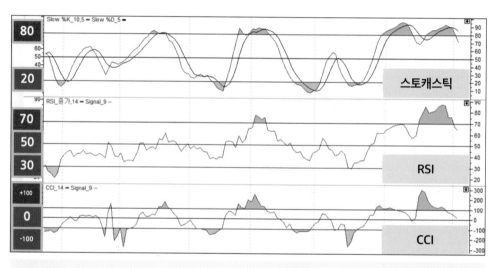

1. 중심축이 있다(RSI 50, CCI 0 : 사고파는 신호)
2. 과매수, 과매도 구간이 있다
3. 추세 강화시 실패 신호가 발생한다
4. 분기 현상

위의 공통 특징이 이해가 안 되면 다시 한번 각 지표에 대해 공부하시기 바랍니다.

또 한 가지 공통점은 아래와 같이 주가가 좁은 범위에서 등락을 보일 때는 보조지표 신호로 매매하기 쉽지 않다는 것입니다.

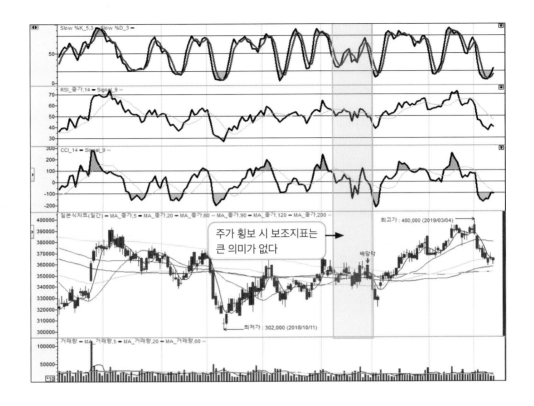

주가 횡보 시 보조지표는
큰 의미가 없다

█ 꼭 알자! 분기 현상

앞서 스토캐스틱, RSI를 통해서도 분기 현상에 관하여 알아보았는데, 이제 본격적으로 분기 현상을 해부해 보도록 하겠습니다.

분기 현상은 영문으로 Divergence라고 표기하며, 우리나라에서는 디버전스 또는 다이버전스라고 발음하는 분들도 계십니다. 우리말로는 분기 현상 또는 역행 현상, 추세역전 등 다양하게 부르고 있습니다.

분기 현상이란 가격이 이전의 고가(저가) 수준보다 상승(하락)하고 있음에도 불구하고, 보조지표의 수준이 이전의 고가(저가)를 냈을 때의 수준보다도 아래(위)에 위치하는 현상입니다.

다음 그림을 보면 이해가 쉬울 것입니다.

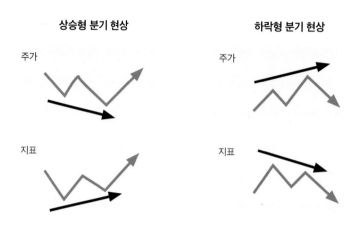

상승형 분기 현상 **하락형 분기 현상**

주가 주가

지표 지표

　하락형 분기 현상의 그림을 보면 주가는 고점을 높이고 있는데, 보조지표는 고점이 낮아지는 모습을 보이고 있습니다. 이때는 주가가 하락할 것을 예고하는 것입니다. 강력한 매도 사인이라고 보면 됩니다.

　상승형 분기 현상 그림은 반대죠. 주가는 신저가를 갱신하고 있는데, 보조지표는 저점을 높이고 있습니다. 이때는 반대로 주가가 상승할 것을 예고하고 있는 것입니다. 이런 경우에는 여러 상황을 고려해서 기다렸다가 표범이 사냥하듯 낚아채면 됩니다.

　이뿐만 아니라 주가는 전고점의 저항 속에 있는데(이중천정형) 지표가 하락하던가, 주가가 전저점에서 지지를 받고 있는데(이중바닥형) 지표가 상승하고 있을 때도 추세 전환의 신호로 봅니다.

　RSI를 예로 들어 설명하겠습니다.

상승형 분기 현상

주가는 하락을 하면서 저점을 낮추는 반면 RSI지표는 저점을 높이고 있습니다. 이럴 때에는 추세 전환이 임박했다는 신호로 인식합니다. 결국 하락추세에서 벗어나 상승 추세로 전환되는 모습을 보이고 있습니다.

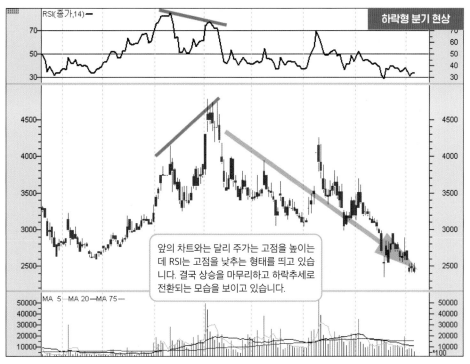

하락형 분기 현상

앞의 차트와는 달리 주가는 고점을 높이는 데 RSI는 고점을 낮추는 형태를 띄고 있습니다. 결국 상승을 마무리하고 하락추세로 전환되는 모습을 보이고 있습니다.

실전 예에서 보신 바와 같이 분기 현상은 시장의 방향 전환을 예고하는 아주 훌륭한 신호입니다. 이는 6편에서 배울 MACD, ROC 등에도 똑같이 적용하는 매매 기법입니다. 보조지표를 배우는 동안 분기 현상은 지속적으로 나오기 때문에 아주 지겹도록 보실 겁니다.

마지막으로 홈 트레이딩 시스템(HTS)과 모바일 트레이딩 시스템(MTS)에서 보조지표를 설정하는 방법은 유튜브 영상을 참고해 주세요.

"만약 증권에 투자했는데 자신이 배를 잘못 탔다는 느낌이 들면 그 즉시 배에서 뛰어내려야 한다. 그러나 먼저 자신이 탄 배가 잘못된 배라는 걸 확신해야 한다. 그것은 확신과 직관의 혼합이다."
앙드레 코스톨라니

25

추세 방향과 강도를 동시에 잡는 DMI

TODAY'S GOAL
DMI지표를 통하여 현재 종목의 추세와 강도를 알 수 있다!

주식투자를 하면서 가장 궁금한 것은 '내가 보유하고 있는 종목이 어떤 추세에 있고, 앞으로 어떻게 될 것인가?' 하는 의문일 것입니다. 또한 상승추세이면 상승 강도는 어떤지, 하락이면 하락 강도는 어떤지를 매우 궁금하게 여기게 됩니다. 그럼 어떻게 이러한 궁금증을 풀 수 있을까요?
현재의 종목이 상승추세에 있는지 아니면 하락추세에 있는지, 강도는 어떠한지를 알아보는 지표가 DMI지표입니다. 오늘은 DMI지표를 통한 매매 기법을 알아봅니다.

세부 목차

- DMI지표란?
- DMI의 매매 기법 세 가지
- 추세 방향과 일치하는 ADX
- DMI와 ADX를 이용한 실전 매매 기법

영상 25

핵심 키워드

'주식이 잘 될 때 너무 자만하지 마라.'

▐ DMI지표란?

우리는 제2편 추세 분석을 통해서 주가에는 상승추세, 하락추세, 횡보추세가 있다는 것을 배웠습니다. 자신이 갖고 있는 종목이 어떤 방향성을 갖고 있는지는 상당히 중요합니다. 왜냐하면 추세에 따라 매매 기법이 달라질 수 있기 때문입니다.

DMI지표는 일명 '방향운동지수'라고 하여 방향을 알려주는 역할을 합니다. 상당히 유용한 지표로 알아두면 투자에 많은 도움이 될 것입니다. DMI지표를 요약해보면 다음과 같습니다.

★ 주가 움직임의 추세와 추세의 변화를 찾는 데 유용한 지표로 지금 시장이 추세시장인지 아닌지, 상승추세이면 상승 강도는 어떤지, 하락이면 하락 강도는 어떤지 알려주는 지표(보통 14일 적용)

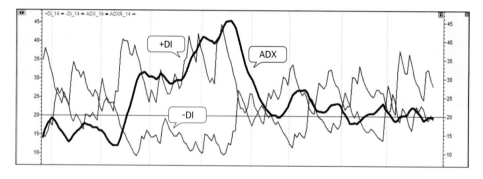

구성 (+DI, -DI, ADX)
- +(P)DI : 상승하려는 힘(매수의 힘), 즉 주가의 상승 강도를 나타냄
- −(M)DI : 하락하려는 힘(매도의 힘), 즉 주가의 하락 강도를 나타냄
- ADX : DI의 단점을 보완하기 위해서 이용되는 지표로 진행 중인 추세의 상대적 강도를 측정

DMI지표는 보유 종목이 상승추세에 있을 때 어느 시점에 팔아 수익을 극대화하는지, 하락추세에 있는 종목이 상승추세로 확실히 전환되는 시점은 언제인지를 포착하는데 유용합니다. 현재의 시장 추세와 강도를 함께 나타내는 지표로 단기보다는 중장기 추세 분석에 유리합니다.

DMI지표에서 +DI(매수의 힘)가 −DI(매도의 힘)보다 위에 있다는 것은 상승하려는 힘이 강한 것을 의미하기 때문에 이 경우 주가는 상승추세에 있고, 반대의 경우에는 주가가 하락추세를 보입니다. 실전 차트를 보면서 설명드리겠습니다.

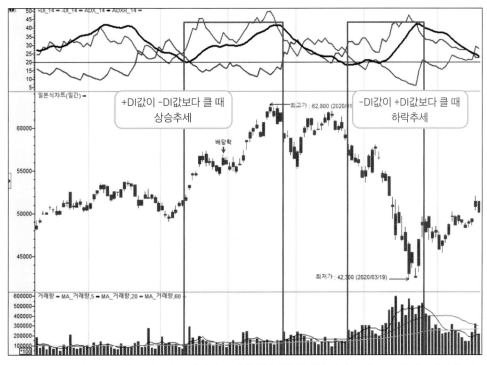

① ADX 지표가 상승할 때는 상승이든 하락이든 시장이 분명한 추세를 가지고 있고, 그 추세로의 진행 강도가 강하다는 것을 의미합니다

② ADX 지표가 하락할 때는 현재의 추세가 마무리 국면에 접어들었고 곧 새로운 추세로 전환될 가능성이 높다는 것을 암시합니다

ADX지표의 경우 뒤에서 자세히 다룰 예정이므로 우선은 '주가가 상승이든 하락이든 추세가 진행되면 상승한다'는 정도로만 기억해두면 좋을 것 같습니다.

DMI지표를 보는 법이 이해가 되셨나요? 이제 지표를 활용한 매매 기법을 알아보기로 하겠습니다.

▌ DMI의 매매 기법 세 가지

매매 기법 1 : +DI와 -DI의 교차 신호

가장 기본적인 매매 기법은 +DI와 −DI의 교차 시점을 매매 시점으로 판단하는 것입니다. 즉, +DI가 −DI를 상향 돌파할 때 매수, +DI가 −DI를 하향 돌파할 때 매도하는 전략입니다.

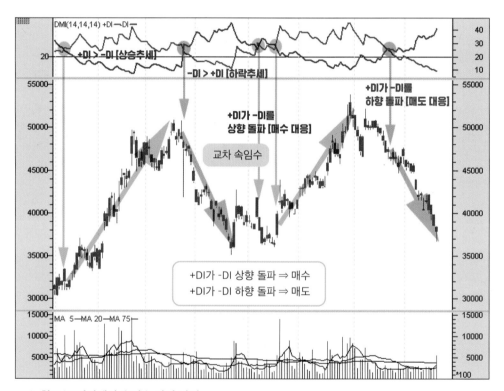

★ 횡보/조정장에서 속임수 방지 방법
   매수 교차 신호가 나온 날의 고가를 돌파하지 못하면 매수 유보
   매도 교차 신호가 나온 날의 저가를 돌파하지 못하면 매도 유보

위의 차트를 보면, +DI와 -DI의 교차 시점을 활용한 매매 기법을 실제 투자에 적용할 수 있음을 알 수 있습니다. 또한 매매 기법을 유심히 보면 이 기법 역시 추세적 매매라는

것을 알 수 있습니다. 즉, DMI 교차 매매 기법은 상승추세로 전환되는 종목을 매수하고 하락추세로 전환되는 종목은 매도로 대응하라는 매매 기법입니다. 다만 추세가 불분명할 때에는 잦은 매매 신호로 매매 기법을 적용하기가 힘들기 때문에 다른 지표들을 참고로 하여야 합니다. 교차 속임수를 방지하는 방법은 유튜브 영상을 참고하세요.

매매 기법 2 : 일시적 교차

일시적 교차란 +DI가 −DI보다 높은 상태에서 +DI가 −DI를 하향 돌파하지만 새로운 저점을 형성하지 못하고 다시 상승하는 경우를 말합니다. 이런 현상이 나타나면 주가가 일시적 조정 후에 다시 기존 추세를 강화하는 모습을 보이게 됩니다.

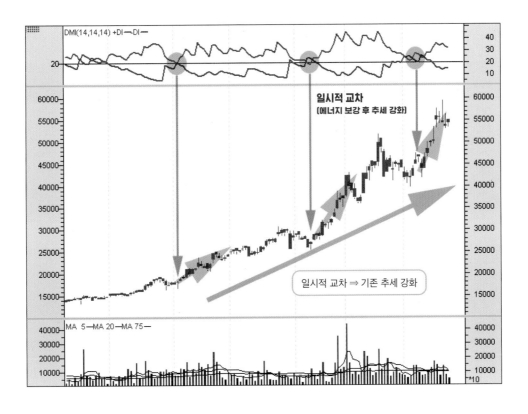

위의 차트에서는 상승추세에 있던 종목이 조정 후 상승추세선의 지지 속에서 DI의 일시적 교차가 나타나면서 기존 추세를 유지하는 모습을 보이고 있습니다. 이는 앞서 배운

스토캐스틱의 리테스팅과 비슷하다고 보면 됩니다.

일시적 교차는 보통 기존의 추세가 (상승추세이든 하락추세이든 간에) 일시적인 조정 후에 다시 에너지를 보강하여 추세를 강화한다는 것을 의미합니다. 차트에서도 상승추세에서 일시적 교차 후 상승추세가 강화되었음을 알 수 있습니다. 반대로 하락추세에선 반대의 모양새가 나오겠죠. 보통 일시적 교차는 주요 저항선과 지지선에서 많이 나타납니다.

매매 기법 3 : +DI와 -DI의 이격 분석

이번에는 이격 분석입니다. 보통 +DI가 -DI를 상향 돌파하면 매수 시점이죠. +DI와 -DI가 점점 간격이 벌어진다면 상승추세가 강화된다고 생각하면 됩니다. 하락추세에선 반대겠죠. 또한 이격이 확대되다가 더 이상 확대되지 못하고 줄어드는 시점을 이용한 매매 기법도 이용할 수 있습니다. 다음 차트를 보실까요.

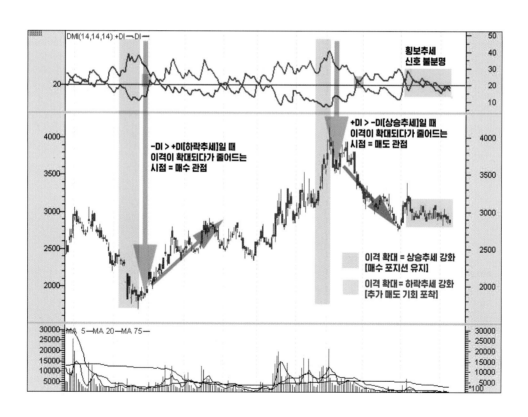

위의 차트를 보면 이격(간극)이 확대되다가 줄어들기 시작하는 시점을 매수·매도 시점
으로 활용할 수 있습니다. 앞서 말씀드린 대로, DMI는 DI의 교차점을 매매 타이밍으로
잡지만 차트를 자세히 보면 대부분의 경우 주가는 그 이전에 상승추세나 하락추세로의 전
환이 발생하는 것을 알 수 있습니다. 이때 이격을 이용한 매매 기법을 활용할 수 있습니다.
보통 공격적이고 빠른 매매 성향의 투자자들이 사용합니다.

▌추세 방향과 일치하는 ADX

이번에는 DMI와 함께 사용하는 ADX를 알아보겠습니다. ADX는 DMI와 함께 사용하
기 위해 나온 지표로 DMI에서의 속임수를 많이 줄일 수 있어 같이 사용되고 있습니다. 실
전 차트를 통해 자세히 알아볼까요?

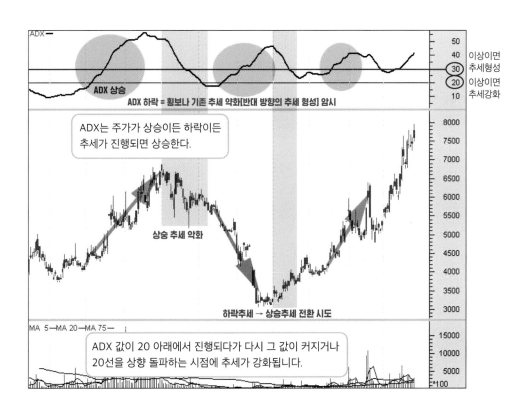

위의 실전 차트를 보면 ADX가 상승을 하면 어느 방향이든 주가에 확실한 추세가 있다는 것을 알 수 있습니다. 반면에 ADX가 하락을 하고 있다는 것은 기존의 추세가 약화되는 징후이므로 주가의 추세가 뚜렷하지 않다는 것을 상징합니다.

ADX만으로 실전 매매를 하기에는 어려움이 따르고 DMI와 함께 분석하여 매매 시점을 찾아보아야 합니다.

▍DMI와 ADX를 이용한 실전 매매 기법

앞서 설명했듯이 ADX의 움직임과 DMI를 함께 활용하여 매수·매도 시점을 포착할 수가 있습니다. 이 부분은 약간 복잡해서 자세히 반복해서 읽어야 할 것으로 보입니다.

실전 차트를 보실까요?

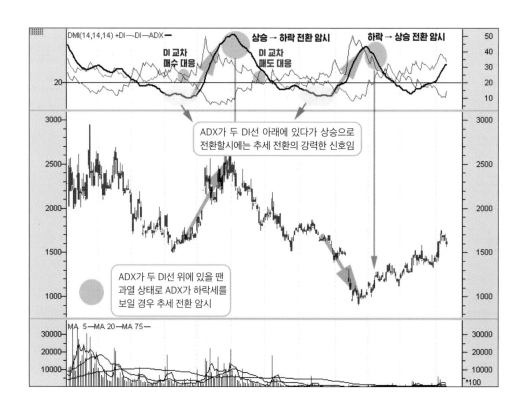

차트의 내용을 한눈에 볼 수 있도록 정리해 보겠습니다.

두 DI선 아래에 있던 ADX가 상승으로 전환한다면 추세 전환의 강력한 신호입니다. 따라서 이때 +DI가 −DI를 상향 돌파하면 매수 신호이고, 반대로 +DI가 −DI를 하향 돌파하면 매도 신호가 되겠죠. 이후 ADX가 20선을 넘어 지속적으로 상승한다면 이는 추세가 확실하게 결정이 된 상태이기 때문에 시장의 방향대로 매매를 하여야 합니다. 한편 ADX가 두 DI선 위에 있을 경우 시장이 과열 상태에 이르렀다고 보는데, 이 시점에서 ADX의 상승이 둔화되고 하락으로 전환된다면 주가의 추세 변화 가능성이 크다고 판단합니다.

같은 차트를 다른 방법으로 다시 설명해보도록 하겠습니다.

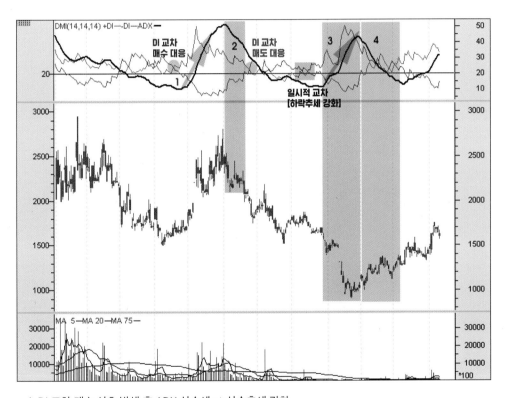

1. DI 교차 매수 신호 발생 후 ADX 상승세 ➡ 상승추세 강화

2. ADX 둔화/하락세 ➡ 기존 상승추세 약화 암시

3. DI 교차 매도 신호 후 ADX 상승세 ➡ 하락추세 강화

4. ADX 둔화/하락세 ➡ 기존 하락추세 약화 암시 / 매수 교차 신호[매수 고려]

이해가 되셨나요?

다음 편에서는 역시 추세 지표의 일종인 파라볼릭 SAR에 대해 알아보기로 하겠습니다. DMI처럼 복잡하지 않은 지표라서 아주 쉽게 접근할 수 있을 것이라 생각합니다.

마지막으로 이번 편에서 배운 내용을 한번 정리해 볼까요.

+DI, -DI, ADX를 통한 매매 기법

1. +DI선이 -DI선을 상향 돌파 또는 +DI선이 -DI선 위에서 이격을 넓히고 ADX선이 상승세를 보일 때: 매수(상승추세 강화)

2. +DI선이 -DI선을 하향 돌파 또는 -DI선이 +DI선 위에서 이격을 넓히고 ADX선이 상승세를 보일 때 : 매도(하락추세 강화)

3. ADX선이 +DI선과 -DI선 아래에 있을 때에는 비추세(횡보장세)를 의미

4. ADX가 하락추세를 보일 때는 주가 움직임의 추세가 뚜렷하지 않은 것을 나타냄 (이때는 추세 지표보다 스토캐스틱과 같은 진동자 지표를 이용하는 것이 좋음)

5. ADX가 두 DI선 아래에서 상승세로 반전하면 추세 전환의 강력한 신호(+DI선이 -DI선을 상향 돌파 시 매수 신호, +DI선이 -DI선을 하향 돌파 시 매도 신호)

6. ADX가 두 DI선 위에 있을 경우 과열 상태, 이때 ADX가 하락추세를 보이면 주가의 추세 변화 가능성이 큼

"투자자들은 가격이 하락할 때 공포를 이기는 법을 배워야 하며, 가격이 상승할 때 너무 열광하거나 욕심부리지 않는 법을 깨달아야 한다." 세스 클라먼

26

포물선을 통해 추세를
파악하는 파라볼릭 SAR

TODAY'S GOAL
파라볼릭 SAR을 활용한 중장기 투자법을 알 수 있다!

'파라볼릭', 왠지 어려워 보이죠? 그러나 오늘 배울 보조지표는 매우 쉬우면서도 정석적인 투자에 유용한 지표입니다. 앞 시간에 배운 DMI를 탄생시킨 사람이 만든 파라볼릭 SAR은 마치 생긴 모습이 포물선과 같다 하여 붙여진 이름으로 포물선을 통해 추세를 파악하는 지표입니다. 파라볼릭 SAR을 이용한 매매 기법을 알아봅니다.

세부 목차

- 파라볼릭 SAR지표란?
- 파라볼릭 SAR을 통한 매매 기법
- 파라볼릭 SAR & DMI 조합 매매 기법

영상 26

파라볼릭 SAR지표란?

　파라볼릭 SAR(Parabolic Stop and Reversal)은 차트상의 모습이 포물선(Parabola)과 같다하여 '파라볼릭'이라는 이름이 붙은 지표입니다. 이는 추세의 지속 여부와 잠재적인 추세 전환 지점을 알려주는 지표로, 추세가 확실하게 진행되고 있을 때 유용하게 사용됩니다. 그리고 이 지표를 활용한 분석법의 기본 개념은 주가의 상승·하락 속도가 빠르게 진행되다가 점차 둔화된다면 추세의 전환을 암시한다는 것입니다.

　추세 전환 신호가 좀 늦은 감은 있으나 중기적 또는 안전한 투자에 적합한 지표로 추세에 반하는 매매를 줄일 수 있다는 점에서 의미가 있습니다.

　먼저 상승추세에 있으면 파라볼릭 SAR이 주가의 아래에 위치하면서 상승을 지속하고, 하락추세에 있으면 파라볼릭 SAR이 주가의 위에 위치하면서 하락을 지속하는 모습을 보입니다.

　차트를 통해 확인해 볼까요.

　여기서 명심해야 하는 것은 추세에 역행하는 매매를 하지 말라는 진리를 항상 기억해야 한다는 것입니다. 한편, 다음의 그림에서 파라볼릭 SAR과 주가의 교차 시점을 추세 전환이라고 표시했는데, 여기서 우리는 매매 기법을 한 가지 알 수 있습니다.

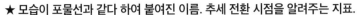

★ 모습이 포물선과 같다 하여 붙여진 이름. 추세 전환 시점을 알려주는 지표.

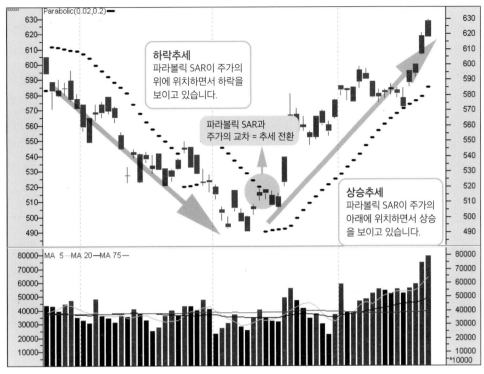

하락추세
파라볼릭 SAR이 주가의
위에 위치하면서 하락을
보이고 있습니다.

파라볼릭 SAR과
주가의 교차 = 추세 전환

상승추세
파라볼릭 SAR이 주가의
아래에 위치하면서 상승
을 보이고 있습니다.

장점 : 파라볼릭 SAR은 방향성과 시장 추세의 지속 기간, 잠재적 추세 반전 지점을 알려줍니다.
한계 : 추세가 있는 시장에서 특별히 유용하나, 횡보 기간에는 그렇지 않습니다.
　　　분명한 추세가 존재하지 않을 경우 잘못된 신호가 많아 활용도가 떨어집니다.

▌파라볼릭 SAR을 통한 매매 기법

　파라볼릭을 통한 매매 기법은 간단명료합니다. 주가와 파라볼릭의 교차를 통해 매매
시점을 잡으면 됩니다.
　실전 차트를 보실까요?

주가와 파라볼릭 SAR의 교차

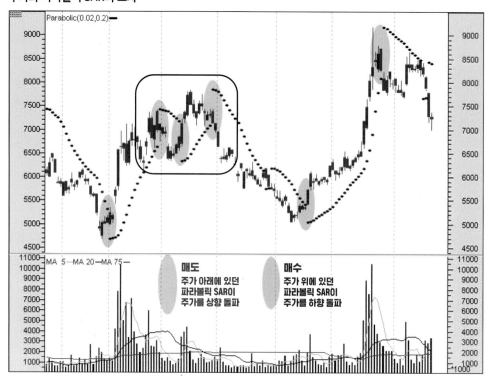

위의 차트를 자세히 보면 파라볼릭 SAR을 활용한 매매 기법은 맨 밑바닥이나 꼭대기에서의 매매보다 '무릎에서 사서 어깨에서 팔아라'라는 전형적인 증시 격언에 더 어울린다고 할 수 있습니다.

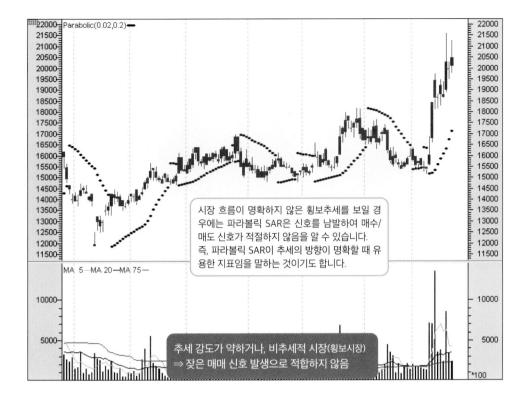

시장 흐름이 명확하지 않은 횡보추세를 보일 경우에는 파라볼릭 SAR은 신호를 남발하여 매수/매도 신호가 적절하지 않음을 알 수 있습니다. 즉, 파라볼릭 SAR이 추세의 방향이 명확할 때 유용한 지표임을 말하는 것이기도 합니다.

추세 강도가 약하거나, 비추세적 시장(횡보시장)
⇒ 잦은 매매 신호 발생으로 적합하지 않음

위 차트의 박스를 보면 추세 강도가 약하거나, 비추세적 시장(횡보시장)에서는 잦은 매매 신호가 나와 파라볼릭 SAR지표를 이용하기에는 적합하지 않다는 것을 알 수 있습니다. 즉, 추세가 형성된 시장에서 명확한 매매 신호가 나온다는 것을 알아두면 좋습니다.

매매 기법이 쉬운 파라볼릭 SAR에 대해 알아봤습니다.

마지막으로 파라볼릭은 앞서 배운 DMI를 활용해 보완하면 상당히 좋은 효과를 얻을 수 있습니다. 파라볼릭과 DMI의 조합 매매 기법에 대해 알아보겠습니다.

파라볼릭 SAR & DMI 조합 매매 기법

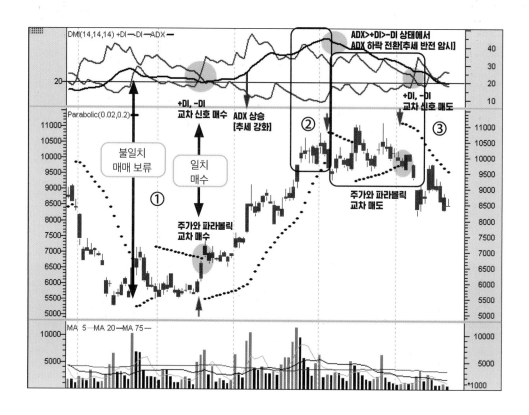

① DMI와 파라볼릭의 매매 신호가 일치하지 않을 때는 매매하지 않는다
② ADX가 상방향일 때는 파라볼릭이 단기적으로 매도 신호를 보내도 무시한다
③ ADX 하락 전환(추세 반전 암시) 시 매도 신호를 유심히 살핀다

    DMI와 파라볼릭이 동일한 매매 신호를 보일 때만 매매를 하거나, 주가가 확실한 추세 속에 있을 때 파라볼릭이 전환될 경우 ADX가 상승하고 있는지 DMI의 신호가 여전히 유효한지 등을 확인하면 파라볼릭의 잦은 매매 신호를 피할 수 있습니다.

    또 한 가지, 다음 페이지의 차트는 여러 보조지표를 조합한 매매 기법의 차트입니다. 이 부분은 유튜브 영상을 통해 배워보세요.

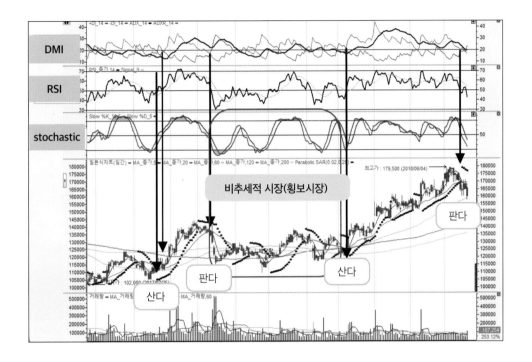

DMI

RSI

stochastic

비추세적 시장(횡보시장)

판다

산다

판다

산다

산다

"돈 없이 하는 모의 투자는 매우 쉬운 듯 보였다. 하지만 내가 주식에 1만 달러를 투자하자마자 상황은 매우 달라졌다. 돈이 들어가 있지 않을 땐 쉽게 감정을 조절할 수 있었지만, 돈을 투자하자마자 내 감정은 곧바로 표면 위로 떠오르기 시작했다." 니콜라스 다비스

27

볼린저밴드:
밴드폭을 이용한 매매 기법

TODAY'S GOAL
볼린저밴드만의 특징을 실전 매매 기법에 응용할 수 있다!

볼린저밴드의 특성을 통해 주식 흐름을 알아보고, 실전 차트를 통해 매매 기법을 배워봅니다.

세부 목차

- 볼린저밴드란?
- 볼린저밴드의 세 가지 특징을 통한 실전 매매 기법

영상 27

핵심 키워드

'매입 가격은 잊어버려라.'

볼린저밴드란?

주식에는 그룹사운드의 밴드도 아니고, 고무 밴드도 아닌 볼린저밴드란 말이 있는데요. 무엇을 뜻하는 걸까요? 이는 개발자인 존 볼린저(John Bollinger)의 이름을 딴 지표로서 '이동평균선의 상하로 밴드를 만들어 시세의 반전을 판단하는 것'을 말합니다.

볼린저밴드를 보는 가장 기본적인 방법을 그림으로 확인해볼까요?

★ 주가가 이동평균선을 중심으로 일정한 범위(표준편차) 안에서 움직인다는 전제로 개발된 것
   (세 가지의 선이 밴드를 이루는 형태로 구성)

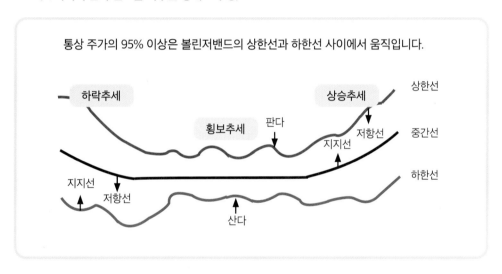

볼린저밴드는 통상 주가의 움직임에 일정한 폭을 상한선, 중간선, 하한선으로 설정하여 밴드폭의 움직임과 주가 흐름을 연동하여 주가의 흐름을 예측하는 방법입니다. 이 지표는 다음과 같은 특징을 가지고 있습니다.

① 보합·횡보 국면에서는 밴드폭이 좁아지고, 추세가 형성되고 강해질수록 밴드의 폭이 넓어집니다. 이를 다른 말로 표현하면 주가나 지수의 움직임이 클 때 밴드의 폭이 넓어지고 움직임이 작을 때 밴드 폭이 좁아진다고 할 수 있습니다.

② 일반적으로 주가가 상위 밴드에 도달하면 매도 시점, 하위 밴드에 도달하면 매수 시

점으로 인식합니다.

③ 중간 밴드 위에 있을 때를 상승추세, 중간 밴드 아래에 있을 때 하락추세에 있다고 합니다. 그리고 상승추세에 있을 때는 상한선이 저항선, 중간선이 지지선, 반대로 하락추세에 있을 때는 중간선이 저항선, 하한선이 지지선 역할을 합니다.

▐ 볼린저밴드의 세 가지 특징을 통한 실전 매매 기법

볼린저밴드의 특징들을 하나하나 살펴보면서 실전 차트를 보겠습니다.

볼린저밴드 특징 하나!

'주가의 움직임이 현저히 줄어들고 밴드의 폭이 팽팽하게 줄어든 후에 발생되는 주가의 움직임은 급격하다.'

즉, 밴드의 상하폭이 좁다는 것은 횡보추세를 지속적으로 보여왔다는 것으로 향후의 추세 변화 가능성을 암시하는 것입니다. 상승이든 하락이든 추세의 진행은 밴드의 폭이 확대되면서 진행됩니다. 특히 긴 시간 동안 밴드의 폭이 축소되어왔다면 급등락을 연출하는 경우가 많습니다.

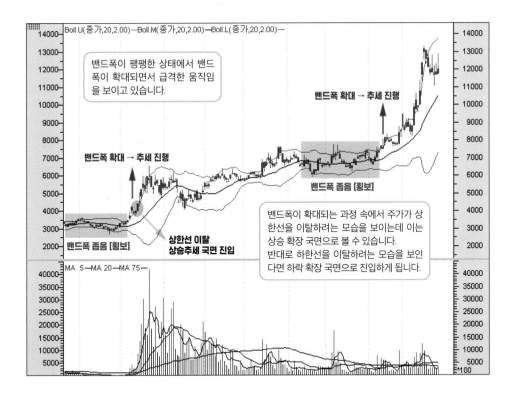

볼린저밴드 특징 둘!

'상승 · 하락추세 형성 시 중간선은 지지와 저항의 역할을 한다.'

주가가 볼린저밴드 중간선 위에 있을 때(상승추세) 상한선은 저항선, 중간선은 지지선 역할을 하며 주가가 중간선 아래에 있을 때(하락추세) 중간선은 저항선, 하한선은 지지선 역할을 합니다. 횡보추세에서는 상한선과 하한선을 주로 매도 · 매수 신호로 봅니다.

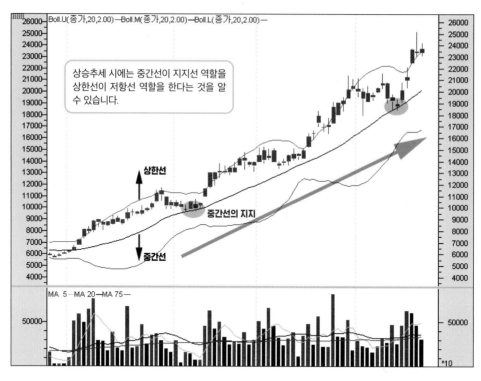

상승추세 시에는 중간선이 지지선 역할을
상한선이 저항선 역할을 한다는 것을 알
수 있습니다.

상한선

중간선의 지지

중간선

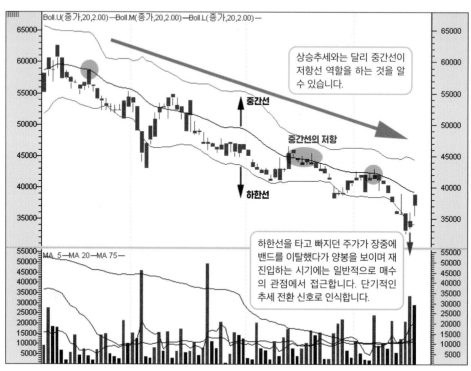

상승추세와는 달리 중간선이
저항선 역할을 하는 것을 알
수 있습니다.

중간선

중간선의 저항

하한선

하한선을 타고 빠지던 주가가 장중에
밴드를 이탈했다가 양봉을 보이며 재
진입하는 시기에는 일반적으로 매수
의 관점에서 접근합니다. 단기적인
추세 전환 신호로 인식합니다.

위의 차트를 보면 밴드의 하한선을 타고 내려오다가 밴드 밖에서 저점을, 밴드 안에서 고점을 만들면서 추세 전환 신호를 보였다는 것이 눈에 띄는데, 이 지점에서 또 하나의 특징을 알 수 있습니다.

볼린저밴드 특징 셋!

'상승선 이탈 후 안으로 진입하면 단기 매도 신호, 하한선 이탈 후 안으로 진입 시 단기 매수 신호이다.'

감각이 좋은 단기 투자자들이 주로 사용하는 매매법입니다.

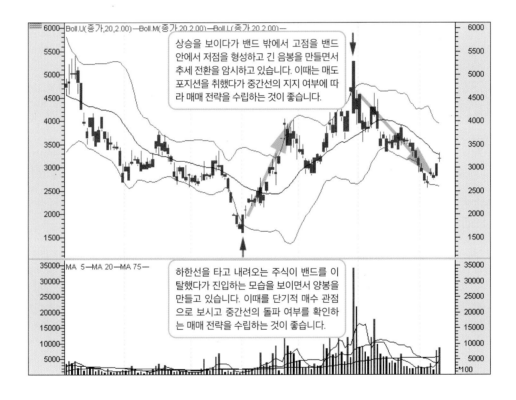

마지막으로 세 가지 특징을 종합해놓은 차트를 보실까요.

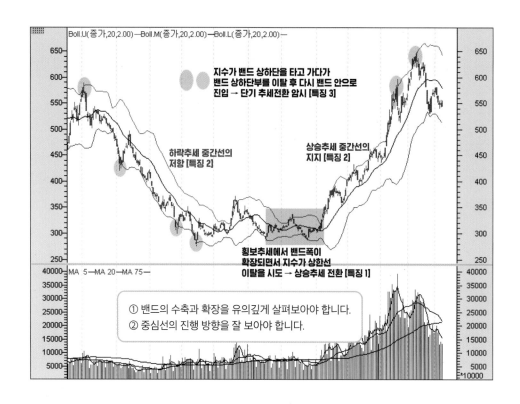

Boll.U(종가,20,2.00) — Boll.M(종가,20,2.00) — Boll.L(종가,20,2.00) —

지수가 밴드 상하단을 타고 가다가
밴드 상하단부를 이탈 후 다시 밴드 안으로
진입 → 단기 추세전환 암시 [특징 3]

하락추세 중간선의
저항 [특징 2]

상승추세 중간선의
지지 [특징 2]

횡보추세에서 밴드폭이
확장되면서 지수가 상한선
이탈을 시도 → 상승추세 전환 [특징 1]

MA 5 — MA 20 — MA 75 —

① 밴드의 수축과 확장을 유의깊게 살펴보아야 합니다.
② 중심선의 진행 방향을 잘 보아야 합니다.

이해가 되시나요? 다시 한 번 복습해보겠습니다.

상·하·중간 밴드로 지지선, 저항선을 설정할 수 있다!

기왕이면 중간선 밑에서 노는 주식보다 위에서 노는 주식이 더 좋다!

어디서 놀든 밴드폭이 좁아졌다가 넓어지면 상승과 하락의 갈림길이다!

주가가 상한선 밖에서 안으로 진입할 경우 단기 매도 타이밍이고, 하한선 밖에서 안으로 진입할 경우 단기 매수 타이밍으로 잡는다!

볼린저밴드 활용은 거래량 분석이 병행되어야 한다는 점도 꼭 기억하시길 바랍니다.

"실수를 좋은 경험으로 생각하고, 이로부터 무언가를 배우는 자세가 필요하다. 그때 무엇이 잘못되었는지 정확히 파악하고, 어떻게 하면 앞으로 다시는 그런 실수를 저지르지 않을 수 있는가를 판단해야 한다. 앞서의 상황과 똑같은 데도 '이번에는 달라'라고 말하는 투자자들은 주식시장에서 가장 비싼 네 단어의 대가를 치르게 된다. 실수를 저질렀던 상황을 확실하게 통찰하지 않고서는 결코 상황을 반전시킬 수 없다." 존 템플턴

"산이 높으면 계곡도 깊다"

경제 상황의 호전이나 시장 인기에 의해서 주가가 크게 오르면
나중에 경제 여건이 다시 악화되고 인기가 식었을 때 주가도 폭락한다.
따라서 주가가 큰 폭으로 오르면 계곡을 조심해야 한다.

제6편

보조지표 (2) 고급형

28

중기 지표의 대명사
MACD

TODAY'S GOAL
MACD지표를 알아보고 중장기 매매 시기를 포착하는 법을
활용할 수 있다!

단기 매매, 중기 매매, 장기 매매 등 투자의 성격에 따라 각각의 경우에 사용되는 보조지표가
달라집니다. 그중 MACD는 중기 매매에 사용되는 대표적인 보조지표입니다.

세부 목차

- MACD지표란?

- MACD를 이용해 매매 시기를 포착하는 법

영상 28

핵심 키워드

'숲을 먼저 보고 나무를 보아라.'

▌ MACD지표란?

MACD는 제럴드 애펠(Gerald Appel)이 개발한 추세 지표로서 MACD선, 시그널 (Signal)선 그리고 오실레이터(Oscillator)로 구성되어 있습니다. MACD는 단기 지수이동 평균값과 장기 지수이동평균값의 차이를 이용한 지표로, 멀어진 이동평균선이 다시 가까워지려고 하는 속성을 이용한 것입니다. 일반적으로 MACD는 12일과 26일 이동평균선 간의 차이를 나타내는 값입니다.

★ 이동평균선의 수렴과 확산을 이용한 보조지표
장단기 이동평균을 활용하여 주가의 추세를 나타내는 기술적 지표

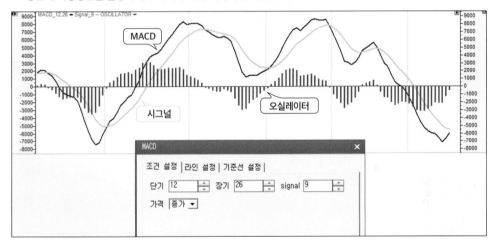

위의 그림을 보면 두 개의 선(MACD, 시그널)과 막대그래프(오실레이터)가 움직이는 것을 볼 수 있습니다. 일반적으로 MACD지표의 기본 설정값은 단기 이동평균선으로 12일을, 장기 이동평균선으로 26일을 이용하고, MACD 값의 9일 이동평균선을 시그널로 사용합니다.

MACD지표를 구성하는 세 가지 요소에 대해 자세하게 알려드리겠습니다.

1. MACD = 단기(12일) 지수이동평균선 - 장기(26일) 지수이동평균선
2. MACD 시그널(신호선) = N일(9일)의 MACD 지수이동평균선
3. MACD 오실레이터 = MACD - 시그널

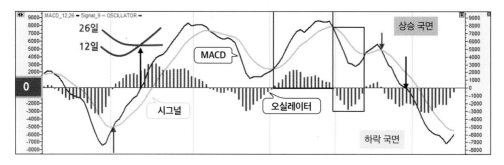

기본 활용법

사는시점	• MACD선이 0선을 상향 돌파할 때 • MACD선이 시그널선을 상향 돌파할 때
파는시점	• MACD선이 0선을 하향 돌파할 때 • MACD선이 시그널선을 하향 돌파할 때

※ 오실레이터 반전을 이용한 매매법도 활용 가능

MACD지표는 '0'을 기준선으로 봅니다. '0'의 의미는 12일 지수이동평균선과 26일 지수이동평균선이 교차되는 지점입니다. 일반적으로 MACD가 0보다 위에 위치할 때 주가는 상승 국면, 아래에 있을 때는 하락 국면이라고 합니다. 그렇기 때문에 MACD선이 0선을 상향 돌파할 때를 매수 시점으로, 하향 돌파할 때를 매도 시점으로 인식합니다. 시그널선은 MACD선의 후행성을 극복하기 위해 만든 선으로 MACD선이 시그널선을 상향 돌파할 때를 매수 시점으로, 하향 돌파할 때를 매도 시점으로 인식합니다.

마지막으로 오실레이터는 MACD값과 시그널값의 차이를 막대그래프로 표현한 것으로 0을 기준으로 양의 값으로 상승할 때는 상승 국면, 음의 값으로 하락할 때는 하락 국면으로 봅니다. 또한 오실레이터가 상승하다가 점차 상승 폭이 줄거나, 하락하다가 하락 폭이 줄어들면 추세가 약해지는 것으로 판단해서 반전을 이용한 매매법으로 활용하는 경우도 있습니다.

이제 본격적으로 MACD를 이용한 매매 기법을 실전 차트를 통해 배워보도록 하겠습니다.

MACD를 이용해 매매를 시기 포착하는 법

아래는 MACD선이 0선을 상향 돌파할 때의 차트입니다.

매매 시기 포착 1

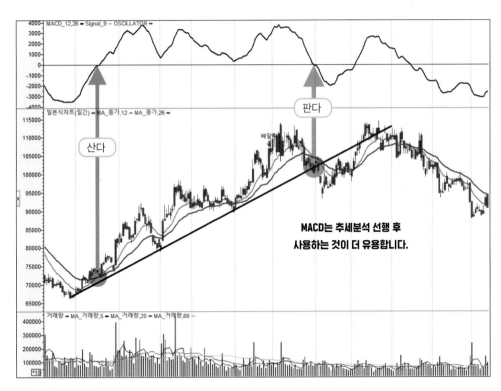

매매 시기 포착 1

사는 시점 : MACD선이 0선을 상향 돌파할 때(상승 국면 진입)
파는 시점 : MACD선이 0선을 하향 돌파할 때(하락 국면 진입)

매매 시기 포착 2

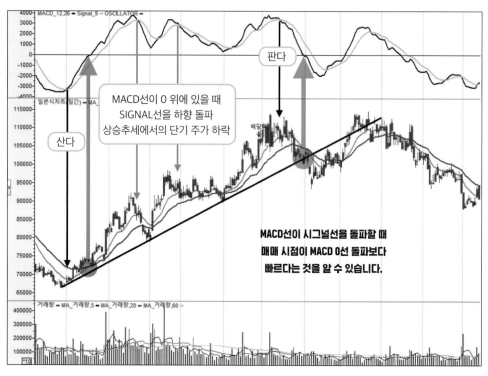

MACD선이 0 위에 있을 때
SIGNAL선을 하향 돌파
상승추세에서의 단기 주가 하락

산다

판다

MACD선이 시그널선을 돌파할 때
매매 시점이 MACD 0선 돌파보다
빠르다는 것을 알 수 있습니다.

매매 시기 포착 2

사는 시점 : MACD선이 SIGNAL선을 상향 돌파할 때

파는 시점 : MACD선이 SIGNAL선을 하향 돌파할 때

시그널선은 단기 이동평균선과 장기 이동평균선 간의 차이가 가장 큰 시점을 찾기 위해서 만든 것으로 일반적으로 MACD선과 만나는 지점이 장·단기 이동평균선의 차이가 가장 큰 시점입니다. 시그널선을 활용한 매매법은 신호가 빠르다는 장점이 있지만, 그만큼 속임수가 많다는 단점이 있습니다.

매매 시기 포착 3

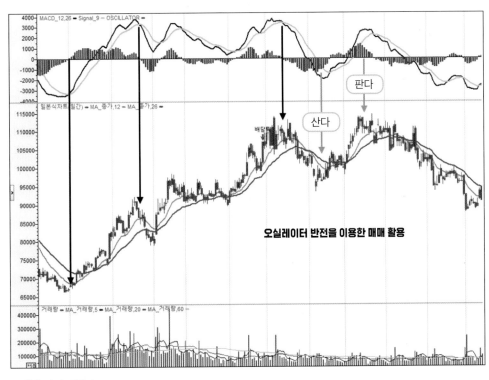

매매 시기 포착 3
사는 시점 : MACD Oscillator 0선을 상향 돌파할 때
파는 시점 : MACD Oscillator 0선을 하향 돌파할 때

세번째 매매법은 오실레이터의 반전을 활용하는 방법입니다. 위의 차트를 보면 MACD 선이 시그널선을 돌파할 때 오실레이터 역시 0선을 돌파하고 있음을 알 수 있습니다. 따라서 이 지점을 매수·매도 신호로 판단하면 됩니다. 또한 오실레이터가 저점을 찍고 상승할 때 매수, 고점을 찍고 하락할 때 매도하는 매매법도 사용할 수 있습니다. 이는 주로 감각이 뛰어난 단기 투자자들이 많이 사용하는 방법으로, 다른 차트 도구들을 종합적으로 판단해야 속임수를 줄일 수 있습니다.

지금까지 배운 세 가지 매매 시점 포착 방법의 장·단점을 알아보겠습니다.

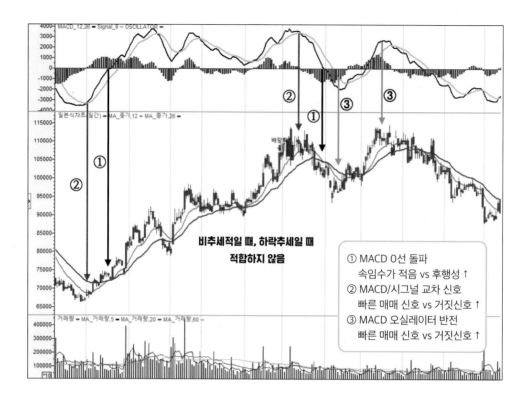

MACD 0선 돌파 매매 신호는 무릎에 사서 어깨에 파는 후행성의 단점이 있고, 다른 두 매매 신호는 신호가 빠르다는 장점이 있지만 거짓 신호가 많아 종합적인 판단을 해야 하는 단점이 있습니다.

주간 차트와 일간 차트를 병행하자

실제 매매에서 MACD는 보통 주봉상에서 판단하는 것이 효율적이고 적중률도 높습니다. 즉, MACD지표는 중·장기 투자에 적합한 보조지표라는 것이죠. 주봉에서 먼저 판단하고 다시 일봉상의 지표를 확인하면서 매매에 임한다면 적중률을 더욱 높이고 수익률을 늘리는 방법이 될 것입니다. 차트를 보실까요.

처음 배우는 주식 차트

▶ 주간 차트

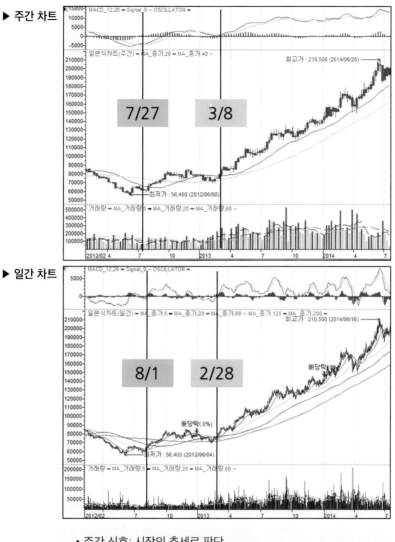

▶ 일간 차트

• 주간 신호: 시장의 추세로 판단
• 일간 신호: 세밀한 시점을 포착
⇒ 두 신호가 일치할 때에만 매매 신호 채택

위의 차트에서처럼 주간 차트와 일간 차트 어느 한쪽에서 매매 신호를 확인했더라도 곧바로 신호를 채택하지 않고, 두 차트 모두 같은 신호를 보일 때를 기다리는 중·장기적 전략이 가능합니다. 다시 말해 주간 차트와 일간 차트에서 동시에 매수 신호가 나올 때 사고, 동시에 매도 신호를 보일 때 파는 식입니다.

다이버전스(Divergence) 분석

마지막으로 지속적으로 말씀 드렸던 분기 현상입니다. 이전의 지표에서 설명했던 것과 같은 방법으로 생각하면 됩니다. 차트로 확인해 보겠습니다.

하락형 분기 현상

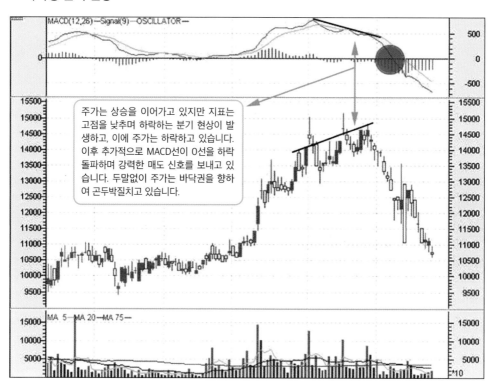

주가는 상승을 이어가고 있지만 지표는 고점을 낮추며 하락하는 분기 현상이 발생하고, 이에 주가는 하락하고 있습니다. 이후 추가적으로 MACD선이 0선을 하락 돌파하며 강력한 매도 신호를 보내고 있습니다. 두말없이 주가는 바닥권을 향하여 곤두박질치고 있습니다.

상승형 분기 현상

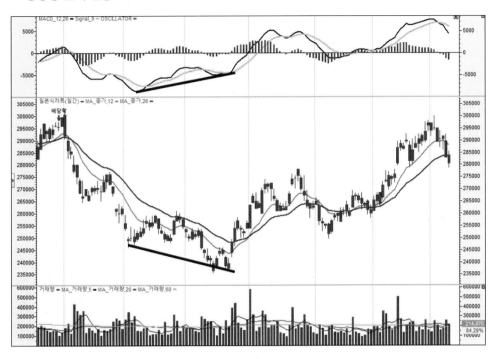

　　보조지표는 캔들이나 거래량, 추세 등의 다른 기술적 분석 도구보다는 신호가 분명하기에 쉽게 접근할 수 있는 면이 있지만 후행성이 높거나 속임수가 많아 한 가지 지표에 의존하기보다는 여러 지표를 혼합하여 사용하는 것이 일반적입니다.

"아인슈타인이 수학에서 가장 위대한 발견이라고 했던 '복리의 마술'이 수익과 만났을 때 그 위력은 상상을 뛰어넘는다. 따라서 복리의 원리를 이용해 수익을 극대화할 수 있다." 존 보글

29

거래량 분석 지표의
대명사 OBV

TODAY'S GOAL
OBV지표를 제대로 이해하고 매수·매도 신호를 해석하는 법을 알 수 있다!

주식시장에서 거래량은 무척 중요한 의미를 가지고 있습니다. 종목을 분석할 때 이동평균선과 거래량은 가장 기본적인 분석입니다. 그럼, 거래량을 분석하는 보조지표 중에서 가장 많이 활용되는 지표는 무엇일까요? 바로 OBV라는 보조지표입니다.

세부 목차

- OBV지표 이해하기
- OBV를 이용한 매매 신호 해석법

영상 29

핵심 키워드

"눈 위에 서지 마라."

▮ OBV지표 이해하기

OBV란?

이동평균선에서 '그랜빌의 법칙'을 배우셨을 것입니다. 주가는 이동평균선에 회귀하려는 속성이 있다는 것을 이용한 매매 기법이었죠. 여기에서 파생된 것이 OBV지표입니다.

★ 거래량은 항상 주가에 선행한다는 것을 전제로 거래량을 통해 주가의 변화를 분석하는 기법
'거래량은 시세의 원동력이며 주가는 그의 그림자에 지나지 않는다'는 그랜빌의 이론에 근거하여 만들어진 지표
(1963년 책《Granville's New Key to Stock Market Profits》에서 소개)

OBV지표는 주가와 거래량을 동시에 고려한 지표로 현재의 시장이 매집 국면인지 분산 국면인지를 파악할 수 있게 해줍니다. 특히 주식시장이 큰 변동 없이 정체 상태에 있을 때, 주가의 향후 추세를 예측할 수 있게 해줍니다. OBV선은 매일의 주가와 거래량의 변동을 함께 나타내므로 차트상에는 보통 세밀한 지그재그 형태로 나타나게 됩니다.

OBV 작성 방법

OBV지표는 어느 특정일을 기준으로 매일의 거래량을 빼거나 더하여 구한 누계값으로 표시합니다. 즉 전날의 OBV값에 주가가 상승한 날의 거래량은 더하고, 하락한 날의 거래량은 빼서 매일의 OBV값을 구하고, 이를 도표화한 것이 OBV선으로 나타납니다.

그럼, OBV의 작성 방법을 구체적으로 알아볼까요?

★ 작성 방법

1. 주가 상승일(당일 종가 > 전일 종가)의 거래량은 전량 매수했다고 보고 전일 OBV에 가산한다.
2. 주가 하락일(당일 종가 < 전일 종가)의 거래량은 전량 매도했다고 보고 전일 OBV에서 차감한다.
3. 주가 무변동일(당일 종가 = 전일 종가)의 거래량은 무시하고 전일 OBV를 그대로 이용한다.

	당일 종가	일일 거래량	OBV
기준일	1,000	1,000	1,000
D+1	1,100	1,100	2,100
D+2	1,200	900	3,000
D+3	1,150	1,000	2,000
D+4	1,150	1,200	2,000
D+5	1,050	1,000	1,000

OBV 활용법

이제 OBV선이 무엇인지 알았으니 어떻게 활용하는지 알아볼까요.

OBV를 활용하는 목적은 분석하고자 하는 종목이 매집 단계에 있는지 아니면 분산 단계에 있는지를 알아보는 데 있습니다.

1. 방향성 이용

- OBV 상승 → 매입 에너지 집중 (매집, 주가 상승 예고)
- OBV 하락 → 매입 에너지 분산 (분산, 주가 하락 예고)
- OBV 상승에도 불구하고 주가가 하락하고 있을 때 → 주가 상승 예상
- OBV 하락에도 불구하고 주가가 상승하고 있을 때 → 주가 하락 예상

- OBV선이 보합을 이루면 주가도 보합으로 움직이는 경향이 있음
  - 주가가 계속 하락하고 있지만 OBV는 직전 저점 수준 이하로 떨어지지 않고 횡보를 할 경우
    → 주가 하락에 따른 매집 활동이 있다고 볼 수 있으므로 조만간 주가의 상승 예상
  - 주가가 계속 상승하고 있지만 OBV는 직전 고점 아래에서 횡보할 경우
    → 주가 상승에 따른 보유 주식을 처분하려는 분산 활동이 일어나고 있다고 볼 수 있으므로
       조만간 주가의 하락 예상

2. 지지선과 저항선 이용
3. U마크와 D마크 이용

두번째 활용법은 실전 차트를 통해 배우는 것이 이해하기 쉽습니다. 따라서 세번째 활용법인 U마크와 D마크를 먼저 설명해드리겠습니다.

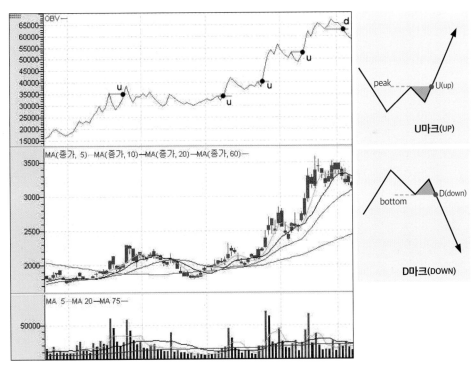

1. OBV선이 직전의 정상(peak)을 상회해서 상승하는 경우에는 U마크를, 직전의 바닥(bottom)을 하회해서 하락할 경우에는 D마크를 기입합니다.
2. U마크 및 D마크는 각각 단기적인 주가의 상승 및 하락을 나타내는데 U마크는 단기적인 매입 신호, D마크는 단기 매도 신호로 볼 수 있습니다.

아쉽게도 위의 그림처럼 차트에 U마크와 D마크를 표시해서 보여주는 곳은 아직 없는 것 같습니다. 하지만 OBV지표에 U마크와 D마크를 직접 표시해가면서 연습해보면 실전에서의 이해가 좀 더 빨라질 것입니다.

▮ OBV를 이용한 매매 신호 해석법

거래량을 나타내는 OBV선은 아주 중요한 보조지표이지만 약간 어려운 편입니다. 하지만 여러분이 OBV선을 활용해 매매 신호를 읽어낼 수 있도록 쉽게 그림들을 정리하였습니다. 그럼 지금부터 실전 차트를 살펴보며 OBV를 이용한 매매 기법을 알아보겠습니다.

매수 신호

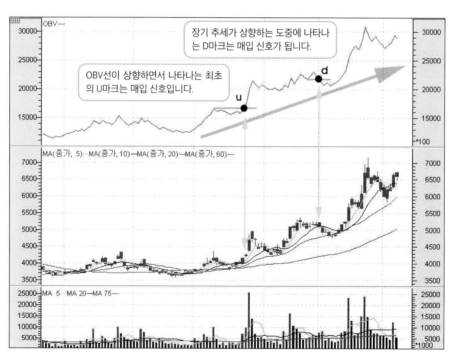

1. 진행 중인 상승추세선상에 최초로 U마크가 나타날 때
2. OBV선이 장기 상승추세에 있으면서 도중에 D마크가 나타날 때

3. D마크가 나타난 후 수일 후, OBV선이 중요 지지선상에 있을 때

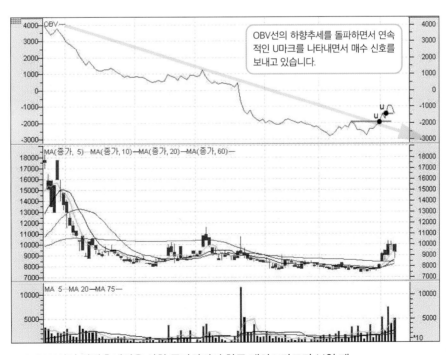

4. OBV선이 하락추세선을 상향 돌파하면서 한두 개의 U마크가 보일 때

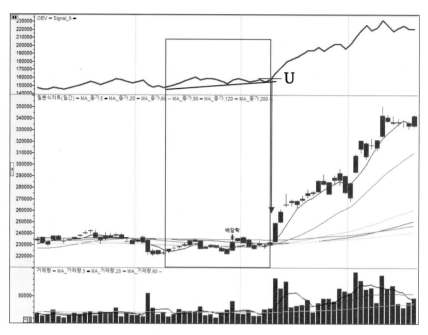

5. 주가가 횡보할 때 상승하는 OBV는 상승의 힘이 축적되고 있는 것으로 판단

매도 신호

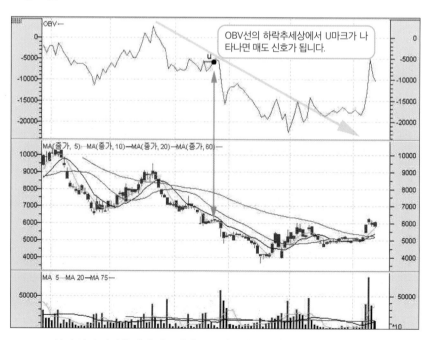

OBV선의 하락추세상에서 U마크가 나
타나면 매도 신호가 됩니다.

1. OBV선이 장기 하락추세에 있으면서 도중에 U마크가 나타낼 때

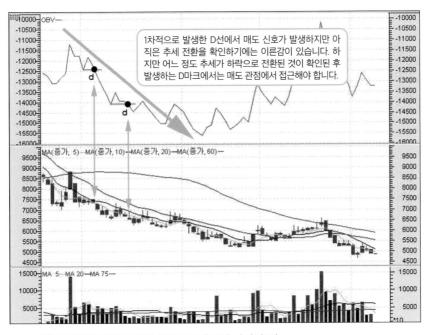

2. 진행 중인 하락추세선상에 최초로 D마크가 나타날 때

3. U마크가 하나 혹은 둘 나타난 후 OBV선이 중요 지지선을 하향 돌파할 때

지금까지 배운 OBV를 이용한 매매 신호 해석법을 한번 정리해 볼까요.

매수
- OBV선이 장기 상승추세에 있으면서 도중에 D마크가 나타날 때
- 진행 중인 상승추세선상에 최초로 U마크가 나타날 때
- D마크가 나타나고 수일 후, OBV선이 중요 지지선상에 있을 때 (지지 여부)
- OBV선이 하락추세선을 상향 돌파하면서 한두 개의 U마크가 보일 때
- 주가가 횡보할 때 상승하는 OBV는 상승의 힘이 축적되고 있는 것으로 판단

매도
- OBV선이 장기 하락추세에 있으면서 도중에 U마크가 나타낼 때
- 진행 중인 하락추세선상에 최초로 D마크가 나타날 때
- U마크가 나타난 후 OBV선이 중요 지지선상에 있을 때(이탈 여부)

마지막으로 OBV의 활용법과 단점에 대해 알아보겠습니다.

활용법
- OBV의 추세를 보자
- 현재의 추세가 기본적인 주식의 추세와 일치하는지 확인하자
- 잠재적인 지지와 저항 수준을 찾자

  돌파되면 OBV의 추세는 바뀔 것이고 이런 돌파들은 반전 신호를 나타낸다

단점
- 누적된 거래량의 수치로 판단하기 때문에 상승추세에서 하락추세 전환 시

  많은 거래량이 수반되지 않으면 다른 지표보다 신호가 늦어 매도 시점을 놓치기 쉽다
- 자전거래 등 비정상적인 거래량 발생 시 왜곡 현상이 발생한다
- 가격(주가의 변화폭)에 대한 내용이 빠져 있어 어려움이 있다
- 변동성이 큰 중소형주의 경우 부적절한 자료이다

※ 자전거래 : 매매를 중개하는 증권회사가 같은 주식을 동일 가격으로 동일 수량의 매수, 매도 주문을 내어
　　　　매매 거래를 체결시키는 것

OBV는 법칙이 많고 좀 복잡한 느낌이죠. 하지만 차근차근 반복해서 읽어보면 충분히 이해가 되실 것으로 믿습니다. 실전 매매에서는 OBV지표의 단일 신호에 의존하기보다는 다른 가격 지표와 병행하여 사용하는 것이 효과적입니다. 다음은 OBV지표의 결점을 보완한 VR지표에 대해 알아보도록 하겠습니다.

"꽃을 꺾고 잡초에 물을 주지 마라." 피터 린치
수익이 나는 주식(꽃)을 보유하고 손실이 나는 주식(잡초)을 과감히 자르는 작업이 필요하다는 의미다. 반대로 꽃을 꺾고 잡초에 물을 주게 되면 결국 잡초만 무성해지는 큰 낭패를 입게 된다.

30

OBV의 단점을
보완한 VR

TODAY'S GOAL
VR지표를 제대로 이해하고 매수 · 매도 신호를 해석하는 법을
알 수 있다!

OBV는 반드시 알아야 할 거래량 보조지표이지만, 단점도 많이 있습니다. 그러한 단점을 보완
하기 위해 VR이라는 보조지표를 사용합니다.
이번 시간에는 VR지표의 개념과 매매 신호를 알아본 후 더 효율적인 사용을 위해 다른 지표
와의 병행 사용법을 배워보도록 하겠습니다.

세부 목차

- VR지표 이해하기
- OBV지표와 VR지표 비교
- VR지표의 효율적인 사용 방법

영상 30

핵심 키워드

'덤비는 물고기는 낚시에 걸린다.'

VR지표 이해하기

VR이란?

앞에서 배웠듯 OBV선은 일정 기준일을 중심으로 주가 상승일의 거래량과 하락일의 거래량을 더하거나 뺀 값을 누적하여 구하는 지표입니다. 바로 이 계산법에서 OBV의 문제점이 생겨납니다.

OBV선은 누계값이기 때문에 기준일에 따라서 수치에 큰 차이가 발생하게 됩니다. 따라서 특정 국면 분석에서는 OBV의 변화 양상을 통해 매매 시점을 파악할 수 있지만 OBV값 자체로 시세를 판단하거나 과거와 비교하는 것은 불가능합니다. 이러한 결점을 보완하기 위해서 누계값이 아닌 비율로 분석한 것이 볼륨레이쇼(Volume Ratio)지표입니다.

VR지표 작성 방법과 보는 방법

★ 단순 누계값으로 계산하는 OBV지표가 가진 결점을 보완하기 위해 만들어진 지표
(일정 기간의 주가 상승일의 거래량과 주가 하락일의 거래량의 비율을 백분비로 나타낸 지표)

$$VR = \frac{\text{(주가 상승일의 거래량합계 + 변동이 없는 날의 거래량 합계 x 0.5)}}{\text{(주가 하락일의 거래량합계 + 변동이 없는 날의 거래량 합계 x 0.5)}} \times 100$$

VR이 300%라는 것은 상승한 날의 거래량이 하락한 날의 거래량의 세 배라는 의미

450 이상	초과열권, 주가 경계 신호 (매도 고려)
300 or 350 이상	과열권 (단기 매도 고려)

현재의 시장 및 주가의 과열 · 침체 여부 판단 시 유용합니다

150 수준	보통 (평균)
70 이하	침체 (단기 매입 고려)
40~60	바닥권 (매수 고려)

제6편 | 보조지표 (2) - 고급편

VR지표를 보는 방법은 다음과 같습니다.

VR지표는 150%를 기준으로, 300% 또는 350% 이상을 과열권으로 70% 이하를 침체권으로 판단합니다. 산출된 볼륨레이쇼가 100%라면 주가 상승일의 거래량 합계와 주가 하락일의 거래량 합계가 같다는 것을 의미합니다. 또 110%라면 주가 상승일의 거래량이 주가 하락일의 거래량 합계보다 10% 많을 경우이고, 90%라면 주가 하락일의 거래량이 10% 많은 것을 나타내는 것이죠.

HTS에서 VR지표를 설정하는 방법이 궁금하신 분들께서는 유튜브 영상을 참고하세요. 그럼 실전 차트를 통해서 보도록 하겠습니다.

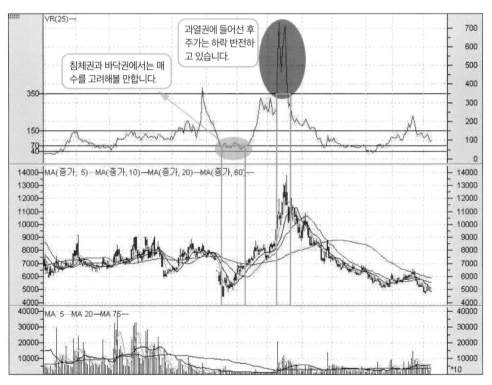

450% 이상 : 초과열권, 주가 경계 신호 (매도 고려)

300% or 350% 이상 : 과열권 (단기 매도 고려)

150% 수준 : 보통 (평균)

70% 이하 : 침체 (단기 매입 고려)

60% ~ 40% : 바닥권 (매수 고려)

위의 차트에서 볼륨레이쇼(VR)는 150%가 보통 수준이며, 350%를 초과하면 주가의 경계 신호가 되고 70% 이하이면 바닥권으로 볼 수 있습니다. 하지만 절대적인 기준이 아니기에 항상 다른 지표나 시장 상황 등을 고려해서 판단해야 합니다.

▌ OBV지표와 VR지표 비교

• VR지표가 OBV의 단점인 매매 시점 포착의 어려움을 해소하는 것을 볼 수 있습니다

위의 차트에서도 알 수 있듯이 OBV지표는 매매 시점 포착이 어렵다는 단점이 있습니다. 두 지표의 장점만 활용하려면 OBV의 경우 바닥권과 천정권에서 발생하는 분기 현상과 방향성에 주목하고 VR의 경우 침체-보통-과열 구간을 활용하는 것이 좋습니다.

▌VR지표의 효율적인 사용 방법

실전에서 VR지표는 단기 매매에 활용하기보다 중기적인 판단에 이용해야 합니다.

VR지표는 시세의 천정권에서 매도 시점을 찾기는 어렵지만 바닥권에서의 매수 시점을 찾는 데는 꽤 신뢰도가 높은 것으로 알려져 있습니다. 아래 차트를 보면 침체(70% 이하)에서 평균 수준(150%) 이상으로 올라가는 시점에서 매수 시점을 찾는 것이 좀 더 신뢰도가 높다는 것을 확인할 수 있습니다.

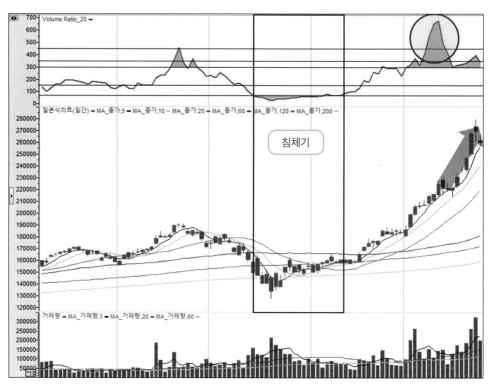

상승장에서는 과열 심리로 인해 시장 가격이 지속해서 올라가는 경우가 많기에, VR지표는 침체기일 때 상대적으로 신뢰도가 큽니다.

또 하나의 차트를 보실까요.

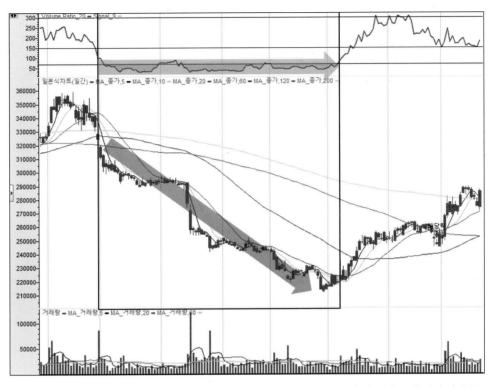

지속적인 하락장에서는 VR지표가 침체 구간에 지속적으로 머물기 때문에 기본 차트 및 기업 실적 등
전반적인 상황을 고려해야 합니다.

이 차트에서는 침체 구간(70% 미만)이 지속되면서 주가도 계속 하락하고 있으며, 앞 차
트와 마찬가지로 VR값이 평균 수준(150%) 이상으로 올라가는 시점을 포착하는 것이 유
효한 매매 판단임을 알 수 있습니다.

이런 단점을 보완하기 위해 다른 지표와 병행해서 사용하게 되는데 거래량 지표와 가
격 지표를 동시에 본다면 보다 효과적일 것입니다. 대표적인 가격 지표인 스토캐스틱과
병행하는 사용 방법을 알아보도록 하겠습니다.

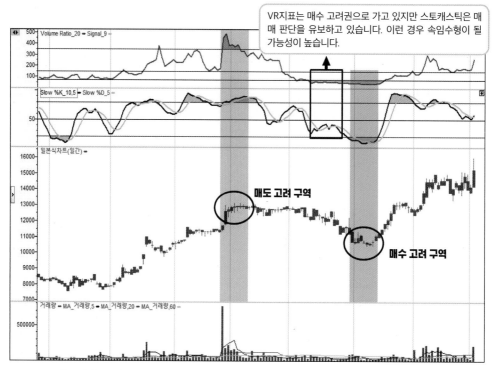

VR지표는 매수 고려권으로 가고 있지만 스토캐스틱은 매매 판단을 유보하고 있습니다. 이런 경우 속임수형이 될 가능성이 높습니다.

매도 고려 구역

매수 고려 구역

- 스토캐스틱과 VR지표가 동시에 과열권역에 도달 ⇒ 주가가 고점을 찍고 하락할 가능성이 큼
- VR지표와 스토캐스틱이 동시에 과매도권역에 도달 ⇒ 매수 고려
- VR지표가 단독으로 극단적인 값을 보임 ⇒ 속임수 가능성 높음

위의 차트에서 볼 수 있듯이 두 가지 지표에서 동시에 신호가 발생하는 구간에서의 매매 신호는 상당한 신뢰를 주고 있습니다. 물론, 스토캐스틱뿐만 아니라 다른 가격 지표와의 병행 사용도 가능합니다. 앞서 배운 ROC나 RSI 등의 지표와도 병행해서 사용해보면서 자신만의 매매 스타일에 맞는 보다 신뢰도 높은 지표를 만들어낼 수 있을 겁니다.

마지막으로 지금까지 배운 내용을 한번 정리해 볼까요?

특징

- 단순 누계값으로 계산하는 OBV지표가 가진 결점을 보완하기 위해 만들어진 지표
- 현재의 시장 또는 주가의 과열 및 침체 여부 판단 시 유용
- 매도 시기보다 매수 시기를 포착하는 판단 자료로 사용하는 것이 효과적
- 단기 매매에 이용하기보다는 중기 매매 판단의 참고 자료로 활용

매매 기법

450% 이상	초과열권, 주가 경계 신호 (매도 고려)	
300% or 350% 이상	과열권 (단기 매도 고려)	VR이 300%라는 것은
150% 수준	보통 (평균)	상승한 날의 거래량이
70% 이하	침체 (단기 매입 고려)	하락한 날의 거래량의 세 배라는 의미
60% ~ 40%	바닥권 (매수 고려)	

전설적인 펀드매니저 피터 린치는 투자자가 항상 '판단의 오류'를 범할 수 있다고 말합니다. "첫번째는 떨어질 만큼 떨어졌기 때문에 더 이상 떨어질 리 없다는 '기대'다. 두번째는 바닥 시세로 잡을 수 있다는 '오만'이다. 세번째는 이미 오를 만큼 올랐는데 어떻게 더 오를 수 있겠는가라는 '오판'이다."

31

중기 투자자의
필수 자료 삼선전환도

TODAY'S GOAL

삼선전환도를 통하여 중기 추세를 분석할 수 있다!

중기 투자를 하기 위해서는 삼선전환도를 보는 법이 대단히 중요합니다.
아무리 종목을 잘 분석하였더라도, 중기 추세가 하락으로 기울고 있다면 단기 이익밖에 거둘
수 없을 것입니다. 중기 추세를 분석하여 수익을 극대화하는 방안이 매우 중요한데, 중기 투
자자와 종목의 추세를 살피기 위해 꼭 필요한 지표가 삼선전환도입니다.
중기 추세를 예측해 볼 수 있는 보조지표인 삼선전환도에 대해 알아보겠습니다.

세부 목차

- 삼선전환도란?

- 양전환과 음전환 신호로 매매를 판단한다

영상 31

핵심 키워드

'매수는 기술 매도는 예술.'

삼선전환도란?

삼선전환도는 시간의 흐름을 무시하고 오로지 가격만을 따져서 작성하는 지표입니다. 작성하는 방법은 종가 기준으로 상승·하락 시 가격을 막대형으로 표시하는 것인데, 새로운 고가나 저가 발생 시에만 도표에 표시합니다.

가격 지표이기는 하지만 작성된 차트상에서 추세를 나타내므로 추세 지표로서의 기능도 가지게 됩니다. 이 지표는 기간이 무시되어 나타나는 것이기 때문에 단기적인 매매에는 부적당하고 중장기적인 투자 판단에 적절한 지표입니다.

★ 시간 개념을 제외한 가격을 기초로 만든 박스 형태의 차트
  (주로 주가의 상승이나 하락 전환 시점을 파악하는 데 사용)

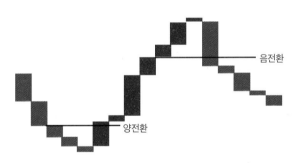

삼선전환도는 새로운 고가 또는 저가를 기록할 때만 차트에 기록

양전환	직전의 하락선 세 개를 돌파하는 상승 발생 시 추세 상승 전환으로 판단
음전환	직전의 상승선 세 개를 하향 이탈하는 하락 발생 시 추세 하락 전환으로 판단

그렇다면 삼선전환도에서는 양전환과 음전환 개념만 이해하면 충분할까요?

우선은 충분하다고 말씀드리고 싶습니다. 삼선전환도는 매매 시점 포착에 이용하기보다는 전체적인 종목의 흐름을 파악하는 데 유용한 보조지표입니다. 즉, 이 보조지표에서

는 상승추세인지 하락추세인지를 확인하는 것이 가장 중요합니다. 삼선전환도는 분석 방법이 지극히 간단할 뿐만 아니라, 일시적인 주가 변동에 속지 않고 확실한 전환 시점을 포착할 수 있다는 점에서 지금까지 널리 이용되고 있습니다.

삼선전환도가 어떻게 만들어지는지 자세하게 설명 드리겠습니다.

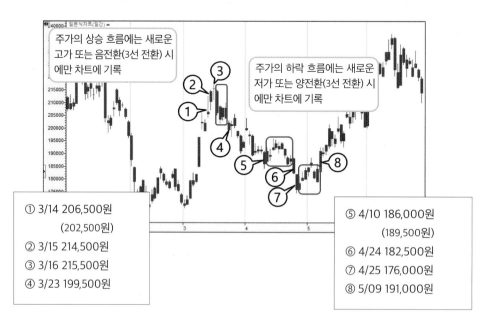

① 3/14 206,500원
　　 (202,500원)
② 3/15 214,500원
③ 3/16 215,500원
④ 3/23 199,500원

⑤ 4/10 186,000원
　　 (189,500원)
⑥ 4/24 182,500원
⑦ 4/25 176,000원
⑧ 5/09 191,000원

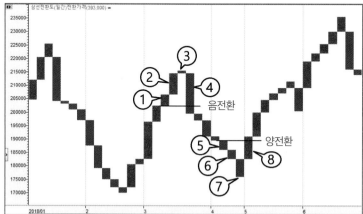

▶ 직전의 상승선 세 개를 하향 이탈하는 하락 발생 시 추세 하락 전환으로 판단(3선 전환, 음전환)
▶ 직전의 하락선 세 개를 돌파하는 상승 발생 시 추세 상승 전환으로 판단(3선 전환, 양전환)
※ 시간의 흐름을 무시하고 오로지 가격만을 따져서 작성한다는 것을 알 수 있습니다.

상당히 복잡해 보이지만 아주 간단합니다. 시간의 흐름은 무시하고 새로운 고가 또는 저가가 나올때만 표시하며, 직전 하락선 세 개를 돌파하는 상승 발생 시와 직전 상승선 세 개를 하향 이탈하는 하락 발생 시에 표시한다는 것입니다.

그럼, 삼선전환도를 실전 투자에서는 어떻게 이용하는지 알아볼까요? 그리고 양전환과 음전환은 어떻게 판단하는지 알아보겠습니다.

▮ 양전환과 음전환 신호로 매매를 판단한다

직전의 하락선 세 개를 돌파하는 상승(3선 전환)발생 시 추세 상승 전환으로 판단하여 매수를 고려하게 됩니다. 반대로 직전의 상승선 세 개를 하향 이탈하는 하락 발생 시 추세 전환으로 판단하여 매도를 고려하게 됩니다. 차트를 보실까요.

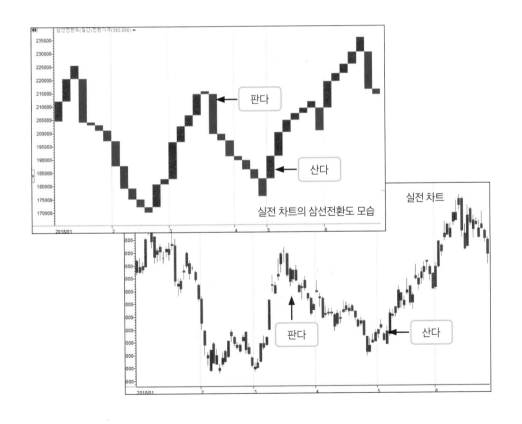

실전 차트의 삼선전환도 모습

실전 차트

여기서 상승추세가 진행 중일 때 속임수형을 피하기 위해 이전의 양선을 하향 돌파하는 수를 늘려서 5선 전환, 7선 전환 때까지 추세 판단을 유보하는 경우도 있습니다.

차트로 확인해 보겠습니다.

추세 판단 유보 전략 : 상승추세가 진행 중일 때 속임수 방지

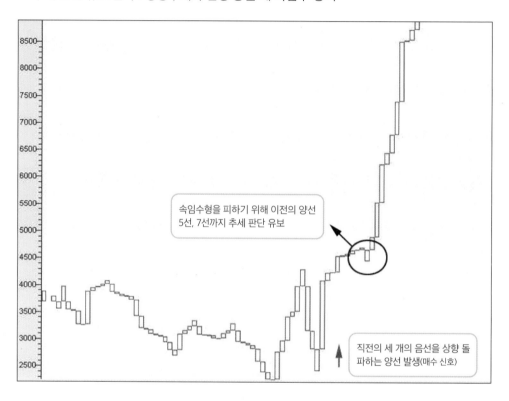

속임수형을 피하기 위해 이전의 양선
5선, 7선까지 추세 판단 유보

직전의 세 개의 음선을 상향 돌파하는 양선 발생(매수 신호)

반대로 다음 차트와 같이 하락추세가 진행 중일 때 속임수 방지를 위해 5선 전환, 7선 전환 때까지 추세 판단을 유보하는 경우도 있습니다.

추세 판단 유보 전략 : 하락추세가 진행 중일 때 속임수 방지

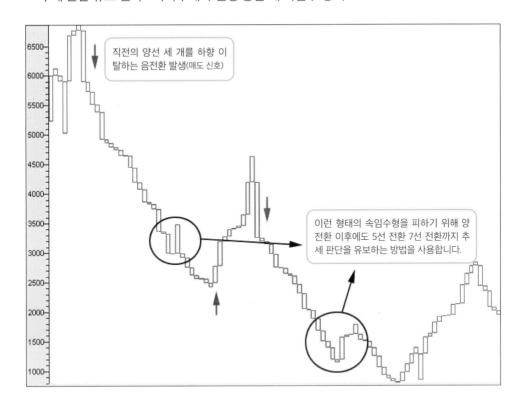

삼선전환도는 분석 방법이 간단하여 일시적인 주가 변동에 속지 않고 분명하게 투자를
결정할 수 있지만 그 이용상의 한계점을 가지고 있습니다. 한계점과 극복 방법을 정리해
보면 다음과 같습니다.

필터 기법의 경우 각 개인의 경험이나 매매 형태에 따라 적용하는 퍼센트는 차이를 보일 수 있습니다.

잘 보셨나요? 작성법도 간단하고 매매 신호 역시 간단하지만 실제 매매에 적용하기에 약간은 부족한 감이 있습니다. 그럼에도 '무릎에서 사서 어깨에서 팔라'는 주식 격언에 딱 어울리는 신호를 주는 지표이며, 여러 가지 지표와 함께 사용하면서 매매 판단에 참고하기에는 부족함이 없는 지표입니다.

"당신은 시장을 통제할 수 없다. 오로지 시장에 들어갈지 여부와 언제 들어갈지 여부만을 결정할 수 있다. 대부분은 매매에 들어갈 때 신경과민이 된다. 일단 시장대중에 속하면 갖가지 감정들로 흐려진다. 이 결과 매매 계획은 흐트러지고 돈을 잃는다." 알렉산더 엘더

32

시세에 선행하는 모멘텀 지표

TODAY'S GOAL
모멘텀 지표를 통하여 주가 상투권과 바닥권을 잡아낼 수 있다!

오늘 배울 모멘텀 지표는 주가에 앞서 신호를 보내는 선행성 때문에 주가의 상투권이나 바닥권을 잡아내는 데는 상당한 신뢰를 가지는 지표입니다.

세부 목차

- 모멘텀 지표란?
- 모멘텀 지표의 매매 신호를 읽어라

영상 32

핵심 키워드

'머리와 손은 함께 움직여라.'

▌ 모멘텀 지표란?

이번 장에서 배울 모멘텀 지표는 그 명성에 비해서 일반 투자자들이 실제 매매에 응용하는 경우는 그리 많지 않습니다. 하지만 주식시장을 업으로 삼는 전문가들은 중요한 참고 지표로 사용하고 있습니다. 특히 주가에 앞서 신호를 보내는 선행성 때문에 주가 상투권이나 바닥권을 잡아내는 데는 상당한 신뢰를 가지는 지표입니다. 어떻게 만드는지부터 알아보겠습니다.

★ 현재의 가격과 일정 기간 전의 가격 차이를 비율로 나타낸 추세 지표

$$\text{모멘텀(Momentum)} = \frac{\text{현재 주가}}{\text{N일 전 주가}} \times 100$$

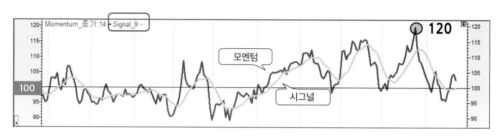

▶ 14일 모멘텀 지표가 120
  : 현재 주가가 과거 14일 전 주가보다 20% 상승해 있다는 뜻.
▶ 시그널 = 모멘텀의 9일간 이동평균

모멘텀 지표는 100을 기준선으로 당일 종가와 설정한 기간 전의 종가를 비교하여 몇 퍼센트 증감하였는지를 표시한 지표입니다. 그리고 모멘텀 지표에서 시그널은 모멘텀의 9일간 이동평균을 나타내는 선이지만, 중요하게 사용되는 지표는 아닙니다.

▐ 모멘텀 지표의 매매 신호를 읽어라

모멘텀선이 100선의 상방향에 위치하고 있다면 주가가 상승추세에 있다는 것이고 100선 위에서 계속 올라간다면 상승추세가 가속되고 있음을 의미합니다. 주가가 하락추세라면 반대로 나타나게 되겠죠?

모멘텀이 상승은 하지만 그 가파르기가 점점 줄어든다면 주가가 상승하는 힘이 점점 줄어들고 있다는 것을 나타냅니다. 이런 경우라면 결국 주가는 하락의 길로 접어들겠죠? 이러한 시점을 잘 포착해 내는 것이 모멘텀 지표의 특징입니다.

모멘텀 지표를 활용한 매매 방법에는 기준선과 모멘텀의 교차 이용, 분기 현상 분석, 시그널선 활용의 세 가지가 있지만, 가장 중요한 것은 기준선 활용입니다.

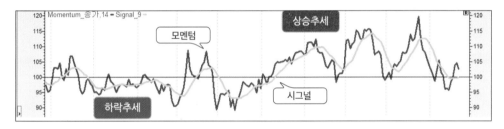

1. 기준선 활용
- 100 상향 돌파 → 매수 신호
- 100 하향 돌파 → 매도 신호

2. 분기 현상 분석

3. 시그널 활용

다만 시그널선은 앞서 이야기했듯 모멘텀 지표에서는 중요하게 활용되는 자료가 아니기 때문에, 1번과 2번 활용법을 잘 알아두는 것이 좋습니다.

모멘텀이 100을 상향 돌파하면 매수 신호입니다. 실전 차트를 통해 확인해 볼까요.

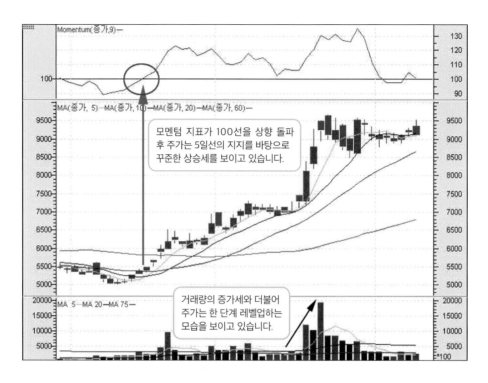

모멘텀 지표가 100선을 상향 돌파
후 주가는 5일선의 지지를 바탕으로
꾸준한 상승세를 보이고 있습니다.

거래량의 증가세와 더불어
주가는 한 단계 레벨업하는
모습을 보이고 있습니다.

이번에는 모멘텀이 100을 하향 돌파하는 경우의 실전 차트입니다.

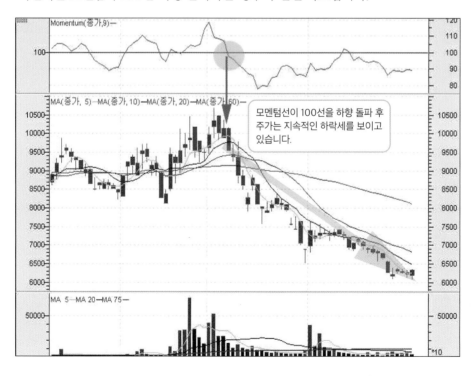

모멘텀선이 100선을 하향 돌파 후
주가는 지속적인 하락세를 보이고
있습니다.

다음은 분기 현상 분석 차트입니다.

주가에 선행해서 매도 신호를 보내고 있습니다. 모멘텀 지표는 주가에 선행한다는 특징을 가지고 있습니다.

모멘텀 지표는 주가가 횡보하는 경우에는 지속적으로 매매 신호를 보내기 때문에 매매에 이용하기에 부적당하므로 단기적인 매매보다는 추세 전환의 신호 포착에 사용하는 것이 일반적입니다.

알아두면 좋은 팁!

모멘텀 지표의 방향 전환을 활용한 감각적 매매와 기간 설정별(14/25일) 장·단점을 확인할 수 있는 차트를 다음 페이지에 실어 두었습니다. 자세한 설명은 유튜브 영상을 참고하세요.

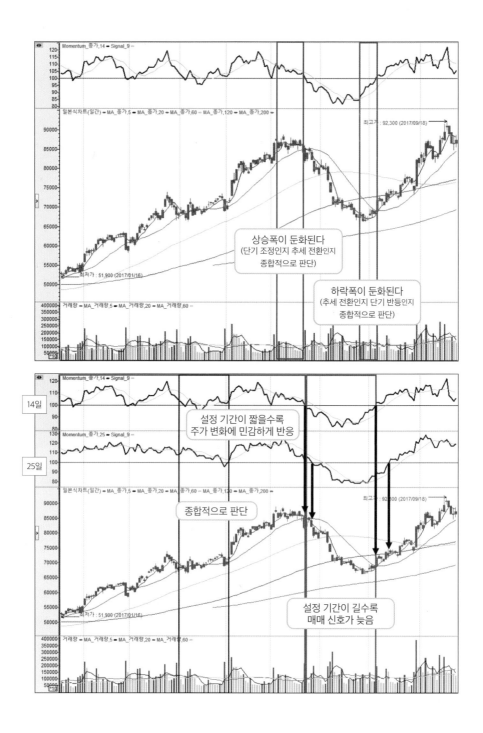

상승폭이 둔화된다
(단기 조정인지 추세 전환인지
종합적으로 판단)

하락폭이 둔화된다
(추세 전환인지 단기 반등인지
종합적으로 판단)

14일

25일

설정 기간이 짧을수록
주가 변화에 민감하게 반응

종합적으로 판단

설정 기간이 길수록
매매 신호가 늦음

"투자자의 신경이 가장 날카로워지는 경우는 가진 주식이 하나도 없는데 주가가 오르기 시작할 때이다." 앙드레 코스톨라니

33

시장 심리를
읽어내는 심리선

TODAY'S GOAL
심리선을 통하여 시장의 심리를 읽어낼 수 있다!

주식시장은 심리전이라는 말이 있듯이, 사람들의 심리를 읽어내는 것도 매우 중요합니다. 경제 활동에서 매매와 협상은 상대편의 심리를 얼마나 읽어낼 수 있느냐에 따라서 성공과 실패가 결정되기도 합니다. 주식시장도 마찬가지입니다. 대중의 심리를 파악하는 것이 주식시장에서 살아남는 방법이 될 수 있습니다.

오늘은 보조지표 가운데 시장 심리를 수치와 차트로 표현한 심리선에 대해서 알아봅니다.

세부 목차

- 심리선으로 투자자의 심리를 읽어라
- 심리선을 이용한 매매 기법

영상 33

핵심 키워드

'목숨이 걸린 돈에는 손을 대지 마라.'

▮ 심리선으로 투자자의 심리를 읽어라

심리선이란 투자 심리의 변화를 일정 기간 파악하여 과열인가 침체인가를 나타내는 기법입니다. 이는 최근 12일 동안의 주가를 전일과 대비해서 12일 중 상승 일수가 며칠이었는지를 비율로 나타낸 지표입니다. 여기에서 12일이라는 기간 설정은 인간의 심리 변화에 12일 주기의 원시적 리듬이 있다는 이론에 근거하고 있습니다. 하지만 요즘은 기간을 10일로 설정하여 사용하는 경우도 많이 있습니다.

★ 심리선: 투자 심리의 변화를 일정 기간 동안 파악하여 과열인가, 침체 상태인가를 나타내는 기법
   (보통 10일, 12일 적용)

$$심리선 = \frac{N일\ 중\ 주가\ 상승\ 일수}{N일} \times 100$$

기간(N일)	10일
상승 일수	7일
하락 일수	3일
투자 심리선	70%

★ 활용법

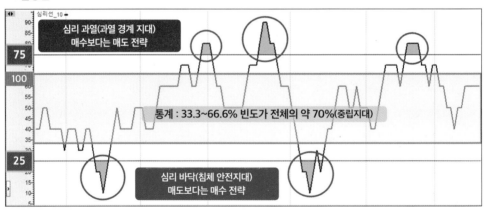

예를 들어 12일 중에서 상승 일수가 9일이면 심리선의 값은 75%가 됩니다. 일반적으로 심리도가 75% 이상일 때의 시장 상황은 과열 상태로 판단하여 매도 시점이 되고, 반대로 25% 이하일 경우에는 바닥권으로 보아 매입 시점이 됩니다. 이해를 돕기 위해 위의 그림을 다르게 표현해 보겠습니다.

★ 심리선은 현재 시장이 과열 국면인지 침체 국면인지를 파악하여 단기적 매매 시점을 결정하기 위한 지표로
 과열 상태(75% 이상)일 때는 매수보다는 매도의 전략을 취하고
 침체 상태(25% 이하)일 때는 매도보다 매수의 전략을 취하여 장세 대응을 객관적으로 하기 위해 사용한다.

매수 시점	심리선의 위치가 25% 이하일 경우
매도 시점	심리선의 위치가 75% 이상일 경우

★ 활용법

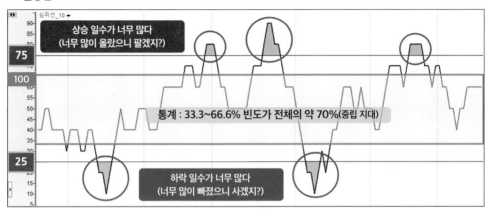

그럼, 자신의 보유 종목을 어떻게 해야 할지 답이 나오겠죠?

이제 심리선이 실전 투자에서 어떻게 활용되는지 알아보겠습니다.

▌심리선을 이용한 매매 기법

심리선을 이용한 매매 기법은 의외로 간단합니다. 심리선은 어디까지나 보조지표이기 때문에 정확한 매수와 매도 타이밍보다는 대략적인 시기를 판단하기 위해 활용됩니다.

그럼, 실제 차트로 심리선을 활용하는 방법을 알아보겠습니다.

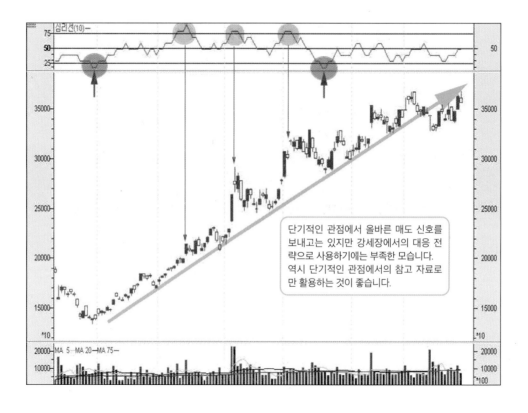

단기적인 관점에서 올바른 매도 신호를 보내고는 있지만 강세장에서의 대응 전략으로 사용하기에는 부족한 모습입니다. 역시 단기적인 관점에서의 참고 자료로만 활용하는 것이 좋습니다.

또 하나의 차트를 보실까요.

처음 배우는 주식 차트

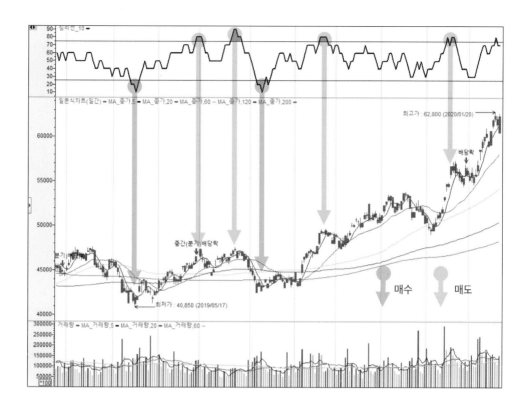

이 차트 역시 단기적인 관점으로 보면 심리선이 과열 국면(75%이상)과 침체 국면(25%이하)에서 매매 신호를 잘 보내고 있습니다.

이렇듯 심리선은 단기적인 시장의 과열 양상을 나타내는 데는 탁월한 지표입니다. 하지만 심리선 지표는 중·소형주의 경우 거짓 신호를 나타내는 경우가 많습니다. 하나의 참고 자료로 활용하기에는 유용하지만 심리선 하나에 의존한 매매는 실패 확률이 상당히 높으므로 다른 지표들과 혼용해서 사용하시는 것이 바람직합니다.

"과도한 욕심은 부리지 말고 늘 수중의 자금만으로 행동하라." 고레카와 간조

34

시세의 강도를
나타내는 ROC

TODAY'S GOAL
ROC지표로 상승 강도와 하락 강도를 측정할 수 있다!

주식투자 종목을 매수하였을 때 그 종목은 상승과 하락의 두 가지 길을 가게 될 것입니다. 자신의 보유 종목이 상승을 할 경우 상승 에너지가 어느 정도인가를 파악해서 수익을 극대화해야 합니다.

반대로 보유 종목이 하락할 경우에는 하락 에너지의 세기가 어느 정도인지를 빨리 파악하여 손절을 해야 하는지, 부분 매도를 해야 하는지를 결정해야 합니다.

그럼, 종목의 시세 강도를 어떻게 파악할까요? 일반적으로 시세의 강도를 측정하는 ROC라는 보조지표를 사용합니다. 오늘은 ROC에 대해 알아보겠습니다.

세부 목차

영상 34

핵심 키워드

'부피가 크다고 좋은 것은 아니다.'

▌ ROC지표란?

ROC(Rate of change: 가격변화율)란 당일 종가와 일정 시점의 종가 간의 차이를 백분율로 나타낸 지표입니다. 이 지표를 활용하면 현재 가격과 일정 시점의 가격을 비교하여 현재 가격이 상승추세에 있는지 하락추세에 있는지를 판단할 수 있습니다. 말이 좀 어렵죠. 앞에서 배운 모멘텀 지표, 기억 나시나요? 모멘텀 지표를 이해하신 분들은 쉽게 접근할 수 있습니다.

아래 그림을 보면 쉽게 이해가 되실 겁니다.

★ 과거 일정 시점의 가격과 대비한 현재 가격의 상승률로서 추세의 반전을 알려주는 지표

$$Price\ ROC(\%) = \frac{현재\ 주가 - N기간\ 전\ 주가}{N기간\ 전\ 주가} \times 100$$

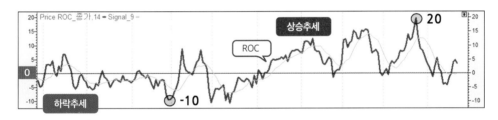

▶ 14일 ROC 지표 20
 : 현재 주가가 과거 14일 전 주가보다 20% 상승해 있다는 뜻
▶ 기준선 0선 위에 있으면 상승추세, 0선 아래에 있으면 하락추세

ROC는 0선을 기준으로 등락을 거듭하며 지표가 0선 위쪽에서 진행되면 주가는 상승추세에 있다고 보고, 0선 아래쪽에서 진행되면 주가가 하락추세에 있다고 분석합니다.

이제 ROC를 이용한 매매 기법을 알아보겠습니다.

▌ ROC 매매 기법: 0선이 중요하다

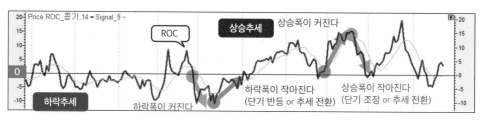

1. 기준선 0선 활용

- 0 상향 돌파 → 매수 신호
- 0 하향 돌파 → 매도 신호

▶ 0선에서 멀어질수록 주가의 변동폭이 크고
0선에 가까워질수록 변동폭이 작아집니다.

2. 분기 현상 분석

ROC지표에서 중요한 선은 역시 0선입니다. ROC의 0선은 추세 반전을 알려주는 중요한 선으로 ROC지표가 0선을 하향 돌파하면 주가의 하락추세 전환을 예상할 수 있으며, 지표가 0선을 상향 돌파하면 주가의 상승추세 전환을 예상할 수 있습니다.

0선이 중요하다는 것을 잊지 말아야 합니다.

또한 ROC지표의 값이 0선에 가까워질수록 주가의 변동폭은 작아지며 0선에서 멀어질수록 주가의 변동폭이 커집니다.

그럼 기준선을 활용한 매매 신호를 차트로 확인해 보겠습니다.

0선 상향 돌파
매수 신호

분기 현상

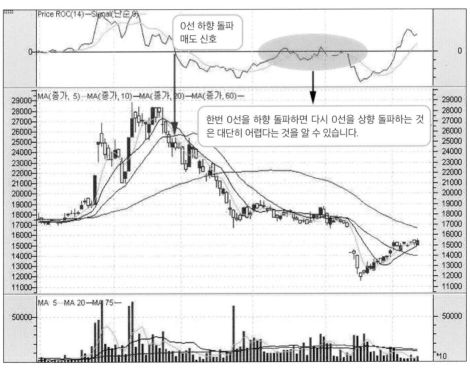

0선 하향 돌파
매도 신호

한번 0선을 하향 돌파하면 다시 0선을 상향 돌파하는 것은 대단히 어렵다는 것을 알 수 있습니다.

▌ROC에서 분기 현상을 이용하는 방법

분기 현상은 앞서 공부한 보조지표에서 여러 번 배웠고, 다양한 보조지표에 사용할 수 있다고 말씀드렸죠?

그럼, ROC에서 분기 현상을 어떻게 이용하는지 알아볼까요?

우선, 다음 차트를 한번 보세요.

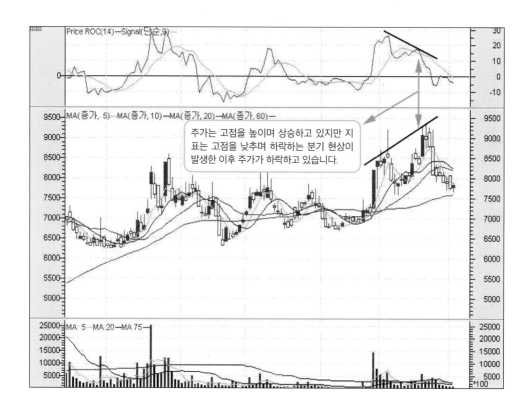

주가는 고점을 높이며 상승하고 있지만 지표는 고점을 낮추며 하락하는 분기 현상이 발생한 이후 주가가 하락하고 있습니다.

다음은 상승형 분기 현상이 발생한 경우의 차트입니다.

결론적으로 ROC는 추세선이 가격 흐름과 같은 방향으로 움직일 때 유용한 기법입니다. 아주 쉽죠. 하지만 머리로만 이해해서는 안 되고 자기 것으로 만드는 것이 중요합니다. 꼭 보유 중인 종목을 체크하면서 확인해보시기 바랍니다.

ROC와 SROC(Smoothed ROC) 병행 사용법

마지막으로 ROC의 최대 단점을 보완한 지표인 SROC(Smoothed ROC)와 병행하는 투자법에 대해 알아보겠습니다.

일반적으로 SROC의 상승 전환은 주가의 바닥을 나타내고 하락 전환은 정점을 나타냅니다. 다음의 차트를 보면 SROC의 상승 전환이 ROC의 0선 돌파보다 선행하기 때문에 SROC가 상승 전환하고 ROC가 0선을 상향 돌파할 때 확신을 갖고 매매에 임하는 것입니다.

★ SROC
프레드 슈츠만(Fred G. Schutzman)이 개발한 지표로, 지수이동평균을 통해 ROC의 최대 단점을 보완한 지표.

★ 추세 활용
SROC는 주가 움직임보다 선행하는 경향이 있으므로 상승 전환이면 매수 신호,
하락 전환이면 매도 신호로 분석

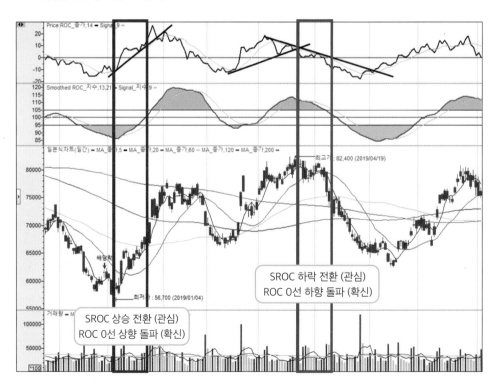

처음 때우는 주식 차트

또한 ROC 0선 교차법 외에도 지표에 추세선을 그어 상승 또는 하락추세선의 이탈을 이용하는 방법도 있습니다. 이 방법은 ROC 추세선과 시장 가격이 같은 방향으로 움직일 때 의미가 있습니다. 이때 ROC가 형성된 추세선을 이탈할 경우 추세 전환이 임박한 신호로 봅니다. 추세선 이탈 이후 0선을 교차한다면 매매 신호의 신뢰도가 더욱 높다고 할 수 있습니다.

"후회에 두 가지가 있으니 이것을 생각할 것. 시세 변동의 때 지금 5, 6일 기다린다면 충분히 얻을 이익을 섣불리 서둘러서 2, 3할 놓치고 나서 후회하는데 이는 웃고 넘어갈 후회이다. 또 7, 8할 이익이 될 쌀을 욕심에 휘둘려 결국 하락으로 손실을 보고 후회하는데 이는 고생 끝에 후회이다. 신중하게 생각할 일이다." 혼마 무네히사

"매매 기준은 주가 수준보다 대세 흐름을 봐야 한다"

대시세의 시작이라고 생각하면 주가가 아무리 많이 올라도 사야 하며,
천정을 치고 하락하는 시세에서는 주가가 아무리 싸도 매입해서는 안 된다.
주가 수준보다는 주가의 흐름을 봐서 매매해야 한다.

제7편

패턴 분석 (1)
반전형

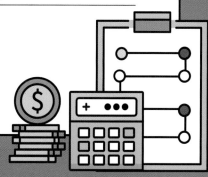

35

패턴 분석
기초부터 알고 하자

TODAY'S GOAL
패턴의 두 가지 형태인 지속형과 반전형의 의미를 알 수 있다

주식시장은 패턴의 반복이라고 해도 과언이 아닙니다. 패턴은 과거의 주가의 흐름을 통해 검증된 몇 가지의 일정한 모형을 현재의 주가 패턴과 대입해 앞으로의 주가 행방을 예측하는 데 활용됩니다. 본격적으로 패턴을 공부하기 전 꼭 체크해야 할 사항들을 알아봅니다.

세부 목차

- 패턴이란?
- 패턴 분석 시 반드시 고려해야 할 세 가지 사항
- 반전형의 특성을 알아야 패턴 분석이 쉬워진다

영상 35

핵심 키워드

'익은 감은 건드리기만 해도 떨어진다.'

▎패턴이란?

지금부터 패턴에 관하여 '제7편 패턴 분석(1)'의 다섯 편과 '제8편 패턴 분석(2)의 다섯 편을 합하여 총 열 편에 걸쳐 공부해보도록 하겠습니다.

우선 패턴이란 무엇이며 주식시장에서는 어떤 의미로 쓰이는 것일까요? 패턴(Pattern)은 '형식', '형태'라는 뜻입니다. 주가의 흐름을 지도로 나타낸 것이 차트라는 것은 이제 잘 아실 것입니다. 사람들은 과거의 주가 흐름인 차트를 되짚어보고 일정한 형태를 가진 흐름들을 발견했습니다. 그리고 이런 형태가 그 한 종목에 국한된 것이 아니고 다른 종목에도 비슷하게 나타난다는 것도 알게 되었습니다. 이런 일정한 형태를 가진 차트를 정형화시켜 모형으로 만들었는데, 이것을 주식시장에서는 패턴이라고 부릅니다.

그럼, 이런 패턴을 우리가 왜 알아야 하는 것일까요?

앞으로 배울 패턴들을 우리가 미리 알아둔다면 현재 여러분이 가진 주식들의 주가 흐름이 앞으로 어떤 향방으로 움직이게 될지 미리 예측할 수 있기 때문입니다. 그러면 매수·매도 시점이 언제인지도 알게 되겠죠.

하지만, 이런 패턴들은 빈도가 높은 형태를 패턴으로 만들어 놓은 이론일 뿐이니, 이것만을 믿고 매매하시는 실수는 범하지 마시길 바랍니다. 모형은 모형일 뿐 실제와는 다르다는 것, 잊지 마세요!

자, 그럼 패턴에는 어떤 유형이 있을까요?

패턴은 크게 추세가 전환되는 반전형, 추세가 계속되는 지속형으로 나눌 수 있습니다. 패턴에서 반전형은 모양이 만들어지는 데 걸리는 시간이 일반적으로 중·장기이며 지속형은 반전형에 비해서는 단기라는 특성이 있습니다. 이제 남은 강의 중 제7편에서는 반전형 패턴을, 제8편에서는 지속형 패턴을 알려드리겠습니다.

위의 내용을 정리해 보면 다음과 같습니다.

패턴이란?

과거의 주가 흐름의 일정한 형태를 정형화시켜 모형으로 만든 것

반전형 패턴	지속형 패턴
추세가 전환됨 중장기간에 걸쳐 만들어짐	추세가 지속됨 반전형에 비해 단기간에 만들어짐
머리어깨형 / 역머리어깨형, 이중천정형 / 이중바닥형, 원형, V자형	대칭삼각형 / 직각삼각형, 상승쐐기형 / 하락쐐기형, 깃발형, 페넌트형, 직사각형

패턴 분석 시 반드시 고려해야 할 세 가지 사항

패턴을 배우기에 앞서 패턴 분석 시 함께 알아두어야 할 사항에 대해 몇 가지 언급하고 지나가도록 하겠습니다. 다음에 나올 고려 사항들은 비단 패턴 분석 시에만 중요한 사항은 아니므로 매매 결정 시 꼭 체크하는 습관을 들이신다면 좋은 투자 성과가 있으리라 생각됩니다.

거래량 **거래량을 꼭 체크해야 한다**

각 패턴에서 거래량이 어떻게 형성되는지를 알아두면 각 패턴의 정확성을 더욱 확실하게 할 수 있습니다.

특성 찾기의 원리 **특성이 비슷한 종목 찾기**

특성이 비슷한 종목들에게 맞는 패턴을 찾는 것이 무엇보다 중요합니다.

확인의 원리 **다른 보조지표와 함께 분석한다**

거래량, 추세, 캔들, 이동평균선, 단기 · 중기 지표 등 다른 기술적 지표와 함께 분석해서 투자 결정의 근거를 강화해야 합니다.

첫번째, 거래량을 꼭 체크 하십시오!

주가는 속일 수 있어도 거래량은 속일 수 없다는 말이 있을 정도로 거래량 분석은 매우 중요합니다. 각 패턴에서의 거래량 형태는 뒤에서 각각 설명하도록 하겠습니다.

두번째, 특성 찾기의 원리입니다!

주식시장에는 여러 종목이 있습니다. 다양한 종목들에 한 가지의 패턴을 똑같이 대입해 같은 결과가 도출되길 바라는 것은 모순적인 생각입니다. 이는 마치 소에게 주는 사료나 환경을 돼지나 양에게 똑같이 제공하여 기른다면 송아지가 태어날 것이라고 생각하는 것과 같습니다. 어디로 튈지 모르는 주식시장에서 같은 특성을 가지지 않는, 심지어 같은 업종도 아닌 종목들에 한 가지 패턴이 똑같이 적용되기는 힘들 것입니다. 그러므로 패턴을 분석하기 전에 특성이 비슷한 종목을 찾는 일이 무엇보다 중요하며, 이를 '특성 찾기의 원리'라고 합니다.

우리가 테마별로, 업종별로 종목을 분류해 놓고 보는 이유도 이런 원리를 감안해서일 것입니다.

세번째, 확인의 원리입니다!

확인의 원리란 다른 기술적 지표와 함께 분석해야 한다는 것입니다. 앞서 배웠던 캔들이라든지, 추세, 단기 지표, 중기 지표 등과 함께 분석하여 이 지표들이 같은 신호를 나타내고 있는지를 확인해야 합니다. 이 원리는 어디에서나 통용되는 원리입니다.

▌반전형의 특성을 알아야 패턴 분석이 쉬워진다

반전형은 대체적으로 공통된 특성을 가지고 있습니다.

첫번째, 당연한 말이겠지만 반전형이 나타나기 전에 일정한 추세가 진행되어야 한다는 것입니다.

두번째, 일정한 기간 지속되어온 추세선을 상향·하향 돌파했을 때 일반적으로 추세 전환의 신호입니다. 추세 파트에서 배우셨죠? 추세선이 돌파되었다고 해서 반전형 패턴이 완성되는 것은 아니지만, 일반적으로 유의미한 추세가 돌파될 때는 반전 신호로 받아들입니다.

세번째, 패턴이 만들어지는 시간이 길면 길수록 그 패턴의 중요성과 확실성은 더 커지게 됩니다. 또한 그만큼 주가 움직임의 폭도 커지게 됩니다.

네 번째, 일반적으로 상투권에서는 패턴의 형성 기간이 짧고 주가의 등락도 심한데 반해, 바닥권에서는 패턴의 형성 기간이 길고 주가 등락의 범위도 좁게 나타납니다. 즉, '상승기는 짧고, 하락기는 길다'라는 의미입니다.

다섯 번째, 거래량은 상승추세로 전환되는 과정에서 더욱 중요합니다. 특히 바닥권에서 상승으로 전환될 때에는 거래량이 받쳐주지 않으면 추세 전환이 힘듭니다. 그러므로 바닥권에서의 거래량 증가는 필수라고 할 수 있겠죠. 식사하실 때 숟가락이 필요한 것처럼 말이죠.

반전형 패턴의 특징

- 일정한 추세의 진행
- 일정 기간 진행되어온 유의미한 추세선 돌파 시 → 추세 전환 신호
- 오랜 기간 동안 만들어진 패턴은 신뢰성이 높고 주가 움직임도 크다
- 상투권에서 패턴의 형성 기간은 짧고, 바닥권에서의 형성 기간은 길다
- 거래량은 바닥권에서 상승추세 전환 시 필수적이다

오늘 배운 내용들은 앞으로 반전형 패턴을 배우는 데 밑거름이 될 내용이니, 이런 것쯤이야 하고 가볍게 넘어가지 말고 한 번 차근차근 읽어보시기 바랍니다.

마지막으로 모든 증권사 HTS에는 다양한 패턴을 활용할 수 있는 메뉴가 있습니다. (키움증권 '패턴검색' 미래에셋증권 '차트패턴검색' 대신증권 '패턴매치검색') 이런 기능들을 활용하

면 앞으로 배울 다양한 패턴과 이에 맞는 종목을 검색할 수 있습니다. 각 증권사의 HTS 패턴 검색 기능에 대한 자세한 내용은 유튜브 영상을 참고하세요!

이제 패턴을 공부할 준비가 되셨나요? 그럼, 다음 시간부터 본격적으로 패턴 여행을 떠나보겠습니다.

"포지션을 정리했다고 매매가 끝난 건 아니다. 이것을 분석하고 또 배워야 한다. 많은 사람들이 자신들의 실수를 접어버리고 다음 매매 기회를 찾는다. 결과 분석은 감정적인 매매에 대한 교정 수단이다. '이전과 이후' 노트를 작성하라." 알렉산더 엘더

36

반전형의 기본인
머리어깨형과 역머리어깨형

TODAY'S GOAL
머리어깨형과 역머리어깨형 패턴을 통해 매매 시점을 파악할 수 있다!

반전형 패턴 중 가장 신뢰도가 높은 패턴은 머리어깨형과 역머리어깨형입니다. 이번 시간에는 세 개의 봉우리를 가지며 상승추세에서 하락추세로의 전환을 나타내는 머리어깨형과 하락추세에서 상승추세로의 전환 신호를 나타내는 역머리어깨형을 통해서 반전형 패턴의 기본을 익혀봅니다.

세부 목차

영상 37

핵심 키워드

'사고 싶은 약세. 팔고 싶은 강세.'

머리어깨형이란?

　머리어깨형은 상승추세에서 매수세가 소진되어 더 이상 추세를 이어가지 못하고 하락추세로 전환하는 일반적인 반전형 패턴이라고 할 수 있습니다.

　추세선의 돌파는 추세 전환의 기본이며 이것은 반전형의 기초가 됩니다. 추세선 돌파 내용이 기억나지 않는 분들을 위해 다시 한번 그림을 보겠습니다.

★ 추세선의 돌파는 추세 전환의 기본이며 이것은 반전형의 기초가 된다.

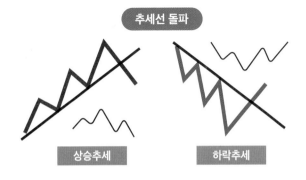

★ 머리어깨형
　상승과 하락을 거듭하며 세 개의 봉우리(사람의 형상)를 만드는 하락 반전형 형태

　머리어깨형이라는 이름에서 이미 알 수 있듯이 이 패턴은 사람의 형상, 즉 왼쪽 어깨-머리-오른쪽 어깨 모양을 하고 있습니다. 사람의 형상인 만큼 당연히 머리가 어깨보다 높아야 하므로 두번째 봉우리가 머리, 즉 가장 높이 위치해 있습니다. 그리고 세번째 봉우리(오른쪽 어깨)는 머리보다 낮으며, 기존 추세선을 하향 돌파한 후에 생겨납니다.

　추세선을 하향 돌파한다는 것 자체만으로도 하락 반전한다는 신호가 됩니다. 이런 종목을 가지고 계시다면 매도를 심각히 고려하셔야겠죠. 추세의 성질이 변화되는 것이기 때문입니다.

　그럼, 머리어깨형이 어떻게 만들어지고 추세가 진행될 때 어느 시점에서 매도를 고려할 수 있는지 알아보겠습니다.

▮ 머리어깨형은 이렇게 만들어진다

머리어깨형 진행 1

첫번째는 왼쪽 어깨와 머리가 만들어지는 시점입니다. 우선 머리어깨형 패턴이 만들어
질 때는 상승추세가 진행되는데 일반적인 상승추세와의 차이점은 거래량에 있습니다.

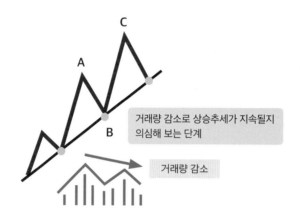

보통 전고점을 돌파하게 될 때 거래량이 전고점의 거래량보다 늘어나는 것이 일반적이
지만 여기서는 거래량이 줄어든 것을 알 수 있습니다. 이럴 때는 상승추세가 지속되는가
를 의심해야 하고 다음 상승이 꼭지가 아닌가 긴장하며 관찰하여야 합니다.

하지만 여기까지는 머리어깨형인지 아닌지를 구분할 수가 없습니다. 단지 거래량 감소
로 상승추세가 지속될지를 의심해보는 단계입니다.

이제부터가 중요합니다. 이어서 오른쪽 어깨가 만들어지는 과정을 지켜보겠습니다.

머리어깨형 진행 2 - 오른쪽 어깨 형성

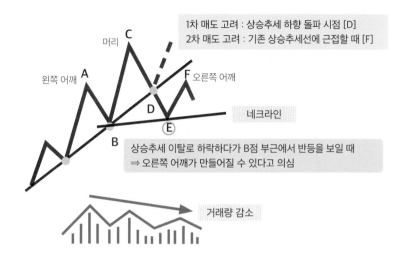

1차 매도 고려 : 상승추세 하향 돌파 시점 [D]
2차 매도 고려 : 기존 상승추세선에 근접할 때 [F]

머리 C
왼쪽 어깨 A
F 오른쪽 어깨
네크라인
D
E
B
상승추세 이탈로 하락하다가 B점 부근에서 반등을 보일 때
⇒ 오른쪽 어깨가 만들어질 수 있다고 의심

거래량 감소

그림을 보면 점선으로 상승해야 할 주식이 상승추세선을 깨고 내려오고 맙니다. 상승추세선을 하향 돌파할 때 미련없이 빨리 도망가야 한다고 추세에서 배웠을 것입니다. (1차 매도 신호 D)

여기서 상승추세 이탈로 하락을 하다가 오른쪽 어깨가 만들어진다고 볼 수 있는 시점은 E점이 B점 부근에서 반등을 보일 때입니다. 만약 1차 매도 시점에서 매도하지 못하고 E점에서 상승하는 모습을 확인했다면, 오른쪽 어깨가 만들어질 수 있다고 의심하고 기존 상승추세선 근처에서 매도 시점을 잡기 바랍니다. 즉, 오른쪽 어깨의 상투가 매도 시점이 됩니다.(2차 매도 시점 F) 이러한 현상은 추세의 되돌림 현상으로 보셔도 됩니다. 주가에는 기존 추세로 돌아가려는 성질이 있다는 것을 배운 적이 있었죠?

이제는 머리어깨형 패턴이 형성되고 있다고 확실하게 판단하셔야 하겠죠.

오른쪽 어깨가 만들어지면서 네크라인선이라는 또 다른 추세선이 만들어지는데요. 머리어깨형에서 아주 중요한 선이 바로 네크라인선입니다. 이 선을 하향 돌파할 시에 머리어깨형이 완성되기 때문입니다. 그림에서 보면 B와 E를 연결한 선입니다.

머리어깨형 진행 3 - 완성

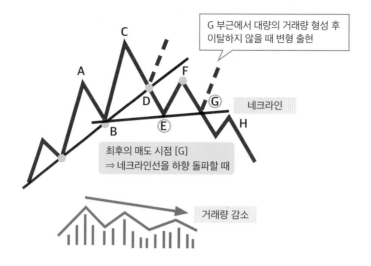

G 부근에서 대량의 거래량 형성 후 이탈하지 않을 때 변형 출현

네크라인

최후의 매도 시점 [G]
⇒ 네크라인선을 하향 돌파할 때

거래량 감소

앞서 네크라인선이 상당히 중요하다고 말씀을 드렸습니다. 이는 네크라인선을 하향 돌파할 때가 최후의 매도 시점이기 때문입니다. 이때 매도하지 못하면 되돌림 현상 발생 시 매도 시점을 잡는 길밖에 없지만, 되돌림 현상이 나타나지 않을 경우도 많기 때문에 네크라인선을 하향 돌파하면 빨리 도망쳐야 합니다. 머리어깨형 패턴으로만 본다면 네크라인선은 최후의 통첩이라고 생각하여야 합니다.

여기서 한 가지 주의할 점! 오른쪽 어깨를 완성한 후 네크라인선 부근에서 대량의 거래량이 형성되면서 이탈을 하지 않고, 상방향으로 움직인다면 머리어깨형 패턴 완성이 아니라 속임수일 수도 있다는 점을 생각하여야 합니다.

실제 패턴은 전형적인 형태보다는 변형이 많이 출현합니다. 머리와 어깨가 정확하게 균형이 잡히지 않는 경우, 어깨가 두 개 또는 그 이상 이루어지는 경우도 있습니다. 그중 왼쪽 및 오른쪽 어깨가 두 개씩 생기는 경우가 가장 많습니다.

이해가 되셨나요? 꼼꼼히 읽었다면 이해가 되셨으리라 생각됩니다.

목표치 계산

머리어깨형이 완성되면 과거의 경험에 기반하여 차후 주가가 어디까지 하락할지를 예측해볼 수 있습니다. 일반적으로 머리에서 네크라인까지의 하락폭만큼 네크라인에서부터 하락할 것으로 예상하며, 이 예상 하락폭을 최소 목표치라고 합니다. 정리하자면, 기본적으로 최소 목표치는 머리에서 네크라인선까지의 수직 거리만큼을 잡는 것이 일반적입니다.

다음 그림을 보실까요.

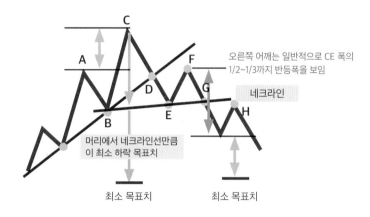

• 최소 목표치란 패턴 완성 후 최소 얼마까지 하락할 것인지 예측하는 것

이제 실전 차트를 보면 아주 쉽게 이해가 될 것으로 생각됩니다.

▌머리어깨형 실전 차트

이번 시간에는 실전 차트를 통해서 머리어깨형이 어떻게 만들어지는지 보겠습니다.

앞서 제가 여러 각도에서의 매도 시점을 알려드렸습니다. 지금까지 배운 모든 지식을 총동원하십시오. 매도 시점이 보일 것입니다.

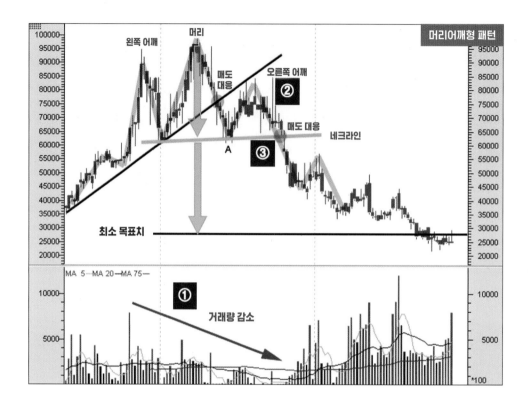

아마도 위에 제시한 실전 차트가 앞서 보여드린 머리어깨형의 특성과 완벽하게 부합하지 않을지도 모릅니다. 이론과 실제가 완전히 맞아 떨어지는 경우는 거의 없습니다. 그러므로 기본적인 틀을 기억해놓은 다음 실제 차트에 맞추어나가는 과정이 필요합니다.

실전을 통해서 얻은 경험과 차트 이론을 현실에 적용시키는 과정을 거쳐 더 유용한 차트 분석을 하실 수 있게 되길 바랍니다.

▌역머리어깨형이란?

머리어깨형이 하락추세로의 전환을 나타내는 패턴이라면 역머리어깨형은 반대로 상승추세로의 전환을 나타낸다고 할 수 있습니다. 역머리어깨형의 형성 과정은 머리어깨형과 거의 유사하기 때문에, 여기서는 간단히 형태만 살펴보겠습니다.

처음 배우는 주식 차트

상승과 하락을 거듭하며 세 개의 봉우리(사람의 형상)을 만드는 상승 반전형 형태

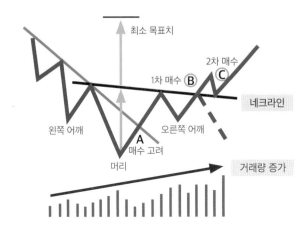

역머리어깨형에서 특징적인 것은 왼쪽 어깨 → 머리 → 오른쪽 어깨가 완성되어갈수록 거래량이 증가한다는 것입니다. 이것은 점차 매수세력의 관심이 집중되고 있다는, 즉 상승으로 몸부림치려는 힘이 강해지고 있다는 의미로 볼 수 있습니다.

그림을 보시면 지속적으로 빠지던 종목이 점차 거래량도 증가하면서 하락추세선을 돌파했습니다(A). 이 시점은 적극 매수 구간이라기보다는 관심 종목에 등록하고 좀 더 추이를 살피는 구간입니다. 아직 다시 하락으로 돌아설 가능성이 남아 있기 때문입니다.

역머리어깨형 패턴에서는 이후 일정한 상승을 보이다 차익 매물로 잠시 하락하던 종목이 하락추세선으로 복귀하지 않고 반등에 성공합니다. 따라서 오른쪽 어깨를 만들고 난 후 네크라인선을 넘어선 순간(B)과 되돌림 현상이 나타날 때 네크라인선의 지지를 받아 재상승하는 부분(C)은 매수 시점이 됩니다.

▌역머리어깨형의 실전 차트

자, 이제는 역머리어깨형의 실전 차트를 보면서 자세히 알아보겠습니다.

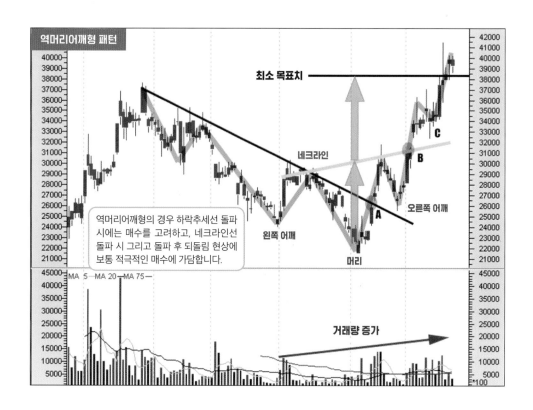

머리어깨형은 반전형 패턴의 기본이므로 될 수 있으면 상세하게 설명하려고 노력했습니다. 여러분께 도움이 되었는지요? 오늘 배운 내용들은 앞으로 배우게 될 내용들의 기초가 됨을 잊지 마시고, 다음시간에는 '이중천정형'과 '이중바닥형'에 대해 알아보기로 하겠습니다.

> "5년 정도 보유하고 싶은 기업의 주식이라면 폭락 때 웃는 얼굴로 사두면 된다. 장기 투자에 투철하려면 개인 투자자의 경우 자신이 좋아하는 5~10종목을 이 패턴으로 단순히 매매해도 좋다."
> 사와카미 아쓰토

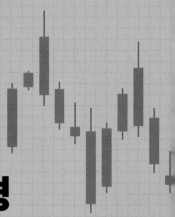

37

머리어깨형의 변형인
이중천정형과 이중바닥형

TODAY'S GOAL
이중천정형과 이중바닥형을 통해 투자 전략을 세울 수 있다!

이중천정형과 이중바닥형은 머리어깨형의 변형으로서 M형·W형이라고도 하며 추세의 전환을 나타내는 지표입니다.

차트 분석 시 빈번하게 발생하는 패턴이며, 특히 하락추세의 바닥권에서 발생하는 이중바닥형의 패턴을 가진 종목은 유망한 매수 종목이므로 필히 익혀두면 좋습니다.

세부 목차

- 이중천정형이란?
- 이중천정형의 실전 차트
- 이중바닥형이란?
- 이중바닥형의 실전 차트

영상 03

'오기는 궁핍과 파멸의 신'

▌이중천정형이란?

이중천정형은 말 그대로 천정에 두 개의 봉우리를 갖고 있다는 뜻입니다. 이 패턴은 주가가 상승추세에서 두 개의 봉우리를 만들면서 더 이상 고점을 높이지 못하고, 차차 거래량이 감소하면서 주식을 추가 매수하려는 세력이 줄어들고 있음을 암시합니다. '천정이 두 개이다'라는 것 이외에는 머리어깨형이나 삼중천정형과 별반 다를 것이 없습니다.

자, 이제 이중천정형의 형태를 살펴보겠습니다. 전편에 배운 머리어깨형과 비교했을 때는 머리와 왼쪽 어깨의 상투 높이가 비슷하다는 것과 오른쪽 어깨가 없다는 점에서 그 차이점을 확인해볼 수 있겠습니다.

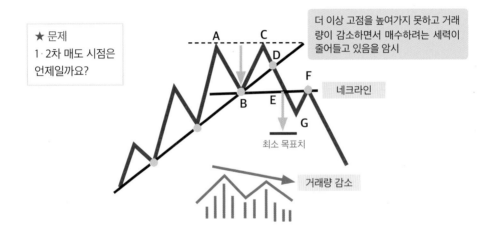

이중천정형에서도 첫번째 봉우리가 만들어질 때까지 상승추세가 지속된다는 것은 머리어깨형과 마찬가지입니다. 중요한 것은 두번째 봉우리가 만들어질 때입니다. 두번째 봉우리가 기존의 첫번째 봉우리의 고점을 더 이상 돌파하지 못하고, 거래량도 전고점에 미치지 못하면서 하락 반전합니다. 그리고 상승추세선을 하향 돌파하고 나서 네크라인선까지 하향 돌파하면서 이중천정형이 완성됩니다. 상승추세선 이탈(D)이 매도 시점, 네크라인선 하향 돌파(E)가 2차 매도 시점입니다.

만약 네크라인선에서 지지에 성공한다면 박스권이나 삼중천정형을 고려하여야 합니다.

이때 여러분이 주의하셔야 할 것은 A와 C의 주가 수준입니다. 여기서는 두 천정의 가격이 거의 동일하다고 표현하고 있지만, 실제 차트에서는 두번째 천정이 높을 수도 있습니다.

일반적으로 이중천정형에서 최후의 매도선은 네크라인선에 근접한 주가대입니다. 이 가격대에서라도 매도하여야 손실을 최소화하실 수 있습니다. 하락 반전 이후 주가가 어디까지 하락할지는 머리어깨형과 마찬가지로 보면 됩니다.

█ 이중천정형의 실전 차트

아래 차트는 상승추세에서 두 개의 봉우리를 만들면서 다시 하락추세로 전환하고 있습니다. 차트 안에는 아무 설명이 없는데요. 연습 삼아 추세선도 네크라인선도 그려보고 캔들과 거래량을 눈여겨보십시오. 그리고 매도 시점을 마음속으로 결정해 보세요.

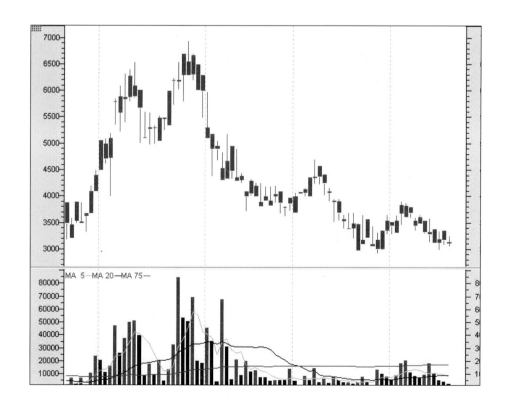

자, 다 그리셨나요? 이전 차트에 대한 답을 설명해 드리겠습니다.

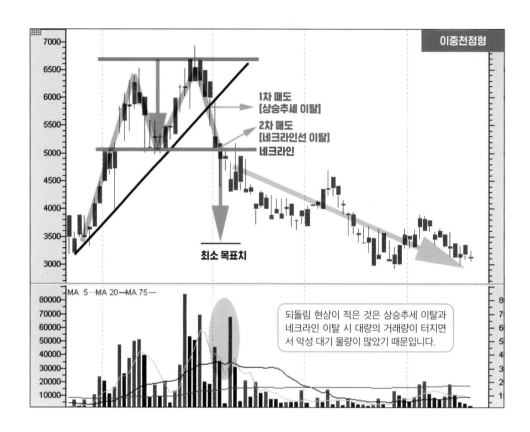

▌ 이중바닥형이란?

이중천정형과 반대의 입장에 있는 이중바닥형입니다. 세 개의 봉우리가 나타나는 것도 있는데, 이 경우에는 삼중바닥형이라고 합니다. 하락추세에서 상승추세로의 전환을 의미하는 이중바닥형, 어떻게 생겼는지부터 알아볼까요.

처음 배우는 주식 차트

★ 이중바닥형
이중천정형과 반대로 바닥에 두 개의 봉우리를 갖고 있는 상승 반전형 형태

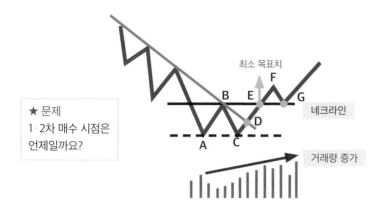

★ 문제
1·2차 매수 시점은
언제일까요?

자, 하락추세에서 상승추세로 전환될 때 특이한 사항이 있습니다. 보이시나요?

네 그렇습니다. 거래량이 바닥권을 기준으로 증가하고 있습니다. 이는 매수세력이 바닥권을 확인하면서 점차 매수 강도를 높여가고 있음을 의미하는 것이겠죠.

만약, 여러분이라면 어디에서 매수하시겠습니까?

• 관심 종목 편입(매수 고려) : 하락추세선 돌파 시점(D)
• 1차 매수 : 네크라인선 상향 돌파 시점(E)
• 2차 매수 : 네크라인선 돌파 후 상승으로 인한 조정 시 네크라인선을 깨지 않고 상승하는
         시점(G)

▌ 이중바닥형의 실전 차트

여러분이라면 어디에서 매수하시겠습니까? 매매 성향에 따라 다르겠지만, 한 가지 중요한 것은 하락추세선을 돌파하려면 상당한 에너지가 필요하다는 점입니다. 전고점 돌파시 강한 양봉을 만들면서 거래량이 급증한 것 보이시나요? 대부분 바닥에서 이런 형태가 나타나면 매수 시점입니다.

다른 사람의 투자 방식을 그대로 복제한 것이 아니라면 어떤 투자 철학도 하루아침에, 아니 한두 해 정도의 짧은 시간에 완성될 수 없다. 자신이 저지른 실수로부터 배워나가는 매우 고통스러운 방법이 가장 좋은 투자 방법이다. 필립 피셔

처음 배우는 주식 차트

38

장기간에 걸쳐서 완성되는 원형 패턴

TODAY'S GOAL
원형천정형과 원형바닥형에서의 매매 시점과 종목 선정 기법을 알 수 있다!

원형은 다른 패턴보다 매매 전략을 수립하는데 여유를 가질 수 있다는 장점이 있습니다. 장기 간에 걸쳐 사발 모양을 보이는 원형천정형과 원형바닥형에서의 매매 시점을 알아보고, 원형 바닥형을 통해 중장기 종목 선정 기법을 배워봅니다.

세부 목차

- 원형천정형의 형태와 실전 차트
- 원형바닥형의 형태와 실전 차트
- 패턴으로 본 종목의 일생

영상 38

'엎질러진 우유를 보고 울지 말고 다른 젖소를 찾아라.'

원형천정형의 형태와 실전 차트

원형천정형은 시장이 대세상승장에 접어들어 오랜 기간 그 추세가 지속된 가운데, 고점을 중심으로 좌우 대칭인 형태를 보이는 패턴입니다. 실제 차트에서 나타나는 경우가 드물며, 만들어지는 데 아주 장시간이 걸립니다. 그림으로 정리해보겠습니다.

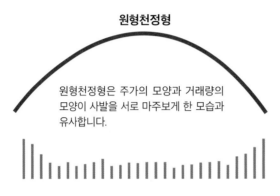

원형천정형

원형천정형은 주가의 모양과 거래량의 모양이 사발을 서로 마주보게 한 모습과 유사합니다.

- 고점을 중심으로 좌우 대칭적인 형태 (장기간 형성, 드문 패턴)

차트로 원형천정형의 형태를 확인해 볼까요.

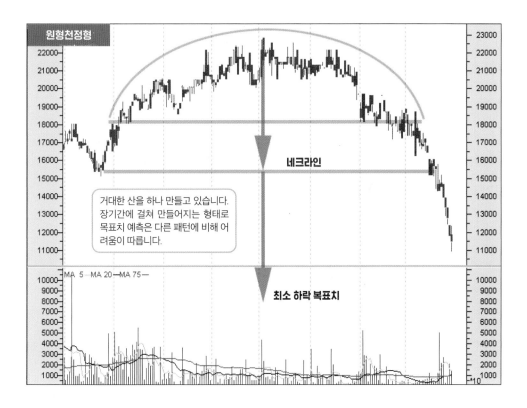

차트를 보면 둥근 원을 만들고 있죠. 이런 형태가 바로 원형천정형입니다. 원형천정형은 네크라인을 설정하기가 약간 애매합니다. 확실한 저점을 찍고, 그 저점을 하향 돌파하는 머리어깨형이나 이중천정형과는 좀 다르기 때문입니다. 따라서 원형패턴에서 네크라인선은 특별한 의미가 없습니다. 원형천정형이 만들어질 때는 거래량이 줄어 주가가 더이상 상승하지 못할 때를 매도 시점으로 고려하면 될 것입니다.

▌ 원형바닥형의 형태와 실전 차트

원형바닥형은 원형천정형을 뒤집어 놓은 것과 같다고 생각하면 됩니다. 원형천정형이 사발을 뒤집어놓은 것이라면, 원형바닥형은 사발을 바로 세운 모양 같다고 말하면 느낌이 오실까요? 자, 머릿속으로 한번 그려보세요. 생각했던 것과 비슷한지 확인해 볼까요?

원형바닥형

원형바닥형은 주가의 모양과 거래량의
모양이 사발을 바로 세워 놓은 모습과 유
사합니다.

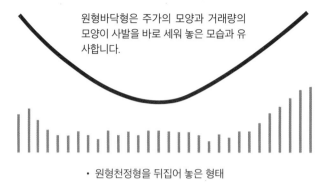

· 원형천정형을 뒤집어 놓은 형태

차트를 보면서 확인해볼까요.

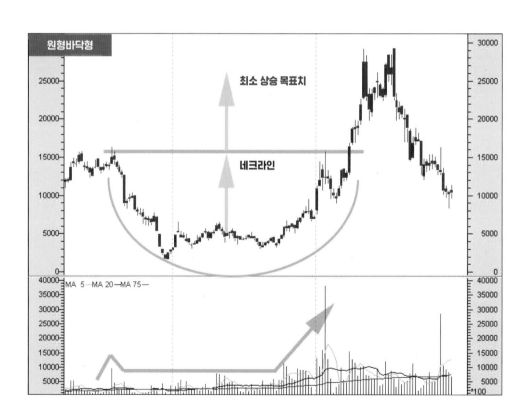

위의 차트를 보면 알 수 있듯이 원형바닥형은 바닥을 형성하는 기간이 길고 그 당시의 거래량이 크지 않을 경우 상승 시 부담이 없고, 크게 상승하는 경우가 많습니다. 또한 바닥권에서 횡보를 지속하기 때문에 주가가 혹시 하락한다고 하더라도 부담이 적습니다. 하지만 큰 인내심을 요합니다.

마지막으로 원형 패턴을 다시 정리해 볼까요?

● 원형천정형은 대세 상승 국면에서 하락 국면으로 접어드는 유형으로, 오랜 기간 그 추세가 지속되며 고점을 중심으로 좌우 대칭인 형태를 지니고 있다
● 원형천정형은 실제 차트에서 나타나는 경우가 드물기 때문에 매매의 성공 확률도 상당히 높다
● 원형바닥형은 원형천정형과의 반대 모양으로 역시 장기간에 걸쳐 완성된다
● 원형은 확실한 고점(저점)을 찍고, 그 고점(저점)을 하향(상향) 돌파하는 앞서 배운 반전형 패턴과 다르기 때문에 네크라인선에 특별한 의미를 부여하지 않는다

▌패턴으로 본 종목의 일생

시간이 지날수록 반전형 패턴이 쉽게 느껴지시지 않나요? 이제부터는 한 종목의 차트가 시간이 흐르면서 어떤 형태로 변해가는지 그 종목의 역사를 감상하겠습니다. 지금까지 배운 패턴을 한번 되짚어본다고 생각하면 될 것입니다.

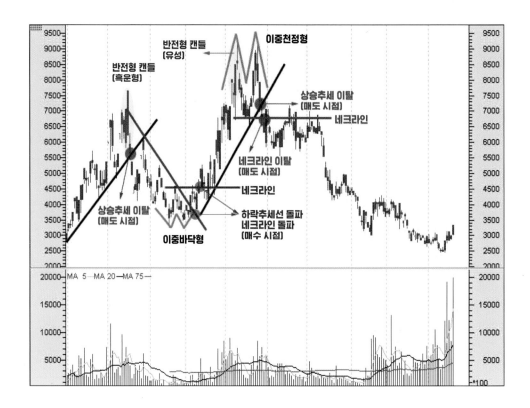

한 종목의 일생을 패턴과 캔들로 간단히 알아봤습니다. 어떤 느낌이 드시나요?

이제 반전형 패턴의 마지막 시간을 남겨둔 시점입니다.

그럼 다음 장에서는 반전형 패턴의 마지막 관문, 급등락을 연출하는 V자형에 대해 알아보겠습니다.

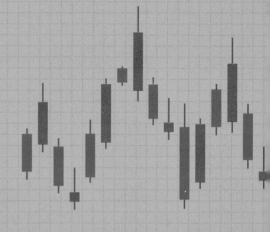

39

주가 변동이 심한
V자형 패턴

TODAY'S GOAL
V자형 패턴을 통해 급등락 속에서의 적절한 매매 기법을 알 수 있다!

이번 시간은 반전형 패턴의 마지막 시간으로 V자형 패턴에 대해서 배우도록 하겠습니다.
보통 V자형은 급등락을 보이는 경우가 많은데, 어떤 특성을 가지고 있는지를 알아보고 이를
통해서 매매 시점을 진단합니다.

세부 목차

- V천정형의 형태와 실전 차트
- V바닥형의 형태와 실전 차트

영상 39

핵심 키워드

'힘과 겨루지 말고 힘을 이용하라.'

┃ V천정형의 형태와 실전 차트

이제까지 배운 반전형 패턴은 추세가 일정하게 유지되어오다 그 추세를 거스르며 다른 추세로 전환하는 흐름을 보여주는 패턴이었지만, V자형은 주가와 추세의 급격한 변화를 가져옵니다. 앞서 배운 패턴들은 주가 추이가 서서히 변해가기 때문에 예측 가능성이 높지만, V자형은 너무나 급변하기 때문에 추세 변동에 대처하기가 무척이나 난감할 때가 많습니다. V자형의 형태가 어떠한지 그림을 통해 확인해볼까요?

V천정형

- V천정형은 재료의 발생으로 급격히 상승하다가 재료의 소멸로 인해 이전 주가 수준으로 되돌아가는 패턴
- 일반적으로 상승추세에서 하락추세로 넘어갈 때의 기울기가 비슷한 모습을 보임 (보통 45도 이상)
- 급등주 중에 이런 패턴이 많음
- 거래량은 상승추세일 때 급격히 증가하다가 하락추세로 접어들면서 감소하는 모습을 보임

추세가 45도 이상의 가파른 기울기를 보이는 경우는 추세가 불안정함을 의미하며, 이때는 추세의 극적 전환 가능성이 높은 것으로 판단할 수 있습니다

V천정형 패턴을 보이는 차트에서는 다음과 같은 사항들을 체크해야 합니다. 첫째, 갑자기 주가가 급등할 때 추세의 기울기와 거래량의 추이. 둘째, 상투에서의 고점. 셋째, 추세 전환 시 바뀐 추세의 기울기와 거래량의 추이. 마지막으로 어느 선까지 주가가 되돌아가는지 등입니다. 이런 지점들에 주목하며 다음 차트를 확인해 보겠습니다.

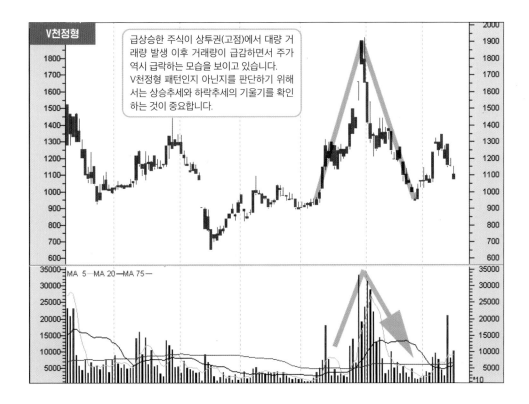

V천정형

급상승한 주식이 상투권(고점)에서 대량 거래량 발생 이후 거래량이 급감하면서 주가 역시 급락하는 모습을 보이고 있습니다.
V천정형 패턴인지 아닌지를 판단하기 위해서는 상승추세와 하락추세의 기울기를 확인하는 것이 중요합니다.

MA 5 ─MA 20 ─MA 75 ─

반전형 패턴은 일반적으로 중장기적으로 움직이지만 V자형 패턴은 급등하여 다시 주가가 제자리로 돌아가는데 단기간이 걸리며, 또한 장중 주가의 흔들림이 매우 강하므로 인내력과 판단력이 매우 필요한 패턴 중의 하나입니다.

▌V바닥형의 형태와 실전 차트

V바닥형은 바닥권에서 발생한다는 것과 거래량이 반대로 움직인다는 것을 제외하면 V천정형과 동일합니다.

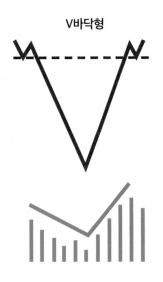

V바닥형

- V바닥형은 일반적으로 갑작스런 악재의 돌출로 매수세가 급감하고 주가가 급락할 때 나타나며 악재의 소멸이나 희석으로 인해 다시 주가가 제자리로 찾아올 때 생기는 패턴
- V천정형과 마찬가지로 주가가 급락할 때의 기울기와 추세 전환해 상승할 때의 기울기가 거의 같은 각도로 이루어짐
- 거래량은 하락 시에는 매수세의 급감으로 거래량이 줄어들며 저가 매수세가 살아나는 바닥권에서부터 점차로 거래량이 늘어나 상승추세로 전환하게 되면서 거래가 증가하는 모습을 보임

급격한 가격의 상승 또는 하락 중에 조정 국면이 없이 진행되었다면 추세 전환에 대한 저항 요인이 강하므로 추세 전환이 급하게 이루어질 수 있습니다

실전 차트를 보면서 설명드리겠습니다.

급격한 하락 후 급격한 상승을 보이고 있습니다. V천정형처럼 하락/상승각도가 서로 비슷한 것을 알 수 있고, 바닥권에서부터 점차 거래량이 증가하는 모습을 보이고 있습니다.

이제 반전형 패턴에 대한 모든 시간이 마무리되었습니다. 어떠셨나요? 많은 도움이 되었으면 하는 바람입니다.

마지막으로 V자형을 한번 정리해 볼까요.

- V자형은 갑작스런 호재나 악재로 주가와 추세의 급격한 변화를 가져온다
- V자형은 너무나 급변하기 때문에 추세 변동에 대처하기가 어렵다
- 반전형 패턴이 일반적으로 중장기적으로 움직이는데 비해 V자형 패턴은 급등·급락 후 다시 제자리로 주가가 회복하는데 단기간이 걸린다
- V자형은 장중 주가의 흔들림이 매우 강하므로 인내력과 판단력이 매우 필요한 패턴 중의 하나이다

"시장과 싸워서 얻는 것이란 아무것도 없다. 산전수전 다 겪은 투자자라면 시장과 싸워서 남는 것이라고는 아주 비싼 대가 뿐이라는 사실을 경험을 통해 터득했을 것이다." 제시 리버모어

"장기간 움직이지 않던 주식이 오르기 시작하면 크게 오른다"

장기 휴면 주식이 움직이기 시작하면 그만한 이유가 있어서 움직인다.

오랫동안 움직이지 않던 주식이 한번 오르기 시작하면 크게 오르는 것이 보통이므로

조금 올랐다고 좋은 기회라 생각하고 팔아버리는 것은 잘못된 방법이다.

제8편
패턴 분석 (2)
지속형

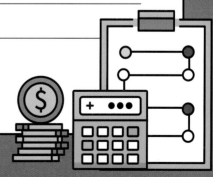

40

지속형 패턴의 대표격인 삼각형

TODAY'S GOAL
지속형 패턴의 가장 대표적인 삼각형 패턴을 통해 주가 예측을 할 수 있다!

지속형 패턴이란 일정한 추세(상승·하락추세)로 가던 주식이 잠시 조정의 모습을 보이다가 또다시 같은 방향으로 가는 것으로 단기간 내에 만들어지는 경우가 보통입니다. 지속형 패턴의 가장 대표적인 삼각형 패턴은 상승추세와 하락추세에서 상당히 많이 쓰이는 주식 매매 기법입니다.
이번 시간에는 대칭삼각형, 상승·하락삼각형 패턴 분석을 통해 향후 주가 움직임이 어떻게 변할지 알아보겠습니다.

세부 목차

- 지속형 패턴이란?
- 대칭삼각형은 언제 나타나는가?
- 직각삼각형인 상승삼각형과 하락삼각형

영상 40

핵심 키워드

'상승세가 강한 주식의 첫번째 하락은 매입 신호다.'

지속형 패턴이란?

지속형 패턴이란, 예를 들어 상승추세로 가던 주식이 잠시 쉬어가는(조정) 모습을 보이다가 또다시 상승추세를 이어가는 등의 패턴을 말합니다. 하락추세일 때는 반대로 생각하시면 되겠죠.

앞서 배웠던 반전형은 중·장기에 걸쳐 형성되지만, 지속형은 단기간 내에 만들어지는 경우가 보통입니다. 물론 단기간이라고 몇 시간 만에 만들어지는 것은 아니고, 보통 한 달에서 세 달 정도를 말합니다.

우리는 이번 8편에서 아래와 같은 패턴들을 배울 것입니다. 알아두면 아주 유용하게 써먹을 수 있습니다.

★ 일정한 추세로 가던 주식이 잠시 쉬어가는 모습을 보이다가 다시 같은 방향으로 가는 것

대칭삼각형	직각삼각형	깃발형
페넌트형	쐐기형	직사각형

그럼 지속형 패턴 중에서 가장 대표적인 삼각형 패턴에 대해 말씀드리겠습니다.

삼각형 패턴은 큰 폭의 등락을 보이다가 시간이 지날수록 그 등락폭이 줄어들어 한 점으로 수렴되는 패턴입니다. 보통 대칭삼각형, 상승삼각형, 하락삼각형의 세 가지 유형이 있습니다.

▌대칭삼각형은 언제 나타나는가?

대칭삼각형은 지지선과 저항선이 어느 한쪽으로 기울어지지 않고 아래위가 같은 모양으로 나타나는 패턴입니다. 즉, 우하향하는 위쪽 추세선과 우상향하는 아래쪽 추세선이 서로 수렴하면서 만들어지는 패턴입니다. 이 패턴에서는 주가 변동폭이 축소되면서 한 점에 수렴해 가는 과정을 보입니다. 그림을 보실까요?

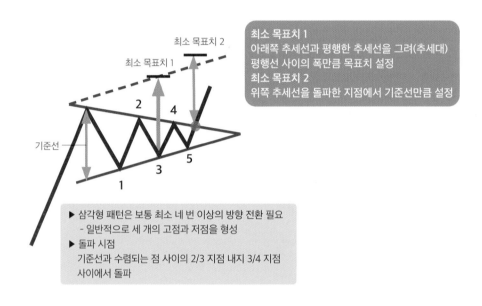

하락추세에서는 반대로 수렴 후 하락을 보이겠죠?

강세 대칭삼각형의 실전 차트를 보면 다음과 같습니다.

대칭삼각형 패턴

최소 목표치

기준선에서 꼭지점까지 거리의 3/4 사이에서 원래의 추세 방향으로 이탈해야 함

MA 5 — MA 20 — MA 75

위쪽 추세선 돌파 시 거래량 증가

거래량 감소

우리는 이 실전 차트에서 삼각형 패턴의 여러 가지 특징을 알 수 있습니다.

먼저 삼각형 패턴이 만들어지더라도 전환점들 중에 몇 개는 위아래 추세선을 이탈하거나 추세선에 못 미치는 경우도 있습니다. 또 하나는 거래량입니다. 삼각형이 만들어지는 주가의 등락폭이 적어지면서 거래량도 감소하는 특징이 있습니다. 보통 추세선을 돌파할 때 거래량의 증가가 수반되어야 하고, 하락추세보다 상승추세에 있을 때 거래량은 꼭 체크하여야 할 사항입니다.

▌직각삼각형인 상승삼각형과 하락삼각형

상승삼각형과 하락삼각형은 대칭삼각형의 변종이라고 생각하면 됩니다. 보통 두 패턴을 합쳐 직각삼각형이라고 합니다. 상승삼각형은 위쪽 추세선은 수평이고 아래쪽 추세선은 우상향하는 선으로 만들어지는 패턴이고, 하락삼각형은 반대로 위쪽 추세선은 우하향하고 아래쪽 추세선은 수평인 선으로 만들어지는 패턴입니다. 다음 그림을 보실까요.

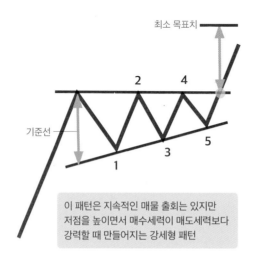

이 패턴은 지속적인 매물 출회는 있지만 저점을 높이면서 매수세력이 매도세력보다 강력할 때 만들어지는 강세형 패턴

상승삼각형의 경우 강한 매수세로 고점을 높여가며 대기 매물이 점차 소화되어 가는 과정이고, 역시 거래량은 꼭지점으로 갈수록 감소하는 경향이 있습니다. 상승삼각형의 경우 삼각형 모양을 상향 돌파할 때 거래량이 수반되어야 합니다.

실전 차트를 통해 자세히 설명하면 다음과 같습니다.

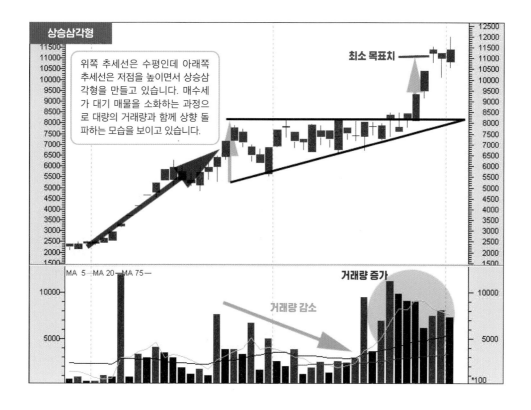

상승삼각형

위쪽 추세선은 수평인데 아래쪽 추세선은 저점을 높이면서 상승삼각형을 만들고 있습니다. 매수세가 대기 매물을 소화하는 과정으로 대량의 거래량과 함께 상향 돌파하는 모습을 보이고 있습니다.

최소 목표치

MA 5 — MA 20 — MA 75 —

거래량 증가

거래량 감소

다음은 하락삼각형입니다.

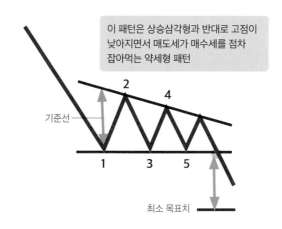

이 패턴은 상승삼각형과 반대로 고점이 낮아지면서 매도세가 매수세를 점차 잡아먹는 약세형 패턴

기준선

최소 목표치

차트에서 확인해보도록 하겠습니다.

이해가 되셨나요?

사실 패턴 분석에는 예외적인 모양새가 많기 때문에 확실한 정답은 없습니다. 하지만 공부한 패턴을 실전에서 많이 적용해보면 주가 예측에 많은 도움이 되리라 생각합니다.

| 호재가 반영되지 않으면 팔고, 악재가 반영되지 않으면 사라. 벤저민 그레이엄

41

단기간에 형성되는 깃발형

TODAY'S GOAL
깃발형을 공부해 보고 주가의 움직임을 알 수 있다!

지속형 패턴에는 여러 가지가 있습니다. 그중 오늘 배울 깃발형은 실제 주식 매매에서 자주 이용하며, 정확성 또한 뛰어납니다. 급등락 속에서 나오는 깃발형 패턴의 매매 기법을 알아봅니다.

세부 목차

- 상승깃발형은 강한 힘으로 급등한다
- 치명적으로 급락하는 하락깃발형

영상 41

영상 41

핵심 키워드

'오르기는 따로따로 내리기는 일제히'

상승깃발형은 강한 힘으로 급등한다

깃발형은 자주 출현하는 형태로 보통 단기간에 형성이 됩니다. 이 중 상승깃발형은 단기 급상승을 보인 종목에서 흔히 나타나는 패턴으로, 깃대와 펄럭이는 깃발처럼 나타나는 것이 말 그대로 깃발 모양의 패턴입니다. 그림으로 확인해 보세요.

★ 급등하는 종목에서 자주 관찰되는 패턴

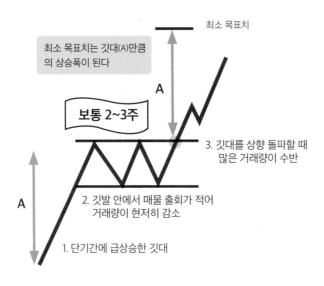

바닥권에서 조금씩 매집 흔적을 보이던 종목이 드디어 시세 분출을 하면서 '깃대 A'를 만들어냅니다. 단기 급등에 대한 부담으로 잠시 조정을 보이지만 아직 시세를 조정하는 주요 세력들은 빠져나가지 않고 주식을 잡고 있는 상황이기 때문에 주가는 급락 없이 일정한 파동을 그리며 얕은 조정 속에서 단기 횡보를 나타냅니다.

팔려는 세력이 별로 없는 상황이기 때문에 거래량 증가와 함께 깃대를 깨고 나와 비상을 합니다. 즉, 깃대 A의 상승폭을 능가하는 시세를 단기간에 만들어낼 수 있는 것이죠.

전형적인 상승깃발형 패턴의 차트를 보실까요?

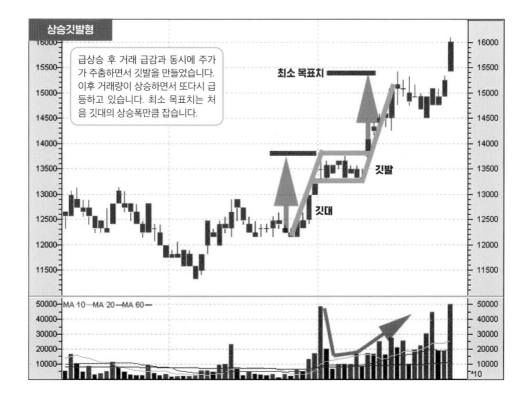

상승깃발형

급상승 후 거래 급감과 동시에 주가가 주춤하면서 깃발을 만들었습니다. 이후 거래량이 상승하면서 또다시 급등하고 있습니다. 최소 목표치는 처음 깃대의 상승폭만큼 잡습니다.

최소 목표치

깃발

깃대

MA 10 — MA 20 — MA 60 —

말하자면 아주 강한 상승으로 튼튼한 깃대가 형성된 종목이 잠시 깃발을 펄럭이면서 쉬다가 다시 깃대만큼의 상승을 보이는 것입니다. 또한 깃발 부근에서 쉬었던 거래량이 다시 주가를 움직일 수 있도록 힘 있게 받쳐주어야 한다는 점도 중요합니다. 다시 큰 깃대를 세워야 하니까요.

또 다른 차트를 보면서 상승깃발형을 마무리하도록 하겠습니다.

최소 목표치

상승깃발형

보통 상승깃발형은
깃발이 우하향하는 모양이 많음

거래량 증가

MA 10 — MA 20 — MA 60 —

치명적으로 급락하는 하락깃발형

★ 급락하는 종목에서 단기에 형성되는 패턴

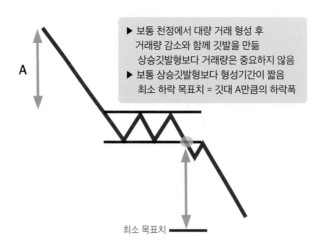

A

▶ 보통 천정에서 대량 거래 형성 후
거래량 감소와 함께 깃발을 만듦
상승깃발형보다 거래량은 중요하지 않음
▶ 보통 상승깃발형보다 형성기간이 짧음
최소 하락 목표치 = 깃대 A만큼의 하락폭

최소 목표치

하락깃발형입니다. 이제 이름만 봐도 제가 무슨 말씀을 드릴지 대충 짐작이 가시죠? 패턴의 모양은 상승깃발형의 반대라 생각하면 되는데, 보통 상승깃발형은 깃발의 형태가 우하향하는 모양새가 많지만 하락깃발형은 우상향하는 모양새가 많습니다.

실전 차트를 보실까요?

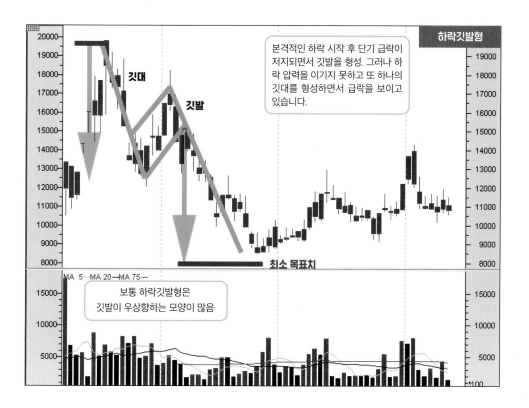

우선, 대상승을 보였던 주식이 천정 부근에서 대량 거래가 터지면서 맥없이 급락하기 시작합니다. 그러면 이미 천정에서 상당수의 세력들이 차익 실현을 하고 빠져나갔기 때문에 거래가 줄면서 단기간에 주가가 큰 폭으로 밀려 하락 깃대를 만들게 됩니다.

이후 주가의 급락세가 주춤하면서 거래가 소폭 유입되고 단기간에 밀린 주가의 기술적 반등을 기대하는 단기 세력들이 몰리면서 주가는 짧은 파동을 그리며 횡보하게 됩니다. 깃발 부분을 형성하게 되는 거죠. 그러나 다시 재상승을 하기에는 이미 천정 부근에서 거래가 너무 많았기 때문에 주가가 상승 시도를 할 때마다 매도 물량이 쏟아져 나와 추가 상승이 힘겨운 상황입니다.

횡보를 보이던 주가가 추세대 하단을 이탈하는 순간 불안한 투자자들은 너도나도 팔려고 아우성치며 매도 압박이 커지고, 주가는 급락을 보이면서 또 하나의 깃대가 형성됩니다. 이렇게 해서 하락깃발형이 완성되는 것입니다.

깃발형은 급등과 급락을 하는 주식에서 많이 형성됩니다. 실전에서 많은 경험이 필요한 패턴이지만 특히 거래량의 모습을 유심히 살핀다면 또다시 급등에 편승하거나, 또 다른 급락을 잘 피해 갈 수 있을 거라 생각합니다.

마지막으로 한번 정리를 해 볼까요.

- 깃발형은 급등과 급락을 하는 주식에서 자주 출현하는 형태입니다
- 보통 상승깃발형은 깃발 부분이 우하향하는 모양이 많고, 하락깃발형은 우상향하는 모양이 많습니다
- 상승깃발형 특징
  - 단기 급등 종목에 자주 나타나는 패턴
  - 급등 → 횡보 → 급등의 순서로 진행
  - 상승목표치는 최소한 깃대 A의 상승폭
  - 패턴 완성 후 최대의 대량 거래로 급락 전환 가능성이 있음
- 하락깃발형 특징
  - 상승형보다 형성 시간이 짧은 것이 보통
  - 급락 → 횡보 → 급락의 순서로 진행
  - 하락목표치는 최소한 깃대 A의 하락폭

다음 편에서는 깃발 부분의 모양새만 바뀐 페넌트형 패턴을 배워보기로 하겠습니다.

트레이딩으로 성공하기 위해선 감정 절제력이 가장 중요하다. 만약 지능이 더 중요했다면, 아주 많은 사람들이 돈을 벌고 있을 것이다. 식상하게 들리겠지만 많은 사람들이 금융 시장에서 돈을 잃는 가장 확실한 이유는 손절을 하지 않기 때문이다. 빅터 스페란데오

42

깃발 대신 페넌트
: 페넌트형

TODAY'S GOAL
페넌트형에서의 적절한 매매 시점을 알 수 있다!

오늘 배울 페넌트형은 전편에서 배운 깃발형과 모양새만 다를 뿐 모든 면에서 유사합니다.
지속형 패턴인 페넌트형에서의 주가의 움직임과 적절한 매매 시점을 알아보겠습니다.

세부 목차

● 상승페넌트형 보는 법
● 하락페넌트형 보는 법

영상 42

핵심 키워드

'허둥대는 거지에겐 동냥도 적다.'

▌상승페넌트형 보는 법

앞에서 배운 상승깃발형을 머리속에 그리면서 페넌트형을 보시기 바랍니다.

깃대와 깃대 사이에 깃발이 휘날리던 모습과는 달리 페넌트형에서는 깃대와 깃대 사이에 삼각형으로 수렴된 페넌트(pennant: 삼각기)를 가지고 있는 것이 특징입니다.

자세히 한번 살펴볼까요??

★ 상승페넌트형은 깃발이 삼각형으로 수렴된 페넌트라는 차이가 있을 뿐 상승깃발형과 유사합니다.

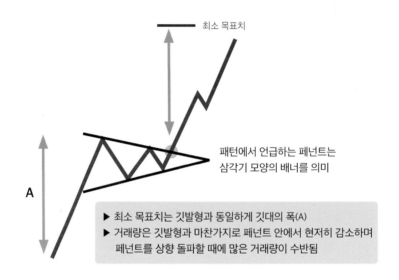

패턴에서 언급하는 페넌트는 삼각기 모양의 배너를 의미

▶ 최소 목표치는 깃발형과 동일하게 깃대의 폭(A)
▶ 거래량은 깃발형과 마찬가지로 페넌트 안에서 현저히 감소하며 페넌트를 상향 돌파할 때에 많은 거래량이 수반됨

앞서 상승깃발형을 이해하였다면 충분히 아실거라 생각됩니다.

실전 차트로 확인해 볼까요?

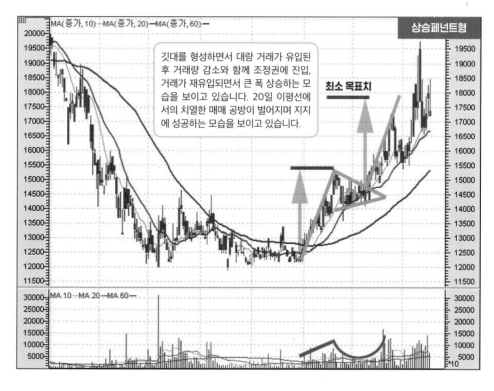

깃대를 형성하면서 대량 거래가 유입된 후 거래량 감소와 함께 조정권에 진입, 거래가 재유입되면서 큰 폭 상승하는 모습을 보이고 있습니다. 20일 이평선에서의 치열한 매매 공방이 벌어지며 지지에 성공하는 모습을 보이고 있습니다.

상승페넌트형

최소 목표치

상승페넌트형

역시 추가 급락 없이 거래량이 유입되면서 주가가 급등을 보이고 있습니다. 그 후 또다시 깃발을 만들면서 급상승하는 모습입니다.

최소 목표치

상승깃발형

┃ 하락페넌트형 보는 법

하락페넌트형 역시 하락깃발형과 비슷한 단기 급락을 가져오는 패턴입니다. 하락페넌트형은 상승페넌트형과 같이 깃대와 페넌트로 구성되고, 그 방향만 반대입니다.

하락페넌트형의 흐름을 한번 살펴볼까요?

★ 하락페넌트형은 깃발이 삼각형으로 수렴된 페넌트라는 차이가 있을 뿐 하락깃발형과 유사합니다.

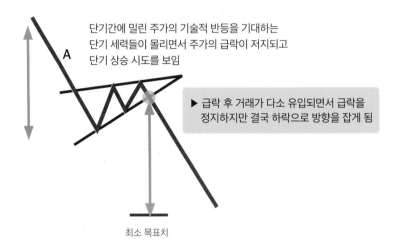

단기간에 밀린 주가의 기술적 반등을 기대하는
단기 세력들이 몰리면서 주가의 급락이 저지되고
단기 상승 시도를 보임

A

▶ 급락 후 거래가 다소 유입되면서 급락을
정지하지만 결국 하락으로 방향을 잡게 됨

최소 목표치

페넌트 부근을 볼까요. 주가의 급락세가 주춤하면서 거래가 소폭 유입됩니다. 단기간에 밀린 주가의 기술적 반등을 기대하는 단기 세력들이 몰리면서 주가의 급락이 저지되고 단기 상승 시도를 보입니다. 이때 삼각형 형태의 수렴 파동을 그리면서 지속적인 상승 시도를 보이지만 윗부분의 물량 부담이 만만치 않은 상황이라 좀처럼 저항선을 돌파하기 힘들어 페넌트를 형성하고 있습니다.

페넌트 꼭지점 부근에서 주가가 저항선 돌파에 실패한 후 지지선마저 깨지면서 투자자들이 실망 매물을 일시에 시장에 쏟아내고 있습니다. 너도나도 팔려고 아우성인 상황에서 더 이상 주가를 지지할 만한 세력이 없는 상태죠. 따라서 주가는 급락을 보이면서 또 하나의 하락 깃대를 만들어 냅니다.

하락페넌트형

고점에서 대량의 거래가 형성되었으나 물량 부담으로 좀처럼 반등을 하지 못하다가 결국 하락페넌트형 완성.

최소 목표치

MA 10 — MA 20 — MA 60 —

고점에서 대량 거래

*10

　모양새만 다를 뿐 하락깃발형이랑 비슷하죠. 페넌트형은 깃발형만 이해하셨다면 아주 쉽게 접근하였으리라 생각됩니다. 한번 정리해 볼까요.

- 페넌트형은 깃발형과 유사하며 깃발형의 깃발 대신 삼각형으로 수렴된 페넌트를 가지는 것이 특징
- 상승페넌트형 특징
  - 단기 급등 종목에 자주 나타나는 패턴
  - 급등 → 수렴 횡보 → 급등의 순서로 진행
  - 상승목표치는 최소한 깃대 A의 상승폭
- 하락페넌트형 특징
  - 단기 급락을 나타냄
  - 급락 → 수렴 횡보 → 급락의 순서로 진행
  - 하락목표치는 최소한 깃대 A의 상승폭

다음 편에서는 지금까지 배운 패턴과는 약간 다른 쐐기형에 대해서 알아보겠습니다.

"시장을 다룰 때 가장 중요한 것은 시장의 감정에 휘둘리지 말고 자신만의 원칙으로 시장을 무시할 수 있는 능력을 길러야 하는 것이다. 기업의 펀더멘털이 심각하게 변하지 않는 이상 주식을 내놓아서는 안 된다." 피터 린치

43

같은 방향의 기울기를 보이는 쐐기형

TODAY'S GOAL
두 개의 추세선이 같은 방향의 기울기를 갖는 쐐기형을 이해한다!

쐐기형은 두 개의 추세선이 같은 방향을 바라보고 있다는 것에서 다른 지속형 패턴과 차이가
납니다. 상승추세와 하락추세에서 각각 나타나는 하락쐐기형과 상승쐐기형의 형태를 살펴보
고, 최소 목표치를 정해 매수 · 매도 시점을 진단해 봅니다.

세부 목차

- 하락추세를 지속하는 상승쐐기형
- 상승추세를 지속하는 하락쐐기형

영상 43

핵심 키워드

'조금만 더 조금만 더 하는 마음은 결국 손실의 연결고리가 된다.'

▌하락추세를 지속하는 상승쐐기형

쐐기형은 앞서 여러분과 학습했던 여러 지속형 패턴과 유사합니다. 다만 차이점이 있다면 두 개의 추세선이 모두 기울기를 가지고 있고, 그 기울기가 같은 방향을 향한다는 것입니다. 여러분은 '쐐기'라는 말의 뜻을 아십니까? 쐐기는 쉽게 말하자면 '단단히 고정하여 두다', '못을 박다'라는 뜻을 가지고 있습니다.

쐐기형의 형태를 정리하면 다음과 같습니다.

★ 같은 방향의 기울기를 보이는 쐐기형

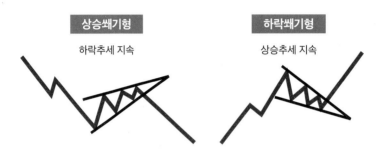

앞서 배웠던 지속형 패턴과 차이점이 있다면 두 개의 추세선 모두 기울기를 가지고 있고, 그 기울기가 같은 방향으로 향한다는 것입니다

▶ '쐐기'의 뜻
 - 단단히 고정하여 두다
 - 못을 박다

쐐기형은 지속형 패턴이고, 상승쐐기형이라고 부르니까 상승 시에 나타나는 패턴 중의 하나가 아닐까 생각하기 쉬울 것입니다. 하지만 실제로 상승쐐기형은 하락추세를 지속시키는 패턴입니다.

상승쐐기형은 쐐기라는 말의 의미처럼 두 개의 상승추세선 안에 단단히 고정되어 있습니다. 즉, 주가는 일정한 추세선 안에서 움직이며 위로 상승하고자 하나 쐐기가 박혀(즉, 고정되어 움직이지 못해) 더 이상 상승하지 못하고 하락하는 것입니다. 그러므로 상승쐐기형은

처음 배우는 주식 차트

400

주로 하락추세의 지속을 나타내는 패턴으로 나타나게 됩니다. 하지만 때로는 상승추세의 상투에서 가끔 나타나기도 하는데 이런 상승쐐기형은 반전형으로 쓰일 수도 있습니다.

그럼 우선 하락추세에서 사용되는 상승쐐기형이 어떤 형태를 가지고 있는지부터 알아보고 지나갈까요?

양 추세선 모두 상방향 기울기
위 추세선 기울기<아래 추세선 기울기

거래량은 쐐기형 모양을
하향 돌파할 때 보통 급증

▶ 상승쐐기형은 쐐기라는 말처럼 두 개의 상승추세선 안에 단단히 고정되어 있습니다
  즉 주가는 일정한 추세선 안에서 움직이며 위로 상승하고자 하나 쐐기가 박혀(즉, 고정되어 움직이지 못해) 더 이상 상승하지 못하고 하락하는 것입니다
▶ 상승추세의 상투에서 가끔 나타나기도 합니다(반전형)

지금 배웠던 내용을 그대로 차트로 옮겨와서 적용시켜 보도록 하겠습니다. 쐐기형은 다른 지속형 패턴보다 더 장기에 걸쳐서(최소 3주 이상) 형성되는 것이 일반적입니다.

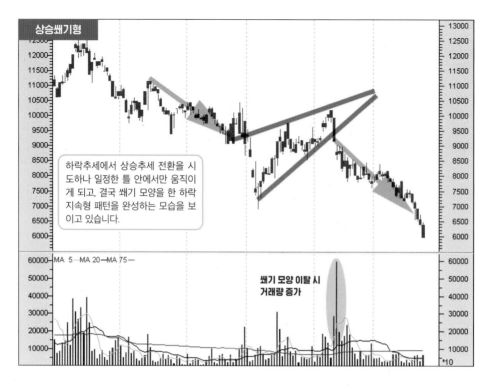

상승쐐기형

하락추세에서 상승추세 전환을 시도하나 일정한 틀 안에서만 움직이게 되고, 결국 쐐기 모양을 한 하락 지속형 패턴을 완성하는 모습을 보이고 있습니다.

쐐기 모양 이탈 시
거래량 증가

MA 5 — MA 20 — MA 75 —

상승쐐기형의 반전형

상투에서 상승쐐기형이 나오면서 추세가 반전되는 모습을 보이고 있습니다. 아주 드문 경우이므로 이런 형태도 있다는 정도로 알아두시면 좋을 것 같습니다.

최소 목표치

거래량 감소

MA 5 — MA 20 — MA 75 —

상승쐐기형의 특징

- 하락추세의 지속형을 나타내며, 위아래 추세선 모두 상향하는 기울기를 가지고 있다
- 상승으로 돌아서려 하나 더 이상 상승하지 못하고 다시 하락추세를 이어간다
- 거래량은 추세선을 돌파할 때 급증한다
- 최소 목표치는 추세선 돌파 시점부터 적용할 수 있다

▎상승추세를 지속하는 하락쐐기형

상승쐐기형의 의미를 이해하였다면 하락쐐기형의 형태도 머릿속에 떠오르시죠. 하나씩 하락쐐기형의 형태를 추리해 보도록 할까요?

하락쐐기형에서 양 추세선의 기울기는 어떻게 되고, 어느 방향을 향하고 있을까요? 쐐기형이니까 양 추세선 모두 기울기를 가지고 있고, 하락이니까 아래쪽을 향하고 있을 거라구요? 맞습니다!

그림을 통해서 알아보겠습니다.

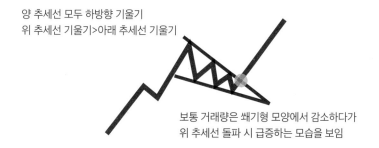

양 추세선 모두 하방향 기울기
위 추세선 기울기>아래 추세선 기울기

보통 거래량은 쐐기형 모양에서 감소하다가
위 추세선 돌파 시 급증하는 모습을 보임

다음 차트에는 두 가지 지속형 패턴, 깃발형과 하락쐐기형이 함께 나타나고 있습니다. 패턴 형식과 거래량 추이를 보면 알 수 있듯이, 실전 차트의 모습도 앞서 설명한 하락쐐기형의 특징과 크게 다르지 않음을 알 수 있습니다.

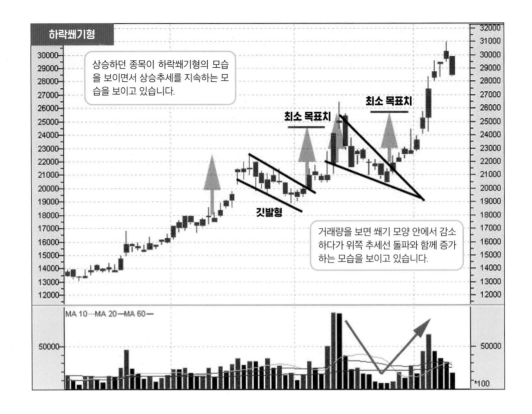

하락쐐기형

상승하던 종목이 하락쐐기형의 모습을 보이면서 상승추세를 지속하는 모습을 보이고 있습니다.

최소 목표치

최소 목표치

깃발형

거래량을 보면 쐐기 모양 안에서 감소하다가 위쪽 추세선 돌파와 함께 증가하는 모습을 보이고 있습니다.

MA 10 — MA 20 — MA 60 —

하락쐐기형의 특징

● 상승추세의 지속형을 나타내며, 위아래 추세선 모두 하향하는 기울기를 가지고 있다

● 추세선 사이에서 오가며 하락추세로 돌아서려 하나 더 이상 하락하지 못하고 다시 상승추세를 이어간다

● 거래량은 감소하다가 바닥권에서부터 증가하기 시작하여 추세선을 돌파할 때 급증한다

● 최소 목표치는 추세선 돌파 시점부터 적용할 수 있다

    다음 시간에는 지속형 패턴의 마지막 내용인 '직사각형'을 여러분과 함께 공부할 것입니다. 여기까지 이해하셨다면 아주 쉽게 알 수 있을 것입니다.

"분산 투자는 좋지만 너무 과도해서는 안 된다. 제대로 선정한 소수의 종목에 집중하고, 각 종목을 얼마나 오랫동안 보유할 것인지는 시장 상황에 따라 판단하라." 제시 리버모어

44

박스 안에서 잠시
쉬어가는 직사각형

TODAY'S GOAL
직사각형 패턴에 대해 알 수 있다!

패턴 분석의 마지막 시간으로 직사각형 패턴에 대해 알아보기로 하겠습니다. 앞에서 배운 지속형 패턴들과 비슷하며, 단지 직사각형 형태를 띠고 있다는 점만 다릅니다.

세부 목차

- 직사각형이란?
- 직사각형의 실전 차트

영상 44

핵심 키워드

'인간 본성을 극복하라.'

직사각형이란?

직사각형 패턴은 발생하는 빈도가 높고, 매수세와 매도세가 비슷한 여건에서 발생합니다. 직사각형이라면 수평으로 평행한 두 직선 사이에서 주가가 등락하겠죠. 또한 주가가 위쪽 또는 아래쪽 추세선을 이탈하면서 패턴이 완성되는 데까지는 시기는 앞서 배운 삼각형이나 쐐기형과 마찬가지로 보통 한 달에서 세 달이 걸립니다. 그림을 보면서 확인해 볼까요?

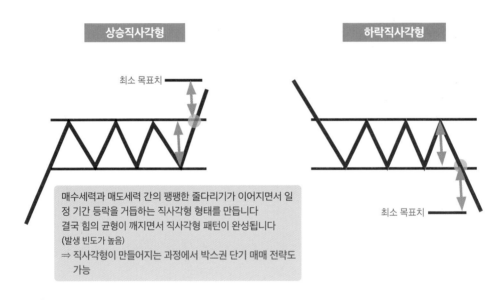

사실 직사각형에서 주가가 어디로 튈지 확실히 알 수는 없습니다. 직사각형 패턴은 전형적인 박스권 매매 현상으로, 하단부 매수세력과 상단부 차익 매도세력의 싸움이 지속되다가 결국 한쪽이 승리하는 형태입니다.

그럼 직사각형 패턴에서 꼭 알아두면 좋을 체크 사항을 알려드리겠습니다.

꼭 알아두면 좋을 세 가지 체크 사항

체크 1 - 거래량　**상승추세: 삼중천정형, 하락추세: 삼중바닥형 가능성**

상승추세 중에 직사각형 패턴은 주가가 오를 때 거래량이 많고 주가가 떨어질 때 거래량이 적은 것이
일반적이며, 거래량이 반대일 때는 추세 전환을 의심해 봐야 합니다

체크 2 - 목표치 계산　**직사각형의 높이**

목표치는 직사각형의 높이를 위쪽 또는 아래쪽 추세선에 더한 폭만큼이 됩니다

체크 3 - 지지와 저항　**지지와 저항의 역할 반전**

주가가 박스권(직사각형)을 상향 돌파하면 위쪽 추세선은 강력한 지지선 역할을, 하향 돌파하면 아래쪽
추세선은 강력한 저항선이 됩니다

직사각형의 실전 차트

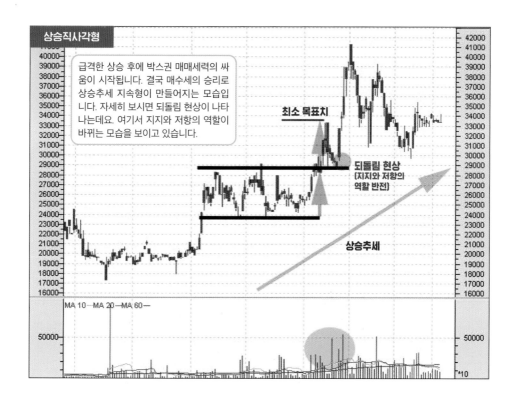

상승직사각형

급격한 상승 후에 박스권 매매세력의 싸움이 시작됩니다. 결국 매수세의 승리로 상승추세 지속형이 만들어지는 모습입니다. 자세히 보시면 되돌림 현상이 나타나는데요. 여기서 지지와 저항의 역할이 바뀌는 모습을 보이고 있습니다.

최소 목표치

되돌림 현상
(지지와 저항의 역할 반전)

상승추세

드디어 지속형 패턴이 끝났습니다. 앞에서 배운 삼각형, 깃발형, 페넌트형, 쐐기형, 그리고 직사각형은 모양만 다를 뿐 특징이 거의 비슷하다는 것을 발견할 수 있습니다.

"반락이 얕으면 큰 시세가 온다"는 오래된 주식 격언은 지속형 패턴을 의미하는 말이 아닐까 하는 생각이 듭니다. 각자 보유하고 있는 종목들에도 적용해 보시고 각각이 어떤 패턴일지 한번 의심해보시길 바랍니다.

이제는 마지막으로 급등주 패턴이 남았습니다. 지금까지 배운 내용들이 실전에서 꼭 유용한 자료가 되었으면 하는 바람입니다.

"중요한 것은 이 같은 신념을 행동으로 옮길 수 있는 용기를 함께 가져야 한다는 점이다. 생각은 그렇게 하면서도 정작 행동은 달리 하는 것은 '인간의 연약한 본성' 탓이라고 할 수 있다. 투자에서나 인생에서나 우리가 성공할 수 있는지의 여부는 단순히 어떤 신념을 갖고 있느냐가 아니라 어떤 행동을 하느냐에 달려 있다." 존 템플턴

45

급등주 패턴 분석
열 가지

TODAY'S GOAL
급등주를 찾는 방법과 열 가지 패턴에 대해 알 수 있다!

급등주에 관하여 총 열 개의 패턴을 설명할 것입니다. 여러 가지 패턴들을 연구해 보고 공통분모를 찾아내시기 바랍니다.

세부 목차

- 급등주의 특징
- 급등주 패턴 열 가지

영상 45

핵심 키워드

'천정 3일 밑바닥 1백일'

급등주의 특징

급등주라고 해서 '이런 것이 100% 급등주다' 하고 말씀드리려는 것이 아닙니다. 모두가 알고 있는 급등주는 이미 급등주가 될 수 없습니다. 요즘은 차트도 웬만한 패턴은 다 알려져 있어서 속임수도 많이 나오고 있는 실정입니다. 이제는 남들이 모르는 또 다른 신무기가 필요한 시점입니다. 배우는 데 그치지 말고 이를 응용하여 새로운 것들을 깨우쳐 나가야 할 이유가 바로 여기에 있습니다.

급등주라고 해서 초기부터 소위 점상한가로 가면 얼마나 좋겠습니까? 하지만 급등주는 주가를 흔드는 과정이나 기간 조정을 통해 일반 투자자들의 '진'을 완전히 빼버리고 나서, 대부분의 투자자들이 물량을 던졌다고 판단되는 그 순간부터 상승을 시작하게 되지요.

물론, 처음 하루 이틀 오를 때에는 매수 기회를 줍니다만, 판 가격보다 이미 올라 있기 때문에 밑진다는 생각에 막상 매수는 못 하게 됩니다.

그러다가 나중에는 물량을 주지 않고 폭등하면 그때 가서야 다급한 마음에 동시호가에 매일 상한가 주문을 하는 어리석은 일을 하게 됩니다. 막상 물량이 전량 매수되면, 그 날이 상투가 되기 쉽습니다. 모두들 알면서도 당하게 되는 일인데, 이야말로 너무 안타까운 일 아니겠습니까?

바로 이러한 '욕심과 공포'라는 핸디캡을 극복하지 못하면 결국 상투를 잡고 큰 손실을 보게 됩니다. 따라서 급등주가 될 가능성이 있다고 판단하면 바닥권이나 상승 초기 시점에서 물량을 조금씩 확보해가야 합니다. 원칙을 세우고 그 원칙에 따른다면 반드시 결실을 보시게 될 것입니다.

자, 그럼 다들 아시는 내용이겠지만, 급등주의 탄생과 소멸에 관해 간단히 소개하고 본격적인 차트 분석으로 들어가도록 하겠습니다.

급등주의 탄생과 소멸 과정

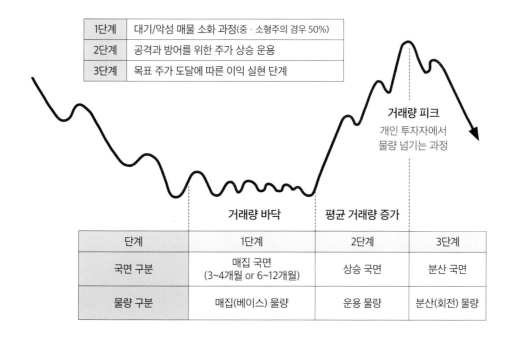

1단계	대기/악성 매물 소화 과정(중·소형주의 경우 50%)
2단계	공격과 방어를 위한 주가 상승 운용
3단계	목표 주가 도달에 따른 이익 실현 단계

거래량 피크
개인 투자자에서
물량 넘기는 과정

거래량 바닥   평균 거래량 증가

단계	1단계	2단계	3단계
국면 구분	매집 국면 (3~4개월 or 6~12개월)	상승 국면	분산 국면
물량 구분	매집(베이스) 물량	운용 물량	분산(회전) 물량

1단계 : 매집 국면

일반 투자자들은 주가가 장기간 하락하거나 오르지 못하면 이 주식은 안된다고 체념하게 되고, 혹시 무슨 문제가 있지 않을까 하며 포기하고 물량을 던지고 맙니다. 하락 국면 말기에 막대한 자금력과 정보력을 가진 세력들은 보통 실적과 재료 등을 기준으로 종목을 선정하고 매집을 진행합니다. 이 단계에서는 매물화될 수 있는 악성 매물들을 소화하면서 중소형주의 경우 총목표의 50퍼센트 정도의 매집 물량을 확보합니다.

2단계 : 상승 국면

상승 국면에서는 의도대로 주가를 올려야 하기 때문에 매물들을 적절한 시점에 받으면서 매집하는 작업을 합니다. 얼마나 적은 거래량(자금)으로 매도 물량을 잘 제압하느냐에 따라 결국 상승의 폭이 결정됩니다.

3단계 : 분산 국면

운용 물량에 의한 상승 국면을 거친 후, 의도한 목표 주가에 도달하게 되면 이익 실현을 위해 주식을 매도합니다. 분산 단계에서 보유하고 있는 물량을 대거 처분해야 하므로 일반 투자자들이 가장 사고 싶어하는 국면(재료의 노출 시점과 일치)에서 분산(매도)시키는 것이 일반적입니다.

먼저 급등주의 일반적, 기술적, 내용상 특징을 한번 살펴보도록 하겠습니다.

급등주의 일반적 특징

1. 긴 기간 조정 다시 말하면 기나긴 횡보 기간을 보이는 경우가 많다
   → 긴 기간 조정은 기다림에 지친 고점 매물의 자연스러운 소진으로 상승 시 커다란 물량 저항을 방지하기 위함

2. 본격적인 폭등세를 보이기 이전에 한번 추세를 죽이고 폭등을 하는 경우가 많다
   → 폭등세 전에 개인 투자자의 물량을 빼앗기 위함

3. 단기간의 급등주(작전주)일수록 소형주인 경우가 많다
   → 작전세력의 자금의 한계 때문

4. 상승폭이 200%가 넘어가면 작전세력과 회사 사이에 상관관계가 있거나 대주주의 암묵적인 동의가 있는 경우가 많다
   → 대주주의 매도 물량은 작전 실패로 이어지는 경우가 있기 때문

5. 작전세력이 모두 팔고 나간 후 고점 부근에서의 2차 반짝 상승을 조심해야 한다

급등주의 기술적 특징

1. 오랫동안 안 빠지고 있는 '긴 줄' 모양의 차트를 찾아라, 평행추세대 형성 기간이 길수록 좋다
   → 관리되는 차트일 확률 높음

2. 최근 6개월 중 거래량 최저점을 기록한 종목을 골라라
   → 대기 매물의 소멸 : 거래량 증가 확인 후 매수

3. 수렴을 마치고 정배열 전환 초기에 있는 종목을 찾아라
   → 조정을 마치고 시세 분출 가능성 높음

4. 신고가를 가볍게 돌파하는 종목을 골라라 → 바닥권 횡보 탈출 신호

5. 5일선이나 20일선이 상향하는 이중, 삼중 바닥형 패턴이 출현하는 종목을 골라라

6. 60일 이동평균선 돌파 후 두 달 이상 주가가 안 빠지는 종목을 골라라

7. 역배열 하에서 이격이 큰 종목을 골라라
   → "골이 깊으면 산이 높다" (단, 기업 내용상 문제점이 있는지는 반드시 체크)

8. 바닥형 패턴 종목을 골라라
   → 매도세력 전멸로 일시적 매물 공백 이용

9. 종가 관리가 되고 있는 종목은 반드시 한번은 시세를 낸다

10. 시세 초기에는 대개 눌림목 국면을 주면서 간다

11. 거래가 평균보다 세 배 이상 증가하며 장대양봉을 만든다

급등주의 내용상 특징

앞에서 설명드린 작전주의 경우 변동성이 크고 매매 판단이 쉽지 않습니다. 단기간 급등은 하지 않지만 안정적으로 큰 수익을 낼 수 있는 실적 성장주를 발굴하는 것이 중요합니다.

1. 미래의 경제 환경 변화에 따른 성장 업종과 기업을 선택하라

2. 큰 폭의 실적 호전 종목을 골라라

3. 오랫동안 대부분의 일반 투자자와 기관 투자자에게 외면된 저평가 주식을 골라라

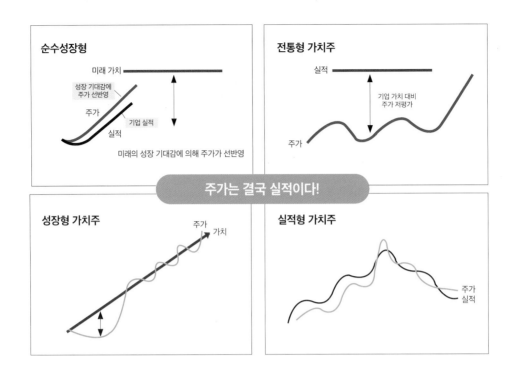

순수성장형은 미래의 성장 기대감에 주가가 먼저 큰 폭 상승하는데 향후 해당 시장 트렌드와 기업 실적이 기대만큼 따라가주지 못하면 기대감의 상승폭을 다 반납하는 모습이 나옵니다. 성장 기대감이 과도하게 반영돼서 버블의 생성과 붕괴가 이루어진 대표적인 사례가 2000년 IT 버블(닷컴 버블) 붕괴입니다.

전통형 가치주는 풍부한 자산을 바탕으로 안정적인 성장을 이루어 내는 기업의 주식을 말합니다. 이 기업들의 특징은 주주를 위하여 높은 배당을 실시한다는 것입니다. 전통형 가치주는 시장에서 소외될 때 기업 저평가 메리트로 접근하기 때문에 투자 기간이 상당히 길어질 수 있어 장기 투자에 적합하고 인내를 필요로 합니다.

성장형 가치주에서 고려되어야 하는 사항은 시장 평균 이상으로 지속적으로 성장하는가입니다. 워런 버핏의 투자 기법 형성에 영향을 준 필립 피셔의 경우 투자하려는 기업이 다른 회사보다 많은 이익을 낼 수 있고 장기간에 걸쳐 매출액과 순이익 증가율이 동일 업종 내 평균치를 상회해야 한다는 점을 강조하였고, 연구 개발 능력을 중시하는 기업에 관

처음 배우는 주식 차트

심을 두었습니다. 또한 성장형 가치주는 시장 지배력이 중요합니다.

실적형 가치주는 경기 사이클에 따른 업종 호황기에 독보적인 수익을 내는 기업을 들수 있습니다. 실적 성장으로 인해 위의 그림처럼 주가가 화답을 보이는 것이라 할 수 있습니다.

급등주 매매 방법

매입	• 거래량 급증(세 배 이상) 초기 국면 매수 참여 • 오랜 횡보 후의 첫 상한가 추격 매수 (리스크 관리 수반) • 주도주가 드러날 때 반드시 대장 주식을 매입
홀딩조건	• 상승 시 거래량이 많지 않은데 주가가 초강세를 유지할 때 • 적어도 5일선은 지켜주어야 함
매도	• 거래량 급증(세 배)하며 주가 상승 탄력 현저히 둔화 시 • 대량 거래와 5일선 하향 돌파 시 • 첫 하한가 추격 매도

급등주 패턴 열 가지

급등주 패턴 1 - 주봉 밀집형

다음 차트를 한번 보시고 B국면에서 어떻게 매매 방향을 세울건지 생각해 보시기 바랍니다.

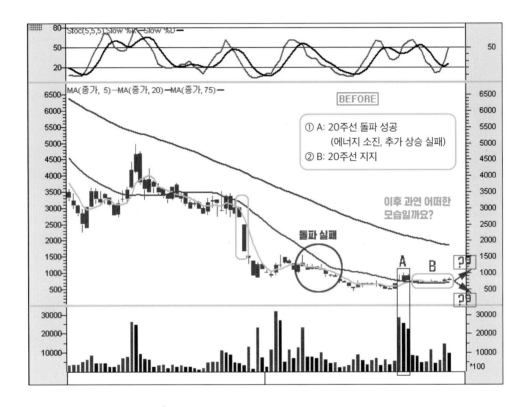

B국면을 보면 20주 이동평균선이 지지선으로 자리매김을 하고 있어 매우 의미있는 신호입니다. 주가가 B국면에서 지리하게 움직이고 있어 답답하게 보이십니까? 자, 과연 이후의 모습은 어떻게 전개될까요?

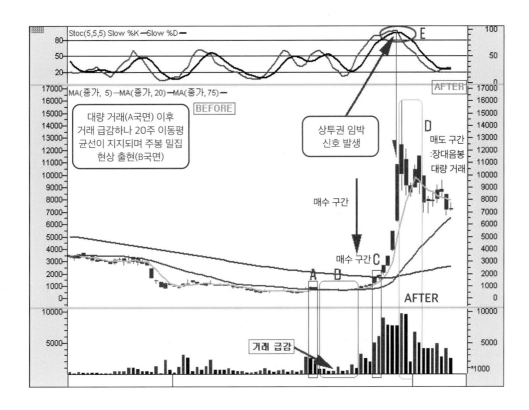

여러분 느끼시나요? 인내력과의 싸움에서 이긴 결과입니다.

B국면에서 거래가 급감하였으나 20주 이동평균선의 지지를 받았다는 것을 고려하면 A국면에서의 대량 거래는 매집에 의한 거래였을 가능성이 높습니다. 따라서 일정 수준까지 매물 부담은 없는 것입니다.

20주 이동평균선을 지지하며, 다음 저항선을 돌파한 뒤 또 한차례 쉬어가는 국면(C국면)이 나오고 있군요. 저항선 돌파는 대단한 에너지 소모가 필요하므로 대개 그 다음에는 짧은 조정 국면이 나타납니다. 이때 저항선이 지지선이 되는지 확인 후 매수 구간으로 활용합니다. 이후 대량 거래를 수반한 장대 음봉이 연속 나타나고 있는데(D국면) 매도세에 의한 대량 거래로 판단하여야 합니다.

급등주 패턴 2 - 정배열 전환형

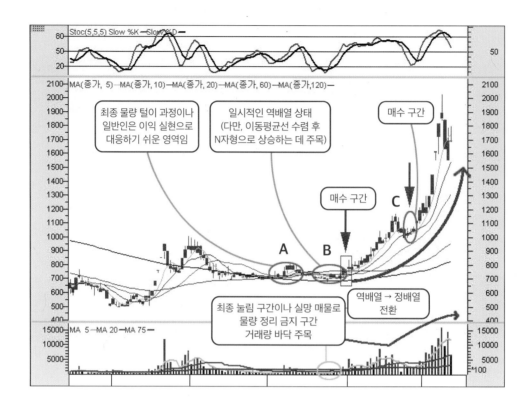

최종 물량 털이 과정이나
일반인은 이익 실현으로
대응하기 쉬운 영역임

일시적인 역배열 상태
(다만, 이동평균선 수렴 후
N자형으로 상승하는 데 주목)

매수 구간

매수 구간

C

A

B

역배열 → 정배열
전환

최종 눌림 구간이나 실망 매물로
물량 정리 금지 구간
거래량 바닥 주목

급등주 패턴 3 - 이동평균선 수렴형

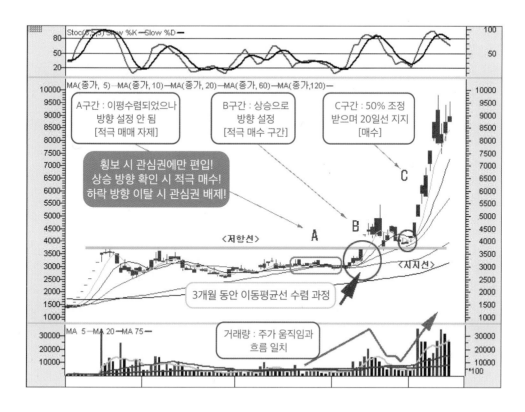

A구간은 개인 투자자가 적극적으로 매매할 만한 구간은 아닙니다. 섣불리 들어갔다가 는 지쳐서 팔아버리고 관심 종목에서 제외시키는 우를 범할 수 있습니다.

급등주 패턴 4 - 신고가 종목

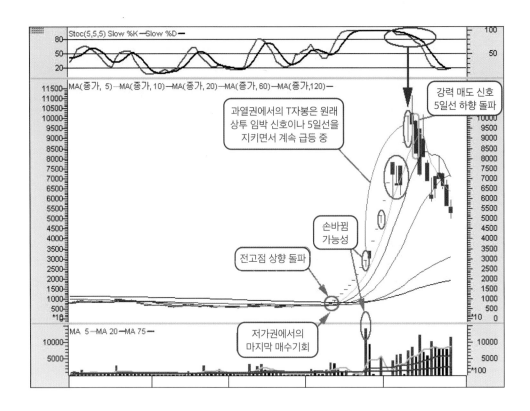

신고가 종목은 팔 때가 중요합니다. 고점에서 5일 이동평균선을 이탈하는 장대음봉은 반드시 매도해야 하는 구간임과 동시에 매수 금지 구역입니다.

급등주 패턴 5 - 대량 거래 종목

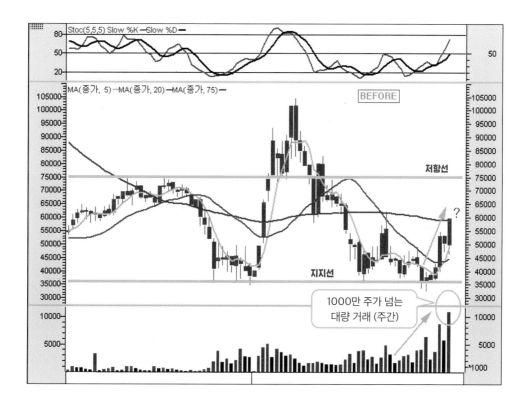

이전에 한번도 보인 적이 없던 1000만 주가 넘는 대량 거래(주간 단위)가 발생하며 장 대양봉이 나오고 있군요.

이후 과연 어떠한 모습으로 전개되었을까요?

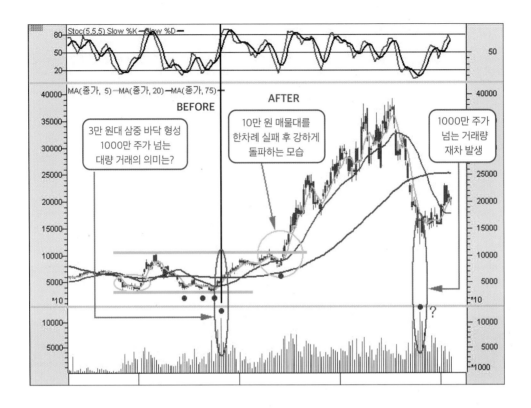

이때 매집된 물량은 장기성 자금이 아닐까 판단됩니다. 즉, 나름대로 확신을 가지고 매수에 들어왔으며, 이중 상당 부분이 홀딩되어 있는 것으로 보입니다. 일봉상으로는 알기 어려운 대량 거래의 비밀이 주봉차트에서는 확연히 드러나는 케이스였습니다.

급등주 패턴 6 - V자형 상승

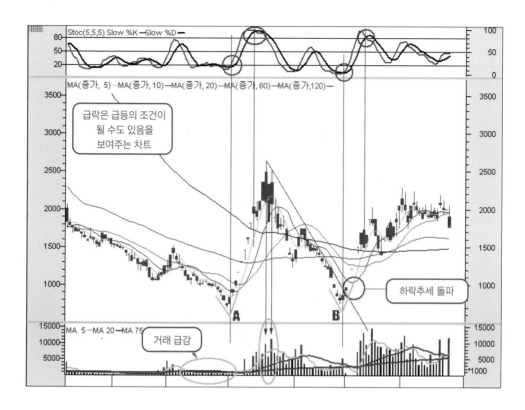

대단한 종목입니다. 일반적으로 한번 시세가 분출된 종목은 3~6개월가량은 큰 변화가 없는 법인데, 물량이 출회된 지 한 달 정도만에 다시 세 배 이상의 수익률을 챙겨가는 모습이 보이네요. 자세히 한번 살펴볼까요?

A지점에서 거래가 급감하면서 낙폭을 키워가다가 오히려 전고점을 뚫고 급반등하는 모습입니다. B지점에서도 이전과 유사한 패턴으로 재차 폭등세를 보이고 있습니다. '역사는 반복되지 않는다'는 말이 있지만, 여기서는 지금까지 경험했던 것들의 학습 효과가 크게 작용하고 있습니다. 매수 시점은 하락추세대를 상향 돌파하는 시점입니다.

대개 폭등 시점 초기에는 주식이 왜 오르는지 일반인들이 납득하기 어려우며, 일정 시점 이후 조금씩 재료가 흘러나오기 마련입니다. 이후 재료가 뉴스화되는 시점에서는 이미 주가가 고점을 형성했을 가능성이 매우 큽니다.

제8편 | 패턴 분석 (2) - 지속형

급등주 패턴 7 - N자형 상승 패턴

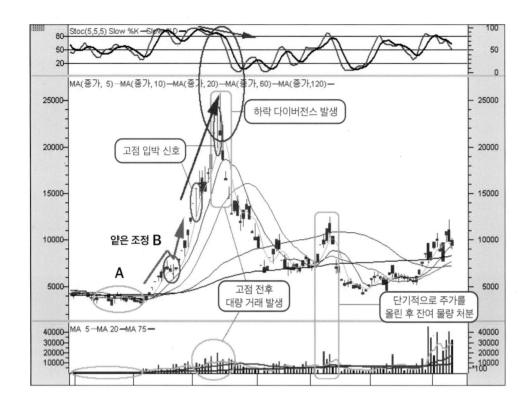

A국면에서는 횡보 중 약간의 역배열 상황도 속임수형으로 나오고 있습니다. 투자자들이 포기하기 쉬운 구간입니다. 하지만 자세히 보시면 거래량이 완전히 바닥이라는 사실에 주목해야합니다. 다음은 B국면입니다. 바닥권에서 1차 시세를 내고, 조정폭이 크지 않아 거의 횡보에 가까운 조정을 보인 후 10일 이동평균선의 지지를 받으면서 재급등 국면을 연출하고 있습니다. 이는 거래량에서 공부하셨던 '고가놀이'라는 현상입니다.

이러한 종목은 일간 차트상 10일 이동평균선에서 지지를 받는 경우가 많습니다. 따라서 10일 이동평균선(더 강한 종목은 5일/약한 종목은 20일) 지지 의지가 엿보이면 관심 종목에 편입시키고, N자형 패턴 발생 시 매수 구간으로 잡기 바랍니다. 물론 지지선을 하향 이탈한다면 즉각 손절매로 대응하여야겠죠. 그리고 다 아는 내용이겠지만, 대량 거래를 수반한 위 꼬리 음봉이 나오면서 5일 이동평균선을 하향 이탈 시 적극 매도로 임합니다.

급등주 패턴 8 - 이중(삼중)바닥형 패턴

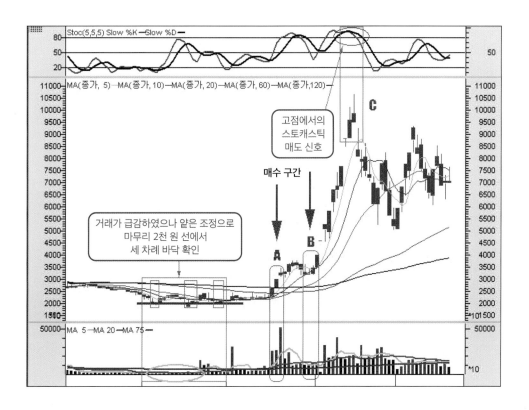

거래가 급감하고 있으나 주가가 밀리지 않고 바닥을 다지고 있는 모습을 보이던 차트입니다. 이는 바닥권에서 주가를 일정 범위에 묶어 놓고 매집을 하고 있다고 예상할 수 있습니다. 그러나 이 시점에서는 정확히 드러난 것은 아닙니다. 이후 오랜 박스권을 깨는 A 국면이 나오고 있습니다. 결국 주가가 오르려면 가격을 높이면서 추가로 매집하는 단계가 필요한 법이니까요. 이후 N자형 패턴(B국면)을 보이면서 추가 급등세를 이어가고 있습니다. 이후 C지점에서는 스토캐스틱을 이용해서 상투 시점을 포착할 수 있습니다.

급등주 패턴 9 - 박스권 횡보후 상승 패턴

A, B, C, D 국면에서 특이한 현상이 목격되고 있습니다. 거래가 많은 음봉이 자주 출현하지만 주가는 크게 밀리지 않고 다시 장대양봉을 붙이는 모습이 계속 나타나고 있습니다. 과연 이후의 모습은 어떻게 전개될까요?

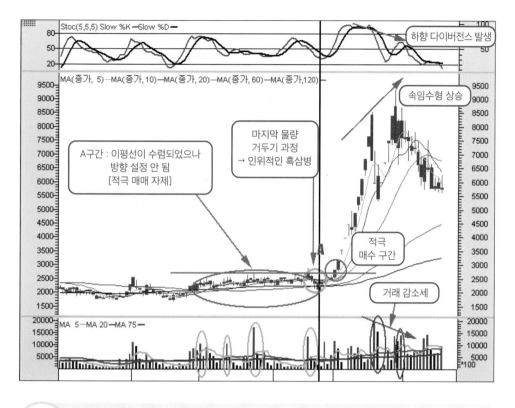

Stoc(5,5,5) Slow %K ─ Slow %D ─

하향 다이버전스 발생

MA(종가, 5) ─ MA(종가, 10) ─ MA(종가, 20) ─ MA(종가, 60) ─ MA(종가,120) ─

속임수형 상승

마지막 물량
거두기 과정
→ 인위적인 흑삼병

A구간 : 이평선이 수렴되었으나
방향 설정 안 됨
[적극 매매 자제]

적극
매수 구간

거래 감소세

MA 5 ─ MA 20 ─ MA 75 ─

재승 씨
TIP

횡보 국면 내에서는 탐색 정도만 하고, 본격적인 매수는 하지 말라
추세(방향) 확인 시 초기에 따라 붙어라

이전 차트의 D지점, 박스권에서 거래가 늘어난 음봉과 흑삼병이 결국은 매집을 위한
눌림이었습니다. 불행하게도 일반 투자자는 대부분 이 시점에 물량을 정리합니다. 따라서
이후 주가가 상승하더라도 매물 부담은 없는 것입니다.

급등주 패턴 10 - 띠파동

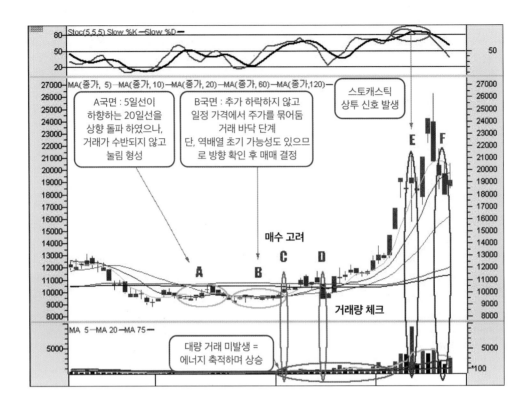

A국면 : 5일선이 하향하는 20일선을 상향 돌파 하였으나, 거래가 수반되지 않고 눌림 형성

B국면 : 추가 하락하지 않고 일정 가격에서 주가를 묶어둠 거래 바닥 단계 단, 역배열 초기 가능성도 있으므로 방향 확인 후 매매 결정

스토캐스틱 상투 신호 발생

매수 고려

거래량 체크

대량 거래 미발생 = 에너지 축적하며 상승

마지막으로 급등주의 진행 과정에 따라 매매에 참고하면 좋은 주식 격언과 매매에 있어 꼭 기억해야 할 중요한 요소들을 정리해드리겠습니다.

★ 급등주 매매 & 주식 격언

초기 국면	• 거래량 바닥은 주가 바닥의 전조 • 장기간 움직이지 않던 주식이 오르기 시작하면 크게 오른다 • 모두가 비관할 때 바보처럼 사 두라 • 꿈이 있는 주식이 가장 크게 오른다
상승 국면	• 인기주는 초기 시세에 따라 붙어라 • 상승세가 강한 주식의 첫번째 하락은 매입 신호다 • 반락이 얇으면 큰 시세가 온다 • 경계심이 강할 때에는 시세는 좀처럼 천정을 치지 않는다
마감 국면	• 최후 시세가 가장 크다 • 대량 거래가 지속되면 천정의 징조다

매매에 있어 꼭 기억해야 할 중요한 요소

- 5일, 10일, 20일선이 정배열인 초기 종목에만 투자하고, 역배열 전환 시에는 매도한다
- 각종 주요지표들과 보조지표들이 동시에 매수 신호를 주고 있는 종목만 매수한다
- 매도(상투) 시점 포착 시 스토캐스틱과 같은 보조지표(일봉/주봉 모두)를 반드시 활용한다
- 추세선이 수평 내지는 상향 중인 종목만 매수하고 하향 전환시 매도. 하향 종목은 당연 매수 금지
- 속임수형 내지는 특이형도 주의한다

지금까지 배운 내용을 한번 정리해 볼까요.

- 급등주 패턴 중 주봉 밀집형, 정배열 전환형, 이동평균선 수렴형의 세 가지 패턴은 각각 차이가 있으나 공통점이 있는 패턴으로서, 비교적 긴 시간을 두고 매집을 위한 횡보 과정을 거치는데 이러한 종목을 눈여겨보다가 박스권 상향 돌파시 적극 매수 관점으로 임해야 한다
- 신고가 종목은 박스권 상향 돌파 시가 매수 적기인데, 이는 매수세가 매우 강하다는 증거이므로 초기 단계에서는 과감한 베팅이 필요하다
- V자형 바닥은 폭락을 전제로 하므로 폭락에 의해 과매도 국면에 진입한 종목들을 관심권에 편입시킨다 (오버슈팅 된 종목은 반드시 원상 복귀하려는 속성을 이용한 매수 전략)
- N자형 패턴 출현시에는 조정이 짧고 얕게 진행되는 상승세가 진행되므로, 지지선 눌림목에서는 매수 타이밍으로 활용한다
- 폭락 종목은 대개 2~3번 대량 거래 시점이 바닥일 확률이 높으나 회사에 중대한 문제가 있어 폭락할 경우도 있으므로 매매에는 매우 주의하여야 한다
- 이중(삼중)바닥형은 바닥을 여러 차례 확인해준다는 점에서 보다 안정적이라고 말할 수 있다
- 특이형(박스권 상승)처럼 전혀 예측을 못하는 차트에서도 급등주는 발생할 수 있다
- 띠파동은 주봉(일봉) 밀집 패턴과 유사하며 매집의 흔적을 쉽게 알 수 있는 장점이 있다

부록에는 그동안 다루지 않았던 중요한 기술적 분석 기법인 엘리어트 파동이론을 실었습니다. 지금까지 배운 내용이 실전에서 꼭 유용한 자료가 되었으면 하는 바람입니다.

"증권시장에서 행복감이 넘쳐나는 시기에 사람들은 모든 곳에서 오로지 투자에 대해서만 얘기한다. 정보들을 교환하고, 특정 주식을 분석한다. 이때 '증권인'이라는 직업은 존경의 대상이 된다. 그러나 주식투자가 장안의 화젯거리가 되는 바로 그 시점에서 투자자들은 무조건 하차해야 한다."
앙드레 코스톨라니

"모양, 균형, 조화, 그리고 변화가
바로 자연의 법칙인데,
이 법칙들은 절대 불가침이다"

부록

엘리어트
파동이론

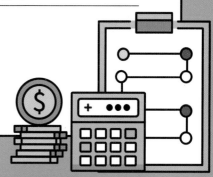

01

엘리어트 파동이론의
핵심과 피보나치의 수

엘리어트 파동의 탄생

파동이론의 창시자인 랠프 넬슨 엘리어트(Ralph Nelson Elliott, 1871~1948)는 늦은 나이에 주식시장을 연구하기 시작하였지만, 자신이 개발한 파동이론을 통해 대공황 시기의 주식시장 대폭락을 정확하게 예언하였습니다. 그러나 그의 이론의 독창성과 정확성은 세상에 널리 알려지지 않았습니다. 당시 엘리어트와 주식시장 예측에 관한 서신을 교환했던 투자 전문지 편집장 짐 콜린스가 사람들에게 이 이론이 알려지는 일을 꺼려했기 때문입니다. 이로 인해 오랜 세월 묻혀 있던 이론은 해밀턴 볼턴(Hamilton Bolton)에 의해 세상에 소개되었고, 결정적으로 로버트 프렉터(Robert Prechter)가 엘리어트 파동이론을 통해 1987년 '블랙 먼데이'라는 폭락장을 정확히 예측하면서 크게 알려지게 되었습니다 .

▼ 엘리어트 파동의 탄생

- 엘리어트 파동이론은 기본적으로 패턴, 비율, 시간이라는 세 가지 요인에 기반하고 있으며, 그중 패턴을 가장 중요하게 여긴다. 주가의 변동은 상승 5파와 하락 3파로 움직이며 끝없이 순환하면서 추세를 이어간다는 이론
- 1930년대 초부터 과거 75년간의 주가 움직임에 대한 연간, 월간, 주간, 일간 데이터는 물론 30분 단위의 데이터까지 면밀히 분석한 결과 주식시장도 자연 법칙에 따라 움직이는 반복적인 법칙이 있음을 발견

❚ 엘리어트 파동이론의 핵심

엘리어트 파동이론의 핵심은 주가의 변동이 다섯 개의 상승 파동과 세 개의 하락 파동으로 구성된다는 것입니다. 즉, 하나의 사이클이 완성되는 데 여덟 개의 상하 파동이 존재합니다.

한 사이클은 상승 국면의 5개의 파동과 하락 국면의 세 개의 파동으로 구성

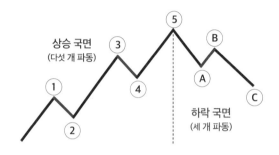

○ 충격 파동(impulse wave) : 시장의 진행 방향과 동일 방향의 파동
○ 조정 파동(corrective wave) : 충격을 다소간 완화하는 시장의 진행 방향과 반대 방향의 파동

시장의 추세와 같은 방향으로 움직이는 파동을 충격 파동(impulse wave)이라고 하며, 상승 국면의 1, 3, 5번 파동과 하락 국면의 A와 C 파동이 충격 파동입니다. 반대로 시장의 추세에 역행하는 파동을 조정 파동(corrective wave)이라고 합니다. 조정 파동은 상승 국면의 2, 4번 파동과 하락 국면의 B파동입니다.

큰 사이클로 보면 여덟 개의 파동이지만 이 파동을 세분화하면 아래와 같이 하위 파동 34개로 이루어집니다.

처음 배우는 주식 차트

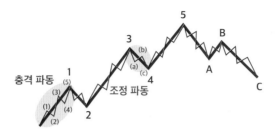

충격 파동 [상승 국면 1, 3, 5 / 하락 국면 A, C] : 다섯 개의 하위 파동으로 이루어짐
조정 파동 [상승 국면 2, 4 / 하락 국면 B파동] : 세 개의 하위 파동으로 이루어짐
총 34개 파동 [상승 국면 5+3+5+3+5 (21), 하락 국면 5+3+5 (13)]

엘리어트 파동의 절대 불가침의 법칙

엘리어트는 파동이론에 세 가지 절대 불가침의 법칙이 있다고 했습니다.

첫째, 2번 파동은 절대로 1번 파동의 출발점 밑으로는 내려가지 못한다.

둘째, 충격 파동인 1, 3, 5번 파동 중에서 3번 파동이 제일 짧을 수는 없다.

셋째, 4번 파동과 1번 파동은 서로 겹칠 수 없다.

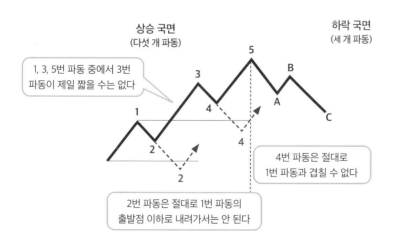

부록 | 엘리어트 파동이론

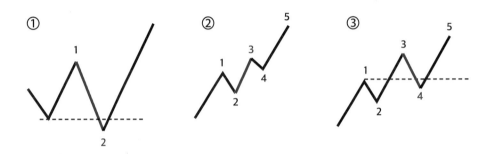

① 2번 파동은 절대로 1번 파동의 출발점 이하로 내려가서는 안 된다
② 충격 파동인 1번, 3번, 5번 파동 중에서 특히 3번 파동은
   절대로 가장 짧은 파동이어서는 안 된다(3번 파동의 움직임이 가장 길게 나타나는 것이 일반적)
③ 4번 파동은 절대로 1번 파동과 겹칠 수 없다

▮ 피보나치 수열이란?

　　이탈리아 수학자 레오나르도 피보나치의 저서 《산반서》에서 토끼의 번식을 예로 들어 설명한 피보나치 수열은 '0, 1, 1, 2, 3, 5, 8, 13, 21…'과 같이 앞의 두 항을 더한 값이 다음 항이 되는 수열을 말합니다. 피보나치 비율은 피보나치 수를 다른 피보나치 수로 나눈 값으로, 앞의 수를 뒤의 수로 나누면 점점 0.618로, 뒤의 수를 앞의 수로 나누면 1.618로 수렴합니다. 여기서 1.618은 자연계의 가장 안정된 상태를 나타내는 '황금비율'로 알려져 있으며, 수학·음악·미술 분야 및 자연 현상 등에서 찾아볼 수 있습니다.

피보나치 수열	1	1	2	3	5	8	13	21	34	55
앞의 수를 뒤의 수로 나누면			0.500	0.667	0.600	0.625	0.615	0.619	0.618	0.618
뒤의 수를 앞의 수로 나누면			2.000	1.500	1.667	1.600	1.625	1.615	1.619	1.618
앞의 수를 두 칸 뒤의 수로 나누면			0.400	0.375	0.385	0.381	0.382	0.382	0.382	0.382
뒤의 수를 두 칸 앞의 수로 나누면			2.500	2.667	2.600	2.625	2.615	2.619	2.618	2.618

피라미드

황금비율 : 1 대 1.618

다빈치 인체 비례도

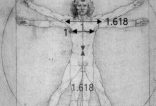

▶ 자연 현상의 황금비율

꽃잎의 배열
식물 줄기의 가지 수
해바라기 씨앗의 나선 모양 배치
소라나 고둥의 나선 모양
태풍과 은하의 형태 등

엘리어트 파동이론에서는 0.382, 0.618, 1.618, 2.618 등의 피보나치 비율을 활용합니다. 이 비율을 기준으로 주가 상승 후 조정의 폭을 분석하여 주가의 향방을 찾고, 주가가 어디까지 오를 수 있을지 목표 가격을 예측합니다. 피보나치 비율이 엘리어트 파동 속에서 사용되는 방식은 아래와 같습니다.

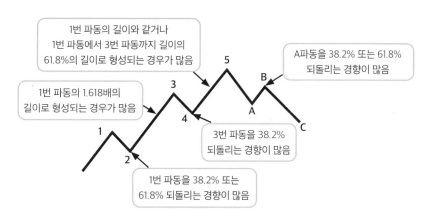

파동	피보나치 비율의 이용
2번 파동	1번 파동을 38.2% 또는 61.8% 되돌리는 경향이 많습니다
3번 파동	1번 파동의 1.618배의 길이로 형성되는 경우가 많습니다
4번 파동	3번 파동을 38.2% 되돌리는 경향이 많습니다
5번 파동	1번 파동의 길이와 같거나 1번 파동에서 3번 파동까지 길이의 61.8%의 길이로 형성되는 경우가 많습니다
B파동	A파동을 38.2% 또는 61.8% 되돌리는 경향이 많습니다

피보나치 되돌림: 지지·저항을 찾는 방법

파동이론은 이처럼 주가의 상승과 하락 시점이 피보나치 비율과 관련되어 있다고 봅니다. 실전에서 파동이론을 활용하는 방법은 주식 차트를 볼 때 피보나치 비율을 사용해서 지지 가격대와 저항 가격대를 유추해보는 것입니다. 상승 후 조정이 올 때는 잠재적인 지지 구간을, 하락 후 반등할 때는 잠재적인 저항 구간을 피보나치 비율(38.2%, 50%, 61.8%)로 짐작해볼 수 있습니다. 만약 상승 후 조정 시 61.8% 가격대를 이탈하거나 하락 후 반등 시 61.8% 가격대를 돌파하면 추세의 반전이 올 수도 있다는 의미로도 활용됩니다.

▶ 상승추세일 때 : 잠재적인 지지 레벨 찾기

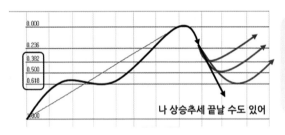

상승 후 조정 진입 시 상승 구간의 저점과 고점을 이은 선에 피보나치 비율을 적용하여 잠재적인 지지 구간(되돌림)을 짐작해볼 수 있습니다.

▶ 하락추세일 때 : 잠재적인 저항 레벨 찾기

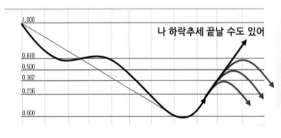

지속 하락 후 반등 시 하락 구간의 고점과 저점을 이은 선에 피보나치 비율을 적용하여 잠재적인 저항 구간(되돌림)을 짐작해볼 수 있습니다.

그럼 실제 HTS에서 '피보나치 되돌림 도구'를 활용하여 잠재적인 지지 · 저항 라인을 확인하는 방법을 알아볼까요?

Fibonacci Retracement

최고 167,500 (01/11)

조정 구간에서 38.2%선의
지지를 받고 상승하는 모습

피보나치 조정대

상승 구간의 저점을 클릭하고 고점까지 드래그하면 피보나치 되돌림 수치가 나와 잠재적인 지지 라인을 볼 수 있습니다

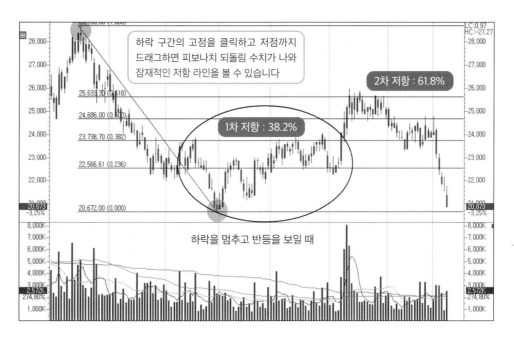

하락 구간의 고점을 클릭하고 저점까지 드래그하면 피보나치 되돌림 수치가 나와 잠재적인 저항 라인을 볼 수 있습니다

2차 저항 : 61.8%

1차 저항 : 38.2%

하락을 멈추고 반등을 보일 때

재승 씨 TIP

피보나치 되돌림의 경우 잠재적인 지지·저항 구간을 예측하는 도구이기 때문에 가장 기본적인 추세, 매물대, 이동평균선, 거래량 등과 함께 보고 판단해야 좋습니다

1, 2번 파동의
특징과 매매 전략

세부 목차

1번 파동의 특징과 매매 전략

1번 파동은 지속적으로 하락하던 주가가 반등을 하면서 상승추세가 시작되는 출발점입니다. 일반적으로 1번 파동 형성 시 장기 악성 매물 출회로 파동의 길이가 짧고 움직임이 강력하지 않기 때문에 바닥 수준에서의 단순한 반등 정도로 간주되는 경우가 많아서 알아내기 힘듭니다. 1번 파동임을 확인하기 위해서는 파동이 다섯 개의 하위 파동으로 구성되었는지와 거래량 바닥이 형성된 후 새롭게 거래량이 증가하기 시작했는지 확인이 필요합니다. 대표지수에서 1번 파동이 진행 중이라면 일반적으로 대중주, 저가 대형주가 강세를 보입니다.

추세의 전환점　진행되던 하락추세가 끝나고 다시 새로운 추세가 시작되는 출발점

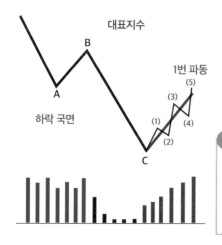

① 거래량의 바닥이 형성된 후 새롭게 거래량이 증가하기 시작
② 1번 파동은 충격 파동이므로 다섯 개의 작은 파동으로 구성
③ 1번 파동 형성 시 장기 악성 매물 출회로 파동의 길이가 짧고 움직임이 강력하지 않은 것이 일반적임
④ 유동성 진입장세로 지수 강세 속에 일반적으로 대중주, 저가 대형주가 강세를 보임

매매 전략

1번 파동이 진행 중일 때 1번 파동으로 인식하기 쉽지 않다
➡ 1번 파동이라고 의심되는 파동이 있으면 그 추이를 지켜보았다가 1번 파동이 완성되고 이어서 2번 파동이 진행될 때 매입하는 편이 안전하다

※ 1번 파동은 2번 파동이 진행을 시작하기 전에는 지금의 파동이 1번인지 아니면 C파동의 일부인지 구별이 힘들다.

▌2번 파동의 특징과 매매 전략

2번 파동은 세 개의 파동으로 구성되며 1번 파동의 방향과 반대로 형성되는 조정 파동입니다. 1번 파동 상승의 38.2% 또는 61.8%(피보나치 비율) 수준으로 조정이 진행되는 것이 일반적입니다. 최소한 61.8%에서 되돌림 구간이 나온다면 확신을 가지고 매수를 고려할 수 있습니다. 2번 파동에서는 일반적으로 대표지수 약세 속에 개별주가 강세를 보입니다.

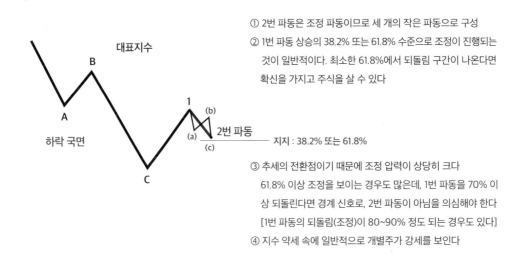

상승 후 조정 1번 파동을 조정하는 파동으로 1번 파동과 반대 방향으로 움직인다

① 2번 파동은 조정 파동이므로 세 개의 작은 파동으로 구성
② 1번 파동 상승의 38.2% 또는 61.8% 수준으로 조정이 진행되는 것이 일반적이다. 최소한 61.8%에서 되돌림 구간이 나온다면 확신을 가지고 주식을 살 수 있다

지지 : 38.2% 또는 61.8%

③ 추세의 전환점이기 때문에 조정 압력이 상당히 크다
61.8% 이상 조정을 보이는 경우도 많은데, 1번 파동을 70% 이상 되돌린다면 경계 신호로, 2번 파동이 아님을 의심해야 한다 [1번 파동의 되돌림(조정)이 80~90% 정도 되는 경우도 있다]
④ 지수 약세 속에 일반적으로 개별주가 강세를 보인다

2번 파동에서 주목해야 하는 것은 절대로 1번 파동의 출발점 이하로 내려가서는 안 된다는 것입니다. (절대 불가침의 법칙) 이와 같은 상황이 발생하면 이전의 상승세가 1번 파동이 아니라는 뜻이므로 손절매로 대응해야 합니다. 정상적인 2번 파동에서의 매매 전략은 2번 파동 완성 후 3번 파동 진행 초기에 매수하는 공격적인 투자 방법과, 1번 파동의 고점이 돌파되어 확실한 추세 전환임을 확인한 후 매수하는 안정적인 투자 방법이 있습니다.

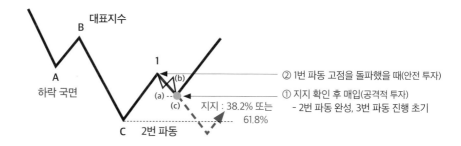

② 1번 파동 고점을 돌파했을 때(안전 투자)

① 지지 확인 후 매입(공격적 투자)
- 2번 파동 완성, 3번 파동 진행 초기

지지 : 38.2% 또는 61.8%

절대 불가침의 법칙
2번 파동은 절대로 1번 파동의 출발점 이하로 내려가서는 안 된다
2번 파동으로 확신하여 매수했다면 1번 파동 바닥 아래로 내려갈 때는
손절매를 해야 한다

2번 파동과 같은 조정 파동은 지그재그, 플랫, 불규칙 조정 그리고 삼각형의 네 가지로 분류되며 더 복잡한 형태도 있습니다. 그중 2번 파동은 일반적으로 지그재그나 플랫 패턴으로 나타날 가능성이 높습니다. 중요한 것은 2번 파동의 조정폭에 따라 3번 파동의 상승 강도가 정해진다는 점입니다.

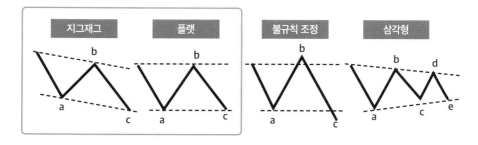

2번 파동
① 2번 파동에 나타나는 조정 패턴은 지그재그나 플랫 형태일 가능성이 높다
  - 80% 정도 단순 지그재그 패턴 유형이 많음
② 2번 파동의 눌림(조정의 폭)에 따라 3번 파동의 상승 강도가 정해진다
③ 2번 파동과 4번 파동은 서로 다른 조정 패턴으로 진행된다

파동이론으로 본 상승 전환 패턴

1-2-3 파동의 진행과정을 전통적인 차트 바닥 패턴으로 보면 아래와 같이 역머리어깨형, 이중바닥형, V바닥형 패턴으로 볼 수 있습니다. 직전 하락 파동이 일반적인 하락이었다면 역머리어깨형 패턴, 완만했다면 이중바닥형 패턴의 모습을 보입니다. 만약 직전 하락 파동이 가팔랐다면 V바닥형 패턴이 나올 수 있습니다. 이와 같이 바닥 패턴으로 파동의 형태를 짐작할 수 있습니다.

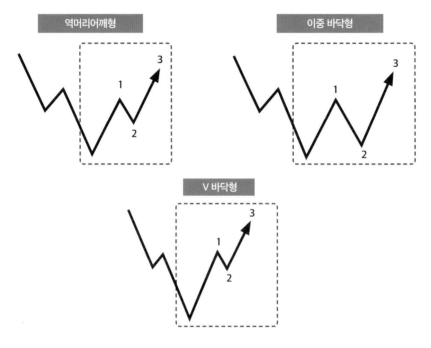

※ 엘리어트 파동이론은 기본적으로 패턴, 비율, 시간이라는 세 가지 요소에 기반하고 있으며, 그중 패턴을 가장 중요하게 여긴다

처음 배우는 주식 차트

03

3, 4번 파동의 특징과
매매 전략

▌ 3번 파동의 특징과 매매 전략

3번 파동은 가장 주목해야 하는 파동으로 상승 국면의 세 개의 충격 파동 중 가장 길고 강력한 파동입니다. 3번 파동은 1번 파동 길이의 1.618배만큼 상승하는 것이 일반적입니다.

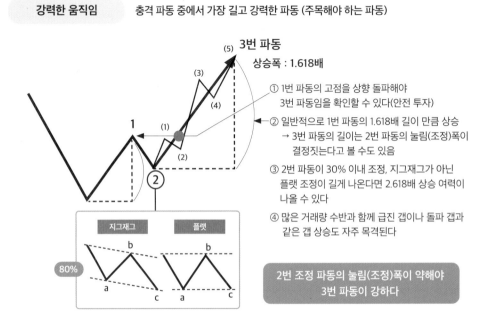

3번 파동은 많은 거래량 수반과 함께 강력한 상승추세를 보이기 때문에 절대로 충격 파동인 1번, 3번, 5번 파동 중에서 가장 짧은 파동일 수는 없습니다. 가장 강력하고 가격의 변화도 활발하기 때문에 갭 상승도 자주 목격하게 됩니다.

처음 뛰우는 주식 차트

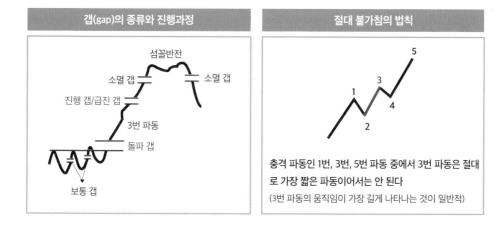

갭(gap)의 종류와 진행과정	절대 불가침의 법칙

충격 파동인 1번, 3번, 5번 파동 중에서 3번 파동은 절대로 가장 짧은 파동이어서는 안 된다
(3번 파동의 움직임이 가장 길게 나타나는 것이 일반적)

3번 파동이 진행 중일 때는 상승을 주도하는 가장 유망한 업종의 대표 기업에 투자하는 것이 유리하며 일반적으로 블루칩, 옐로우칩, 실적우량주, 기관·외국인 선호주가 강세를 보입니다. 상승에 소외된 종목보다는 전체 시장 대비 강한 상승을 보이는 종목에 대한 투자가 더 좋다고 할 수 있습니다.

매매 전략

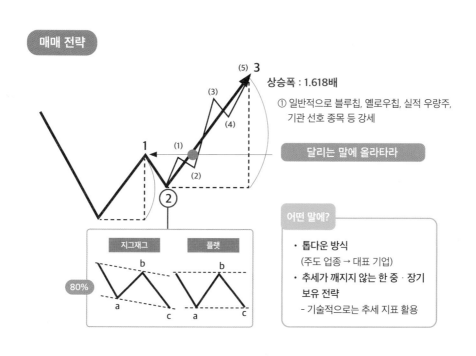

상승폭 : 1.618배

① 일반적으로 블루칩, 옐로우칩, 실적 우량주, 기관 선호 종목 등 강세

달리는 말에 올라타라

어떤 말에?

· 톱다운 방식
  (주도 업종 → 대표 기업)
· 추세가 깨지지 않는 한 중·장기 보유 전략
  - 기술적으로는 추세 지표 활용

4번 파동의 특징과 매매 전략

4번 파동은 강력한 3번 파동으로 인해 주가가 많이 올랐다고 인식하는 시기에 나오는 조정 파동으로 일반적으로 3번 파동의 38.2% 수준으로 되돌리는 경우가 많습니다. 4번 파동의 특징과 매매 전략은 다음과 같습니다.

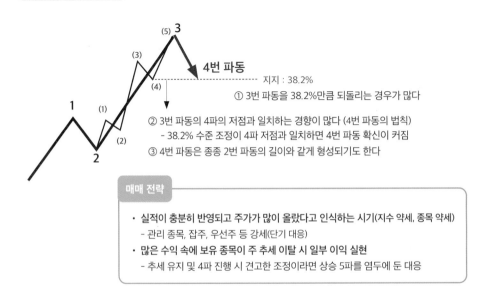

강한 상승 후 조정   3번 파동을 조정하는 파동으로 3번 파동과 반대 방향으로 움직인다

4번 파동

지지 : 38.2%

① 3번 파동을 38.2%만큼 되돌리는 경우가 많다

② 3번 파동의 4파의 저점과 일치하는 경향이 많다 (4번 파동의 법칙)
- 38.2% 수준 조정이 4파 저점과 일치하면 4번 파동 확신이 커짐
③ 4번 파동은 종종 2번 파동의 길이와 같게 형성되기도 한다

매매 전략

• 실적이 충분히 반영되고 주가가 많이 올랐다고 인식하는 시기(지수 약세, 종목 약세)
- 관리 종목, 잡주, 우선주 등 강세(단기 대응)
• 많은 수익 속에 보유 종목이 주 추세 이탈 시 일부 이익 실현
- 추세 유지 및 4파 진행 시 견고한 조정이라면 상승 5파를 염두에 둔 대응

4번 파동의 경우에도 아래 그림과 같이 '결코 1번 파동과는 겹치지 않는다'는 절대 불가침의 법칙이 있습니다.

처음 배우는 주식 차트

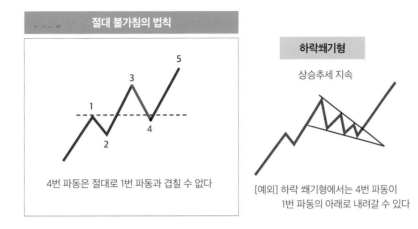

절대 불가침의 법칙

4번 파동은 절대로 1번 파동과 겹칠 수 없다

하락쐐기형

상승추세 지속

[예외] 하락 쐐기형에서는 4번 파동이
1번 파동의 아래로 내려갈 수 있다

또 한 가지 주목해야 할 것은 절대 불가침의 법칙은 아니지만 조정 파동의 경우 2번 파동과 4번 파동은 서로 다른 패턴을 보인다는 것입니다. 이를 '파동 교대의 법칙'이라고 합니다.

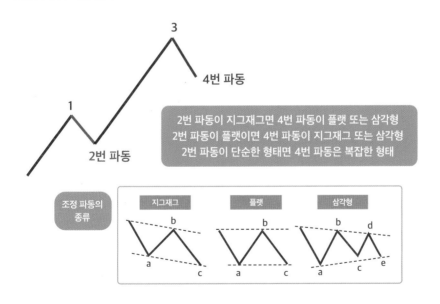

파동 교대의 법칙 조정 파동인 2번 파동과 4번 파동은 서로 다른 조정 패턴으로 진행된다

2번 파동이 지그재그면 4번 파동이 플랫 또는 삼각형
2번 파동이 플랫이면 4번 파동이 지그재그 또는 삼각형
2번 파동이 단순한 형태면 4번 파동은 복잡한 형태

조정 파동의 종류

지그재그 플랫 삼각형

부록 | 엘리어트 파동이론

04

5번 파동의 특징과
매매 전략

5번 파동의 특징과 매매 전략

5번 파동은 이제까지 진행되어온 상승추세가 막바지에 이르는 국면으로 가장 많은 일반 투자자들이 참여하는 구간입니다. 3번 파동에 비해 상승폭이 작지만 거래량은 활발합니다. 또한 일부 특화된 종목의 제한된 랠리 속에 신저가 종목이 더 많아지는 모습을 보입니다.

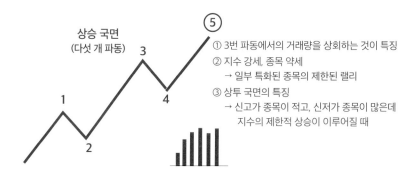

상승 국면의 마지막 파동 가장 많은 일반 투자자들이 참여하는 구간, 3번 파동보다 비교적 짧은 상승 파동

상승 국면
(다섯 개 파동)

① 3번 파동에서의 거래량을 상회하는 것이 특징
② 지수 강세, 종목 약세
  → 일부 특화된 종목의 제한된 랠리
③ 상투 국면의 특징
  → 신고가 종목이 적고, 신저가 종목이 많은데
     지수의 제한적 상승이 이루어질 때

5번 파동의 세 가지 형태에 대해 알아보도록 하겠습니다.

첫번째, 3번 파동이 연장될 경우 1번 파동의 길이와 비슷하게 5번 파동이 형성된다는 '파동 균등의 법칙'이 있습니다.

두번째, 5번 파동의 움직임이 1번 파동에 못 미치면 1번 파동의 61.8% 길이만큼 형성됩니다.

이를 정리해 보면 다음과 같습니다.

5번 파동의 세 가지 형태

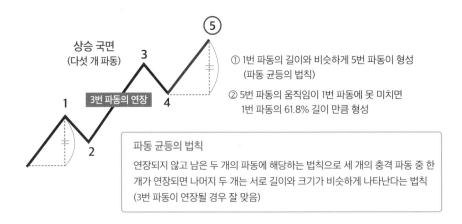

상승 국면
(다섯 개 파동)

3번 파동의 연장

① 1번 파동의 길이와 비슷하게 5번 파동이 형성
   (파동 균등의 법칙)

② 5번 파동의 움직임이 1번 파동에 못 미치면
   1번 파동의 61.8% 길이 만큼 형성

파동 균등의 법칙
연장되지 않고 남은 두 개의 파동에 해당하는 법칙으로 세 개의 충격 파동 중 한 개가 연장되면 나머지 두 개는 서로 길이와 크기가 비슷하게 나타난다는 법칙 (3번 파동이 연장될 경우 잘 맞음)

마지막으로 5번 파동의 길이는 1번 파동에서 3번 파동까지 길이의 61.8%만큼 형성되는 경우가 있습니다.

5번 파동의 세 가지 형태

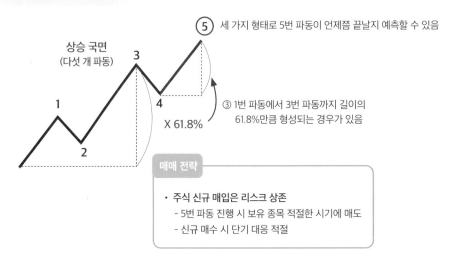

상승 국면
(다섯 개 파동)

세 가지 형태로 5번 파동이 언제쯤 끝날지 예측할 수 있음

X 61.8%

③ 1번 파동에서 3번 파동까지 길이의
   61.8%만큼 형성되는 경우가 있음

매매 전략

• 주식 신규 매입은 리스크 상존
   - 5번 파동 진행 시 보유 종목 적절한 시기에 매도
   - 신규 매수 시 단기 대응 적절

5번 파동은 상승추세의 막바지 국면이기 때문에 보유 종목을 적절한 시기에 매도하는 것이 중요하며, 신규 매수에는 리스크가 상존함을 유의해야 합니다.

보조지표 신호로는 고점에서 추세 전환을 알리는 분기 현상이 나타나는 경우도 많습니다.

5번 파동의 보조지표 신호

하락형 분기 현상 (Divergence)

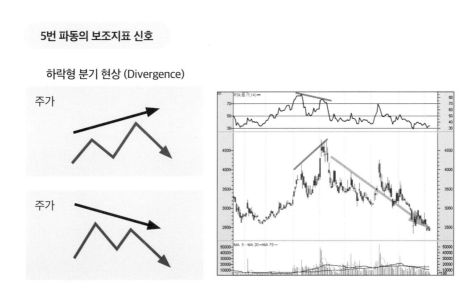

5번 파동의 변형

5번 파동에서 다섯 개의 소파동이 각각 아래 그림과 같이 세 개 파동으로 구성되는 쐐기형 형태로 나타나기도 합니다. 자주 발생하는 형태는 아니지만, 이럴 경우 다음에 나타나는 A파동은 급락의 모습을 보일 경우가 많습니다.

부록 | 엘리어트 파동이론

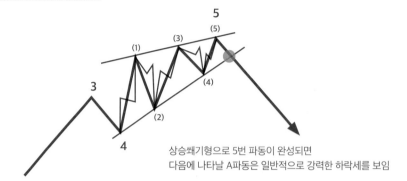

상승쐐기형으로 5번 파동이 완성되면
다음에 나타날 A파동은 일반적으로 강력한 하락세를 보임

상승쐐기형은 5번 파동에만 나타나는 독특한 패턴
- 자주 나타나는 형태는 아님

05

A, B, C 파동의 특징과
매매 전략

세부 목차

- A파동의 특징과 매매 전략
- B, C 파동의 특징과 매매 전략
- 엘리어트 파동이론의 문제점

지난 시간까지는 상승 국면의 다섯 개 파동의 특징과 매매 전략을 배웠습니다. 이제는 하락 국면의 세 개 파동에 대해 알아보려 합니다. 1번에서 5번까지의 상승 국면이 끝나고 시작되는 하락 국면은 다시 세 개의 파동으로 나눌 수 있는데, 이 파동들을 A, B, C 파동 이라고 합니다. 전체적인 시장의 방향이 하락 국면일 때에는 하락 파동이 충격 파동(A, C 파동)이 되고 상승 파동이 조정 파동(B파동)이 됩니다.

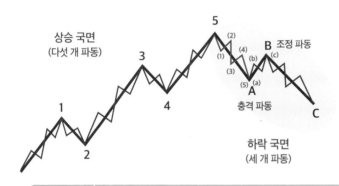

각각의 큰 파동은 다시 하위 파동 사이클로 이루어집니다

충격 파동 [하락 국면 A, C 파동] : 다섯 개의 하위 파동으로 이루어짐(하락)
조정 파동 [하락 국면 B파동] : 세 개의 하위 파동으로 이루어짐(반등)

▍A파동의 특징과 매매 전략

A파동은 이전과는 달리 반대 방향으로 새로운 추세가 시작되는 신호탄이지만 대다수 투자자들은 하락 국면 파동의 시작임을 인식하지 못합니다. 그 동안 상승 과정에서 하락은 곧 반등이라는 인식이 생겨 단순한 조정으로 잘못 이해할 가능성이 높습니다.

A파동인지 아닌지 구분하는 기본적인 방법은 하위 파동이 다섯 개의 파동으로 구성되었다면 단순한 조정이 아닌 A파동으로 볼 수 있습니다.

처음 배우는 주식 차트

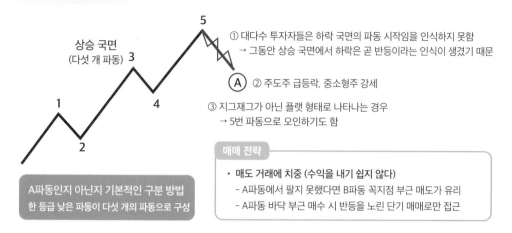

하락 국면의 시작

상승 국면
(다섯 개 파동)

① 대다수 투자자들은 하락 국면의 파동 시작임을 인식하지 못함
→ 그동안 상승 국면에서 하락은 곧 반등이라는 인식이 생겼기 때문

Ⓐ ② 주도주 급등락, 중소형주 강세

③ 지그재그가 아닌 플랫 형태로 나타나는 경우
→ 5번 파동으로 오인하기도 함

A파동인지 아닌지 기본적인 구분 방법
한 등급 낮은 파동이 다섯 개의 파동으로 구성

매매 전략
• 매도 거래에 치중 (수익을 내기 쉽지 않다)
 - A파동에서 팔지 못했다면 B파동 꼭지점 부근 매도가 유리
 - A파동 바닥 부근 매수 시 반등을 노린 단기 매매로만 접근

이 시점은 하락 국면의 시작이기 때문에 수익을 내기가 쉽지 않아 매도 거래에 치중하여야 하며 매수에 가담하였더라도 단기 매매로만 접근하는 것이 좋습니다.

B, C 파동의 특징과 매매 전략

B파동은 A파동에 대한 기술적 반등을 이루는 파동으로 세 개의 파동으로 구성되고 거래량 감소 속에 일시적 상승을 보입니다. 주식을 보유하고 있다면 처분할 수 있는 절호의 기회라고 할 수 있겠습니다.

B파동	A파동의 조정 후 기술적 반등을 이루는 파동

거래량이 현저하게 줄고, 가격 조정이 가팔랐던
종목 중심으로 상승
→ 이는 하락에 대한 기술적 반등일 뿐 상승 파동이 아님에 주의

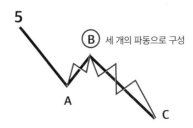

우리는 하락 국면의 파동을 이해하기 위해서 조정 파동의 종류에 대해서 알아야 합니다. 이에 대해 자세히 설명드리겠습니다.

조정 파동의 종류

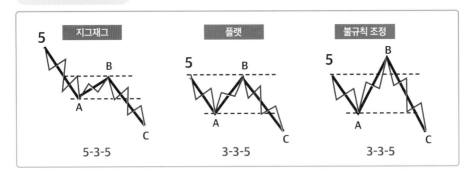

(1) 지그재그

가장 기본적인 형태로 A, B, C 파동이 차례대로 5-3-5의 소파동으로 구성되는 것으로 A파동이 다섯 개의 파동으로 세분화되는 것은 지그재그밖에 없습니다. B파동의 경우 항상 세 개의 파동으로만 구성되며, 일반적으로 최대 상승폭이 A파동의 61.8% 이상이 될 수는 없습니다.

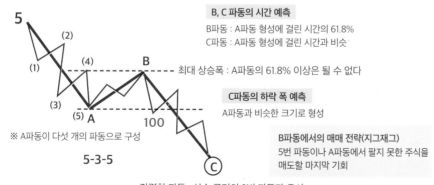

지그재그   가장 기본적인 형태(5-3-5)

5

(2)

(1)

(3)

(4)

(5) A

B

100

C

B, C 파동의 시간 예측
B파동 : A파동 형성에 걸린 시간의 61.8%
C파동 : A파동 형성에 걸린 시간과 비슷

최대 상승폭 : A파동의 61.8% 이상은 될 수 없다

C파동의 하락 폭 예측
A파동과 비슷한 크기로 형성

B파동에서의 매매 전략(지그재그)
5번 파동이나 A파동에서 팔지 못한 주식을
매도할 마지막 기회

※ A파동이 다섯 개의 파동으로 구성

5-3-5

강력한 파동 : 상승 국면의 3번 파동과 유사

지그재그의 예측 방법
A파동이 다섯 개의 파동으로 구성되는 것은 지그재그밖에 없다

(2) 플랫

두번째, 플랫의 경우 A파동이 5파가 아닌 3파로 3-3-5의 소파동으로 구성됩니다. B파동의 상승폭은 A파동의 시작점(상승 5파의 고점)과 비슷하게 상승합니다.

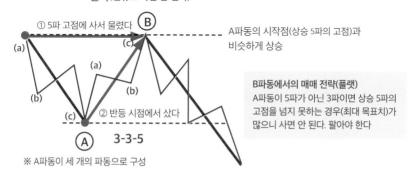

플랫   A파동이 5파가 아닌 3파인 형태(3-3-5)

판다(신규로 사면 안 된다)

① 5파 고점에 사서 물렸다

(a)

(b)

(c)

B

(c)

(a)

(b)

② 반등 시점에서 샀다

A

3-3-5

※ A파동이 세 개의 파동으로 구성

A파동의 시작점(상승 5파의 고점)과
비슷하게 상승

B파동에서의 매매 전략(플랫)
A파동이 5파가 아닌 3파이면 상승 5파의
고점을 넘지 못하는 경우(최대 목표치)가
많으니 사면 안 된다. 팔아야 한다

(3) 불규칙 조정

세번째, 불규칙 조정의 경우 플랫과 같이 3-3-5의 소파동으로 구성되지만 B파동의 상승이 A파동의 출발점을 넘어서는 모습을 보입니다. B파동의 상승폭은 A파동 길이의 1.382 또는 1.236(0.618+0.618)까지 상승하는 것이 일반적입니다. 불규칙 조정에서 나오는 B파동의 꼭지점을 사이비 꼭지점이라고 부르는데, 이는 심각한 조정의 전조입니다. 사이비 꼭지점의 판별 방법은 A파동을 넘어서는 상승 움직임이 세 개의 파동으로 구성된다는 것입니다.

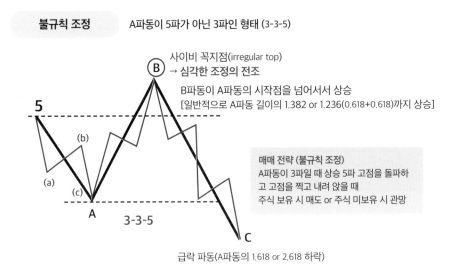

불규칙 조정 A파동이 5파가 아닌 3파인 형태 (3-3-5)

사이비 꼭지점(irregular top)
→ 심각한 조정의 전조

B파동이 A파동의 시작점을 넘어서서 상승
[일반적으로 A파동 길이의 1.382 or 1.236(0.618+0.618)까지 상승]

매매 전략 (불규칙 조정)
A파동이 3파일 때 상승 5파 고점을 돌파하고 고점을 찍고 내려 앉을 때
주식 보유 시 매도 or 주식 미보유 시 관망

3-3-5

급락 파동(A파동의 1.618 or 2.618 하락)

(4) 가속 조정

가속 조정은 불규칙 조정의 예외적인 패턴으로 발생 빈도가 낮기 때문에 참고만 해도 됩니다. B파동이 A파동의 시작점을 넘어서서 상승한 이후 A파동의 시작점에서 지지가 형성되고 다시 재차 상승하는 경우를 말합니다.

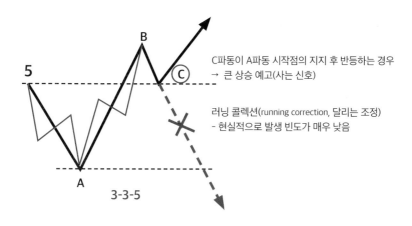

가속 조정   불규칙 조정의 예외적인 패턴

C파동이 A파동 시작점의 지지 후 반등하는 경우
→ 큰 상승 예고(사는 신호)

러닝 콜렉션(running correction, 달리는 조정)
- 현실적으로 발생 빈도가 매우 낮음

3-3-5

조정 파동의 종류에 대해 정리해 보면 다음과 같습니다.

A파동의 수	조정 파동의 종류	B파동의 상승폭
5	지그재그(5-3-5)	A파동의 61.8%
3	플랫(3-3-5)	A파동의 100%
3	불규칙 조정(3-3-5)	A파동의 1.382 또는 1.236

마지막으로 C파동에 대해 알아보겠습니다.

상승 국면 3번 파동과 비슷하게 강력하고 급격하게 진행되는 파동으로, 두려움에서 비롯된 투매 현상도 많이 나타납니다. 이때의 매매 전략은 현금 보유만이 최선이라고 할 수 있습니다.

　　　　상승 국면 3번 파동과 비슷하게 강력하고 급격하게 진행되는 파동

- 거래량이 대폭 늘어나고(투매) 종종 갭 하락이 발생하면서 하락 폭이 큼
- C파동의 하락 폭 : A파동과 비슷한 크기로 형성
- 보통 상승 국면(1~5파동) 상승폭의 50% 정도 (65~70%까지 조정되는 경우도 있음)

매매 전략
- '조금만 오르면 팔 것'이란 생각은 금물
- 관망

　　파동이론과 하락 전환 패턴을 함께 확인해보면, 가장 기본적인 조정 파동인 지그재그를 보일 때는 머리어깨형 패턴이, 플랫 형태를 보일 때는 이중천정형 패턴을 많이 보입니다.

천장 파동의 패턴

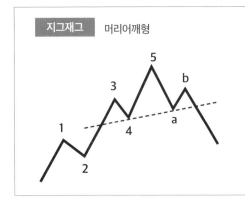
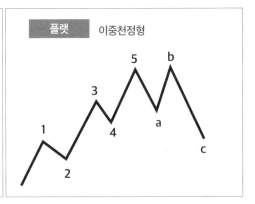

엘리어트 파동이론의 문제점

엘리어트 파동은 다음과 같은 문제점이 있기 때문에 전체 시장의 흐름을 파악하는 도구로 활용하면 좋습니다.

엘리어트 파동이론의 문제점

- 엘리어트 파동이론은 1930년대 다우존스지수를 기반으로 한 이론으로 개별 주식보다는 전체 시장 지수 분석에 적합합니다
  - 개별 주식의 경우 돌발 변수와 인위적인 시세 변동이 많아 적용하기 힘듦

- 경우의 수가 너무 많다
  - 조정 파동, 파동의 연장 등

- 자의적인 해석이 많아 정확성 입증이 어렵습니다
  - 오랜 기간 깊이 있는 연구를 한 전문가가 아니라면 정확한 결과를 도출하기 힘듦
  - "저자 본인 또는 직접 허가한 연구자에 의해 제시된 것이 아닌 한, 파동이론에 대한 어떠한 해석도 유효한 것으로 받아들여져서는 안 된다"(랠트 넬슨 엘리어트)

재승 씨 TIP

엘리어트 파동은 전체 시장의 흐름을 파악하는 도구로 활용, 주된 투자 판단 도구보다 보조 수단으로 활용하는 것이 좋음

처음 배우는
주식 차트

1판 1쇄 발행 2023년 4월 21일
1판 7쇄 발행 2024년 8월 12일

지은이 친절한 재승씨

발행인 양원석
편집부 담당 이아람
영업마케팅 양정길, 윤송, 김지현, 정다은, 박윤하

펴낸 곳 ㈜알에이치코리아
주소 서울시 금천구 가산디지털2로 53, 20층 (가산동, 한라시그마밸리)
편집문의 02-6443-8855 **도서문의** 02-6443-8800
홈페이지 http://rhk.co.kr
등록 2004년 1월 15일 제2-3726호

ISBN 978-89-255-7659-6 (13320)